KB275084

제 마음이
보이나요?

제 마음이 보이나요?

우글 지음

우글 쌤의 위클래스 상담 일지

일러두기

✦ 국립국어원 표기 원칙에 따르되, 이미 널리 통용되는 표현일 경우 그대로 표기
하였습니다.

✦ 저자는 상담 교사로서의 직업 윤리를 중요시 여기며 집필하였습니다.

✦ 최근 몇 년간 그 수가 증가하면서 주요한 사회적 현상으로 여겨지고 있는 청소
년 상담 사례를 바탕으로 하였습니다.

✦ 책에 등장하는 모든 이야기는 개인 정보의 보호를 따랐으며, 등장하는 인물의
이름은 모두 가명으로 처리하였습니다.

✦ 일부 특정한 상황을 기술하지 않고, 어떤 대상에 국한하지 않고, 중첩되는 배경
적 요소와 경험 등을 토대로 저자가 각각의 에피소드를 각색하였습니다.

"이 길이 맞을까? 하루하루 너무 버겁고 무겁지만 눈가리개를 한 채로 앞으로 나아가고 있다. 매우 좁고 거친 길이다. 그곳을 건너기 위해 난 적을 밀치고 넘어뜨리고 있다. 설령 어제는 나와 미래를 논하던 동료였을지라도, 오늘은 죽음의 사투를 벌여야 한다. 다시 그 지긋지긋한 고독감을 마주한다. 난 이곳에서 살아남기 위해 계속해서 앞으로 나아간다."

고등학생 시절 내가 썼던 글이다. 왜 대학에 가야 하는지, 지금 내가 입시에만 열중해야 하는 게 맞는지 의문이 풀리지 않은 채로 사춘기를 보냈다. 대학 입시에 대한 압박과 공부하는 것의 괴로움, 어른들의 잔소리는 극에 달했다.

사실 그것들은 그럭저럭 참을 만했다. 나를 더 힘들게 한 것은, 외로움이었다. 늦은 밤이 되어야 학원을 마치고 집으로 향했던, 지친 나를 위로해 줄 누군가가 있었다면 어땠을까. 아니, 그땐 누구라도 나를 진정 위로한다는 생각이 들지 않았을지도.

대입을 준비할 즈음, 아버지는 내게 심리학과를 권했다. 내가 다른 사람들의 말을 잘 들어 주니, 장차 상담을 해 보는 것이 어떻겠느냐고 말했다. 그렇게 심리학과 인연을 맺어 지금까지 이어지고 있다. 배움에 허기를 느껴 대학원에 진학했고, 이를 실전에서 사용하기 위해 임용고시를 거쳐 전문 상담 교사가 됐다. 어릴 적부터 다른 사람들의 말을 경청하고 공감하는 부모님의 모습을 가까이 지켜보고 배워 온 시간이, 나의 성장에 밑거름이 되었으리라.

임용된 첫 해에는 학교로 가지 않았다. 교육지원청 위(Wee)센터에서 다섯 명의 상담 교사와 함께 일했다. 우리는 순회 교사로서 아직 학교 위(Wee)클래스가 마련되지 않은 곳에 일주일 중 두세 번 출장을 다녔다.

원래 중·고등학교에서만 일을 하는 보직이었지만, 위센터는 상담의 수혜가 미치지 못한 곳에 도움 주는 것을 우선으로 여겼기에 초등학교에서 근무하기도 했다. 신규 상담 교사로 동료 교사와 함께 많이 배우고 어려운 상담 케이스를 함께 분석하며 경험을 쌓았다. 이듬해 위센터를 대표하는 실장이 되어 센터의 역할과 생리, 전문상담 교사가 당면한 제도적이고 거시적인 흐름에 대해 알게 됐다.

그로부터 2년이 지나고 인문계 고등학교에 발령이 나 지금까지 학교 위클래스에서 일하고 있다. 여러 상담 관련 사업과 예산을 포함한 행정 업무가 대부분인 위센터와 달리 이곳은 학생 개인 상담이 주된 업무다. 매일같이 수많은 학생을 교정과 복도, 상담실에서 마주하며 자살 시도와 자해, 아동학대와 학교 폭력의 현장을 대면하고 있다. 체감상 업무의 강도가 위센터보다 강한 것 같지만, 아이들과 부대끼며 함께 체험하는 이곳이 내 적성에는 더 맞는 듯싶다.

오래 일한 것은 아니지만, 누구나 쉽게 찾아오는 위클래스를 만들고자 노력하다 보니 학업으로 인한 과중한 부담을 느끼거나 대인관계에 스트레스를 받는 친구들을 많이 만났다. 사실 이 주제는 오래전부터 계속되어 온 전형적인 고민이다. 요즘에는 극심한 우울, LGBT를 비롯한 성(性) 정체성 혼란, 불법 토토와 같은 도박, 인터넷·휴대폰 중독에 대한 상담이 늘어나고 있다.

인스타그램, 틱톡, 트위터와 같은 SNS에 사진과 글이 매일 업로드되고, 새로운 정보가 홍수처럼 쏟아지는 요즘이다. 이는 아이들을 한층 더 트렌디한 감각을 가질 수 있도록 만들지만, 다른 한편으로는 아이들에게 가치관의 혼돈과 심리적 공허감을 가중하고 있다.

날마다 마주하는 일들이 더는 특별하지 않았다. 누구에게는 충격이고 놀라운 현실이겠지만, 지금 이곳의 아이들이 힘겹게 내지르는 조용한 비명이 쉴 틈 없이 넘쳐 나고 있었다. 그래서, 글을 쓰기 시작했다. 공허한 마음과 외로움을 나눌 수 있다면 좀 더 적응력 있는 건강한 주체로 성장할 수 있을 것이라는 믿음이었다.

'말'은 힘이 있다. 대화와 소통은 그 힘을 배가시킨다. 다른 사람 역시 자기와 유사한 경험을 하고 있다면 서로 공감대가 형성되며 치유의 경험을 한다. 나는 현장에서 그 사실을 몸소 체험하고 있기에, 글을 통해 많은 사람과 나누게 된다면 경험의 공감과 치유의 힘이 더욱더 영향력을 가질 것이다.

본격적인 이야기에 앞서, 독자에게 전하고 싶은 점이 있다. 나는 심리상담에 종사하는 사람으로서 비밀보장의 원칙을 지켜야 한다. 만일 내담자의 상담 내용이 여과 없이 그대로 세상에 나온다면 아픔의 나눔을 통한 공감대의 확장이라는 목적을 이룰 수 있을지는 몰라도, 그보다 더 큰 당사자의 인권이 훼손되는 우를 범하게 된다. 그렇기에 글에 나온 모든 사례는 이름을 비롯하여 사실을 기반으로 각색된 이야기라는 점을 밝혀 둔다.

이 책을 통해 정신적 고통을 겪는 사람, 삶의 공허함을 느끼는 사람, 일상의 극심한 스트레스를 경험하는 많은 사람이 힘을 얻기를 바란다. 그들을 향한 인식이 좀 더 나아지고 우리 사회 안에서 포용된다면 더할 나위 없을 것이다.

차례

Chapter 1

나를 괴롭히는 게
힘든 세상보다 나아서요

멈추고 싶어도 이젠
내 뜻대로 안 돼요

Chapter 3
나의 울따리는
안전하지 않아요

Chapter 4
내가 있을 곳이
어딘지 모르겠어요

Chapter 5

상상하는 대로
세상을 믿고 싶어요

 # 상담실이 궁금한
너에게

나를 비롯한 심리상담 종사자들은 비밀보장의 원칙을 직업의 숙명으로 여긴다. 상담실에서 이루어지는 이야기는 친구나 선생님, 가족에게도 말 못할 매우 사적인 내용이기 때문이다.

그렇다면 대체 상담실은 어떤 공간인지 호기심이 따를 수 있다. 이번 코너는 상담실을 궁금해하는 사람들을 위해 준비했다.

상담실은 말 그대로 자신의 진솔한 이야기를 심리상담 전문가에게 말하는 곳이다. 우울이나 불안, 공황과 같은 무거운 이

야기부터 단짝 친구와의 다툼, 엄마 몰래 돈을 훔친 비밀, 진로에 대한 고민 등 말하고 싶은 모든 것을 말할 수 있다. 처음 상담을 하러 온 친구에게 나는 이렇게 말한다.

"영화나 드라마, 소설에 등장하는 주인공을 생각해 봐. 자기 생각대로, 원하는 대로 이야기가 이루어지잖아. 말 그대로 주인공이니까. 여기 상담실이라는 공간에서는 네가 주인공이야. 살면서 겪은 모든 경험 중에서 네가 말하고 싶은 것 아무거나 말해도 괜찮아. 나는 주인공인 너의 말을 듣는 독자이기도 하고, 주연인 너를 돕는 조연이기도 하거든."

이처럼 상담자는 내담자가 말한 것을 들으며 그가 잠시 방향을 잃었다면 나침반 역할을, 들어 줄 해우소를 기대한다면 포근한 어깨를 제공한다. 모든 상담자의 목표는 내담자가 스스로 답을 찾아가도록 돕는 것이다.

대한민국 교육부에서는 2008년 위(Wee)프로젝트를 실시하며 학교 상담을 처음으로 구체화하기 시작했다. 우울, 불안 등의 심리적 어려움이나 한부모 가족과 같은 가정적 어려움에 대응하고 학교 폭력과 학업중단과 같은 문제를 전문적으로 처리하기 위해서다.

학교에서는 위클래스, 개별 교육지원청에서는 위센터, 중앙 교육청에서는 위(Wee)스쿨이라는 이름으로 역할을 수행하고 있다. 2023년 기준으로 전국에 8,863개의 위클래스가, 203개소의 위센터가, 17개교의 위스쿨이 만들어졌다.

일반적으로 이루어지는 상담 센터의 상담과 학교에서 이루어지는 상담이 큰 틀에서는 비슷하지만, 학교 상담만이 가진 특수성은 있다. 가장 큰 차이점은 학교의 심리상담 전문가는 교육기관에 근무한다는 점이다.

또 내담자가 미성년자이기에 보호자의 상담 동의가 있어야 하며, 상담에 교육적인 성격을 완전히 배제할 수 없다. 내담자는 학교에 매일 오기에 상담 교사와 상담하는 날이 아니어도 자주 볼 수 있다. 교실과 복도에서도 마주하고, 친구들과 있을 때도 마주친다. 그때 "너 상담실 왜 안 왔어?" 혹은 "이따 상담실에서 보자."와 같은 말을 하면 사람과 상황에 따라 반갑게 마주하거나 반대로 곤혹스러운 일이 발생할 수 있다.

또 다른 점으로는 일반 상담에 비해 비교적 느슨하다. 보통은 1시간 10회기가 기본 진행 방식이며 명확한 호소 문제가 있지만, 학교는 1, 2회기와 같은 단회기나 쉬는 시간과 점심시간만을 이용하는 경우가 많다. 호소 문제도 말하다 보면 자주 바뀌기도 하고 상황에 따라 매우 다양한 양상을 가진다. 가볍게 왔거나 몇 번으로 고민이 해결된 경우에 10회기 상담을 권하기 어렵다. 그리고 대개 수업 시간에 상담이 진행되기에 수행평가

나 시험이 있을 때는 상담을 하기 어렵다. 학생 개인 사정으로 상담 날짜가 자주 바뀌기도 하며, 갑자기 취소되기도 한다.

자발성이라는 차이도 존재한다. 학생이 직접 위클래스 문을 두드려 상담 신청을 하는 경우도 있지만, 담임이나 학부모의 요청으로 이루어지는 경우가 더 많다.

학생 본인이든 아니든 언제 상담할지 정하면 해당 날짜에 상담 확인증을 발급해 준다. 그것은 '홍길동이라는 학생이 2교시에 상담을 할 예정이니 그때 수업을 들어가는 선생님은 알고 계시라는' 의미다. 이는 어떻게든 상담이 이루어진 경우이지만, 비자발적으로 온 아이들은 아무 말도 안 하거나 늦게 올 때가 있으며, 사전 고지 없이 아예 오지 않는 일도 허다하다. 특별히 묵언 시위를 하거나 영혼 없이 대답하는 내담자와 상담하면 몹시 진 빠지는 경험을 할지도 모른다.

일반 상담 센터도 그렇지만 학교 상담실에서도 약 처방은 할 수 없다. 상담 진행이 언어적 상담으로만 해결하기 어려운 경우에는 병원 진료를 권하거나 교육청에서 정신과 진료비를 요청한 후 지정된 병원으로 갈 수 있다.

또, 학교에서는 진로전담 교사도 존재한다. 진로에 대한 고민은 당연히 위클래스로 와서 상담할 수 있지만, 작년도 대학 입학 결과나 자기 성적으로 갈 수 있는 대학을 탐색하는 것과 같이 좀 더 세부적이고 전문적인 진로에 대한 상담은 진로상담실에서 이루어진다.

매년 초에 1학년 신입생들을 대상으로 위클래스 홍보를 진행한다. 상담실은 무엇을 하는 곳인지, 어떻게 신청하는지, 비밀보장은 되는지 등에 대한 이야기다. 다만 중요한 것은 단순한 정보 전달이 아니다. 실제로 나는 학생들에게 이렇게 말한다.

"학교에서 쉴 곳이 어디지? 교실도 좋고, 복도 어딘가도 좋지만, 편하고 안전한 곳이 더 좋지 않겠어? 거기에 보드게임도 있고 심지어 간식도 주는 곳. 거기가 위클래스야. 누구나, 아무 때나 와도 좋으니 언제든지 오렴."

상담실 문을
두드려 준 너에게

하루에도 많은 학생이 위클래스의 문을 두드리지만 모든 상담이 사안이 중대하거나 심각한 것은 아니다. 오히려 그러한 무거운 상담은 전체 건수 가운데 10%도 되지 않는다. 한두 번으로 끝나는 단회기성 상담도 있고, 가볍지만 오랫동안 지속되는 상담도 있다. 비록 관록을 뽐내는 전문가는 아니지만, 상담 업무를 시작하고부터 지금까지 아이들이 어떠한 어려움으로 위클래스를 오는지 살펴보고 있다. 상담 교사도 임용고시를 치러야 하는 국가공무원이기에, 일반 교과 교사들처럼 전국 시도교육청 중 한 곳을 선택하여 경쟁에서 선발된 후, 그곳에서 일하게 된다.

따라서 지역별 편차가 있으며, 같은 서울이라 하더라도 거주

지역마다의 차이가 있기에 나의 경험을 보편이라 생각하기는 어렵다. 따라서 전국의 상담 교사가 매우 다양한 케이스를 가지고 있다는 점을 인지하고 글을 읽어 주길 바란다.

나는 모 지역의 A 고등학교에 있다. 고등학교 수업 시수의 특성상 하루 7교시가 대부분이다. 수업 시간에 상담받는 것을 기준으로 생각한다면 하루 평균 다섯 건의 상담을 진행한다. 일반 교사로 친다면 5시간을 수업하는 셈이다. 필요한 경우 조회 전, 점심시간, 방과 후 상담을 추가로 진행한다. 수업을 잘 듣고 수행평가나 시험에 차질이 없도록 노력하려는 학생들이 보통 이 시간을 이용한다.

다른 친구들의 눈치를 많이 보는 학생들도 그러하다. 덩그러니 자신의 자리만 비어 있다면 다른 아이들이 쉽게 눈치채기 때문이다. 계산해 보니 수행평가, 중간, 기말고사, 여름, 겨울방학, 수학여행과 같은 날을 제외하면 1년에 대략 600에서 700건의 상담이 이루어진다.

아이들의 고민거리를 통계로 내 보자면, 학교생활에서 겪은 대인관계 갈등이 가장 많다. 1년 600건 상담 중 250건(41%)을 차지한다. 친구들 간의 경미한 갈등에서부터 집단 따돌림, 심각하면 학교 폭력 문제로까지 갈 수 있는 사안이다. 물론 짝사랑이나 연애 상담과 같은 풋풋한 고민을 안고 올 때도 있다.

다음은 성격에 대한 상담이다. 이는 1년에 100건 정도며(16%) 내성적이고 민감한 학생이 일상생활에서 생기는 고민, 강박적이거나 불안이 심한 아이들의 어려움 등이 포함된다. 비슷한 수치로 학업, 진로, 가족 관계, 정신 건강을 주제로 하는 고민이 있다. 이들은 대체로 60건 전후를 기록한다(10%). 그 외 학교 폭력(2%), 기타(1%)가 있다.

앞서 언급한 정신 건강 분야는 통상적으로 위기 상담에 속하는데, 세부적인 주제로 자해나 자살 시도가 있다. 자해는 커터 칼을 집어 자기 손목을 긋는 가장 많은 형태부터 샤프나 볼펜심, 책상 모서리, 가위 끝에 수시로 자기의 신체를 부딪히며 상처를 내는 것, 주사기로 신체 부위에 꽂고 피를 뽑는 것까지 매우 다양하다.

통계상으로 적은 수치라고 안심할 수는 없다. 최근에는 SNS를 통해 '불안 전시' '자해 공유' 등 은밀하고도 도발적으로 이러한 경험을 공개하는 일이 잦아지고 있다. 자해는 중독성이 있다. 어렸을 때 자해를 했어도 그때를 떠올리게 하는 아픔을 다시 겪거나 극심한 스트레스 상황에 직면한다면 또다시 칼을 들게 된다.

문득 생기는 의문이 있을 것이다. 종이에 손가락을 살짝 베이기만 해도 아픈데, 어떻게 칼로 자기 자신을 벨 수 있을까.

원인은 통제감이다. 아동청소년기 대부분의 아이들은 해야 하는 의무에 비해 자유나 선택권이 매우 빈약하다. 능동적으로 무언가를 직접 얻어 냈을 때 칭찬받을 수 있는 것은 학교 성적 말고는 특별히 없다. 이때 스스로 손에 칼을 쥐고 팔과 다리, 몸을 비롯한 자기의 신체를 해한다면 즉각적 반응이 온다. 내가 나의 몸을 통제할 수 있다는 믿음이 생긴 것이다. 또한 흐르는 피(시각), 비릿한 냄새(후각)와 같은 감각이 깨어나며 감각을 통제할 수 있는 전능감마저 갖게 된다.

이 세상에서 오직 실패했을 때만 좋아해야 하는 것이 있다.

그것은 자살이다. 성공했을 때 당사자는 이미 세상에 존재하지 않게 된다. 자살은 어떻게 보면 자해와 굉장히 비슷하다. 생명과 관련이 있으며 치명적 결과를 가져온다. 다만 가장 큰 차이는 자해는 살고자 하는 행동이고, 자살은 죽고자 하는 행동이라는 것이다.

학생들과 때로는 친구처럼, 때로는 선배처럼 막역한 사이로 지내지만, 친밀해졌기에 더욱 힘들게 나 자신을 겨누지 못할 때가 있다. 바로 그들로부터 슬픈 소식을 들을 때다. 아직 어린 나이이기에 고생은 사서 하기도 하고, 좌절도 많이 한다고 하지만 자살 시도를 했다는 말 앞에서는 속절없이 무너지고 만다. 더 도움이 될 수는 없었을까……. 하고 있는 모든 일을 멈추고 한동안 멍하니 넋을 잃게 된다.

아이들이 호소하는 또 다른 무거운 사안은 바로 아동학대다. 구타나 욕설과 같은 신체 및 언어폭력이 대표적이다. 또한 최근 들어 빈번히 발생하는 것은 방임이다. 부모가 아이를 소유의 대상으로 생각하여 마음대로 좌지우지하려는 것도 아동학대에 해당하지만, 반대로 배고프든 아프든 자식에게 너무 신경을 쓰지 않는 것도 학대에 해당한다. 따뜻한 여름에 두꺼운 패딩을 입든지, 추운 겨울날 얇은 반팔 티셔츠를 입는다면 한 번쯤 의심해 봐야 한다. 씻지 않은 것처럼 머리가 심하게 떡이 져 있거나 냄새가 난다면 이 역시 방임일 수 있다.

한편 부모가 원하는 방향으로 아이들을 구슬려 생각이나 행동을 통제하는 것(가스라이팅) 역시 아동학대 중 정서적 학대에 해당한다.

다양한 고민거리를 가져오는 학생들과 이야기를 나누다 보면 느끼는 것들이 있다. 먼저, 요즘 아이들의 성격적 경향이다. 어느 날은 상담실 문밖에서 여학생의 우는 소리가 들렸다. 이상하다고 느낄 찰나, 그의 손을 잡고 담임이 들어왔다. 아이가 반 아이들에게 왕따를 당한 것 같으니, 상담을 좀 부탁한다는 것이었다.

먼저 아이를 진정시키고 괴롭힘이 있었는지 물었다. 한 남학생이 서툰 그의 화장을 보고 비웃었다고 했다. 담임에게 허락을 받고 그 남학생을 불렀다. 남학생은 눈을 휘둥그레 뜨며 그런 일이 결단코 없었다고 했다. 덧붙여 자신을 포함해서 그 학생에게 말을 거는 반 아이들이 거의 없을 거라고 했다. 무언가 행동이 독특하거나 특이한 화장을 하고 다니니 아무도 말을 걸지 않는다는 것이다. 다른 학생들에게도 물으니 모두 비슷한 대답을 했다.

나는 이 현상이 요즘 청소년 문화를 나타낸다고 본다. 물론 의도를 가지고 집단적으로 따돌리는 경우도 있다. 하지만 현대 사회는 내 일이 아니거나 나에게 큰 피해를 끼치지 않는다면 아무 관계를 만들지 않는 '무관심' 현상이 더욱 만연해 있다. 왕따시킨 사람은 단 한 명도 없으나, 시간이 지나고 보니 왕따가 되어 있는 셈이다.

지금 우리 사회는 유교 철학과 집단주의 위에 개인주의가 올라서 있기에 과도기적이면서 독특한 문화를 형성해 가고 있다. 내가 중요한 것처럼 타인도 존중해야 하지만 그렇지 못한 부분이 많다. 나라는 개인이 중요해질수록 타인은 함부로 대해도 되는 무례함이 은연중에 깔려 있다.

도움이 필요한 타인에게 관용을 베풀지 못하는 분위기도 그러하다. 또한 잔존하는 공동체주의의 눈치 문화가 있기에 지금 이곳의 청소년은 몹시도 혼란스러우며 다양한 양태를 지니게 된다. 자유롭지만 그 어느 때보다 획일적일 수 있는 시대인지도 모르겠다.

아이들에게 보이는 두 번째 모습은 '회복탄력성'의 부재다. 회복탄력성이란 번번이 실패해도 다시 날 수 있는 힘이다. 처음엔 보잘것없다고 생각한 곳에서도 꾸준히 하다 보면 목표를 이룰 수 있다는 의미다. 누구나 자기 나름대로 노력을 하고 있을 테지만, 모든 노력이 사회적 성공과 인정을 보장하지는 않는다. 한 번의 성공이 있기까지 무수한 패배와 좌절이 전제되기 마련이다. 즉, 현상이 어떻든 간에 성장을 위해서는 고통이 따르는 것은 불변의 진리다.

하지만 내가 본 요즘 청소년들은 되도록이면 이러한 고통을 감내하지 않으려 하는 것 같다. 높은 목표를 설정하여 도전하고 애쓰다가도 한번 좌절하면 그대로 무너지는 경우가 많다. 인내와 끈기, 근성이 부족한 모습이 많이 언급되는 것도 같은 맥락인 듯하다. 사회가 이렇게 되어 가서 아이들이 보고 배우는 것일 테지만, 쉽게 한 방을 노린다거나 누군가의 열정과 몰입을 조롱 삼는 일도 흔하다.

그렇다고 비관만 해야 할까? 요즘 청소년은 습득력이 그 어느 세대보다 뛰어나다. 좋아하는 것과 취향에 관한 분명한 통찰이 있다면 스펀지처럼 그것을 흡수하여 재치 있게 트렌드를 이끌어 간다. 그러므로 좀 더 유연한 태도를 지니면 어떨까? 내가 중요한 만큼 타인을 배려해 주는 마음, 인내심을 가지고 다시 일어서는 회복탄력성을 지닌다면 한층 성장한 자기 자신을 마주하게 될 것이다.

상담하고 싶지만,
용기가 안 나는 너에게

돌이켜 보면 나는 참 진지한 아이였던 것 같다. 요즘도 아니라고 말할 수는 없지만, 예전에는 자주 이런 생각을 하곤 했다. '나는 왜 존재하고 그 이유는 무엇이며, 현재 이 세상에서 어떠한 것을 하기 위해 살아가는지'에 대한 것들 말이다.

누구든 살면서 한 번쯤은 이와 비슷한 생각을 할 기회가 있을 것이다. 청소년이라는 시기가 자아 정체성을 확립하는 때인 만큼, 서로 가지고 있던 진지한 고민을 함께 나눌 수 있으면 얼마나 좋을지 생각하게 된다. 더군다나 마음까지 아프다면 그 외로움과 피로감의 무게를 그들이 어떻게 견딜 수 있을지 감히 상상도 할 수 없다. 그러한 이야기를 이 공간, 위클래스에서 나누고 싶은 게 내 소망이다.

다만 용기가 나지 않아 상담실 문을 두드리기 힘든 친구들이 많은 게 사실이다. 그들을 위해 상담 교사로서 무엇을 할 수 있을지 고민한다. 여러 프로그램이나 행사를 기획하고 홍보하는 일이다. 선뜻 발이 떼어지지 않는 학생들에게 말하고 싶다.

"아무 때나 찾아와도 좋아. 무거운 고민이든, 그렇지 않든 하고자 하는 말이 있다면 언제든. 따뜻한 차를 마시고 간식을 먹으며 같이 이야기해 보자."

상담실을 홍보하는 방법 중 하나는, 학교 안 학생들을 위한 방법이다. 생명존중교육이나 열린 상담실과 같은 행사를 진행한다. 생명존중교육의 이전 명칭은 자살예방교육이었다. 어감이 조금 세기도 하고, 자살 이외에도 생명 관련한 다른 사안들이 많이 발생하여 명칭을 바꾼 것으로 보인다. 열린 상담실은 상담실을 상시 개방하여 언제든 방문하여 상담실에서 이루어지는 여러 성격검사나 프로그램들을 경험하는 시간을 갖는다.

이 모든 것을 상담 교사 혼자 진행할 수도 있지만, 또래상담 동아리원들과 함께해도 좋다. 초·중·고등학교 모두 이 동아리가 있으며, 학교 폭력을 예방하고 건강한 또래 문화를 만들자는 취지에서 운영되고 있다.

교사는 고유의 자율성이 있기에 행사의 개최 횟수나 스케일에는 큰 제약이 없다. 내가 아는 한 선생님은 교육청과 학교에서 모두 예산 지원을 받아 다른 교과 선생님들과 협업하여 1년에 여섯 번 이상의 크고 작은 행사를 한다. 심리적 어려움이 있는 아이들, 친구와 멀어진 아이들, 친구 사귀는 자체를 어려워하는 학생들은 행사 프로그램을 통해 좀 더 건강해진 마음을 가질 수 있게 된다. 더욱 중요한 것은 이를 계기로 앞으로 위클래스에 올 확률이 높아진다는 사실이다.

굳이 직접 참여하지 않더라도 교문이나 복도, 교실에 붙은 위클래스 행사 포스터를 한 번이라도 보게 된다면, 상담에 대한 생각을 조금이나마 할 수 있지 않을까 싶다.

아직 학교에서 주목할 정도로 대규모 행사를 조직한 적은 없지만, 꾸준히 활동을 하고 있다. 만다라 그림 치유 교실, 향수 테라피, 보물찾기 등 여러 프로그램이 기억에 남지만 그중 가장 인상적이었던 건 열린 상담실이었다.

학년 초 상담주간을 기획하여 입학생들을 포함하여 여러 학생에게 위클래스를 알리는 일이었다. 상담실을 찾아 준 아이들에게 TCI 기질 성격검사, MBTI 성격검사를 실시하고 상담실 이용 방법과 같은 정보를 전달했다. 그러다 보니 심각한 고민이 있는 아이들과 그렇지 않은 아이들 모두 이곳을 알게 됐다. 그들은 수업 시간 대신 점심시간을 이용해서 종종 방문했고, 행사 때는 몰랐던 아이들과 다시 만나게 됐다. 학년도 성별도 다른 열 명 정도의 아이들이 고정적으로 위클래스에 모여 각자 수다를 떨며 음료를 마시며 쉬기도 하고 보드게임을 하기도 했다.

그때까지만 하더라도 두 명, 세 명 이런 식으로 나뉜 무리였다. 하지만 리더십이 있는 한 친구가 자신의 무리에서 나와 다른 무리의 문을 두드리기 시작했다. 그러더니 서로 몰랐던 친구들이 함께 놀기 시작했고, 머지않아 열 명 모두가 함께 이야기를 터놓으며 친해졌다. 당시에 나는 모니터 너머로 아무렇지 않다는 듯 그들을 바라봤지만 실제로는 매우 뿌듯했고, 놀랐으며 감동적이기까지 했다.

그 안에는 공황발작으로 학교 다니기가 매우 힘든 아이도 있었고, 중학생 시절 내내 왕따를 당한 아이도 있었으며, ADHD가 있는 아이도 있었다. 그들은 지금도 점심시간에 이곳을 찾는다. 이전보다 밝아진 표정을 볼 때면 나도 모르게 안도의 미소가 지어진다.

학교 밖 청소년을 위한 방법도 소개하고자 한다. 우울과 불안으로 마음의 병이 깊은 아이, 학교 폭력으로 씻기 힘든 상처

를 가진 아이, 공교육이 적성에 맞지 않는 아이는 자퇴나 대안학교 진학, 혹은 홈스쿨링을 한다. 이처럼 학교 안으로 진입이 어려운 경우는 학교 밖의 지원을 알아봐야 한다.

나는 자신 있게 청소년상담복지센터를 권한다. 대부분 센터는 지역 내 접근성이 좋고 무료로 정신 건강, 학업, 진로, 대인관계와 같은 주제로 심리상담이 가능하다. 학교 밖 청소년들은 미래에 대한 막연한 불안이 있으며, 진로에 대한 정보도 제한되어 있을 뿐 아니라 도움이나 조언을 줄 사람들도 많지 않다. 이들을 위해 청소년상담복지센터내의 학교 밖 청소년 지원센터에서는 이들의 진로와 자립을 적극적으로 돕는 여러 프로그램이 있다. 사회 진출을 앞둔 중요한 시기인 만큼 문을 두드려 꿈을 발견해 나갔으면 좋겠다.

마지막으로, 여기까지 읽었음에도 도저히 상담실이든, 학교 밖 지원센터를 방문하지 못하는 친구들을 위해 한마디 덧붙이고 싶다.

나는 당신의 아픔을 절대 이해할 수 없다. 그리고 그 어떤 누구도 불가능하다. 아픔을 아무에게도 말하기 싫다면 한 가지만 기억하라. 오늘의 고통은 먼 미래까지 당신과 함께하지 않을 것이다. 내일은 기대했던 찬란한 태양이 뜨지 않을 수 있다. 그다음 날도, 그날의 다음 날도 그럴지도 모른다. 그러나 이 시기를 지난 어느 미래의 시점에, 눈꺼풀을 뚫고 들어오는 한 줄기의 빛살에 눈이 떠진 날에, 어제보다는 마음 가벼운 나를 발견할 것이다. 그다음 날은 조금 더, 그날의 다음 날은 더욱 마음이 가벼워진다.

지금까지도 나와 긴밀히 연락하는 한 아이가 있다. 학교가 뒤집어질 정도로 극심한 자살 시도를 하여 교육청에도 보고했던 친구였다. 지난주 그 아이가 위클래스에 놀러 와서 했던 말은 이렇다.

"제가 고등학생 때 왜 그랬는지 모르겠어요. 그땐 정말 죽고 싶었어요. 너무 우울해서 미래가 없을 거라고 생각했거든요. 근데 지금, 2년이 흘렀을 뿐인데 아무렇지도 않아요. 물론 요즘도 컨디션이 안 좋거나 친구로부터 상처를 받는다면 그때가 떠오르긴 해요. 근데 시간이 지났을 때 전 괜찮아졌거든요. 지나고 보니 괜찮은 거 있죠, 정말."

고통은 누구에게나 찾아온다. 고통에 걸려 넘어질 수 있지만, 넘어지면 좀 어떤가. 다시 일어나면 그만이다. 학교 위클래스든, 학교 밖 센터이든 어디든 문을 두드려라. 그리하면 당신을 위한 새로운 희망이 펼쳐질 것이다.

Chapter 1

나를 괴롭히는 게
힘든 세상보다 나아서요

자기 목숨으로
신호를 보냈던 거예요

종이에 담긴
비밀

며칠 전의 일이다. 갓 입학한 1학년 아이들은 같은 중학교 출신 친구들과 복도에서 만나며 쉬는 시간마다 깔깔거렸다. 그런 분위기 속에서 1학년 8반 담임이 상담실을 찾아왔다. "선생님, 학기 초 정신없으시죠. 죄송해요, 아이들 상담 때문에 바쁘실 텐데… 이거 우리 반 남학생이 쓴 건데 한번 봐 주시겠어요?" 그는 들고 온 종이 한 장을 건넸다.

반 아이들끼리 서로 친해지기를 돕는 자기소개 프린트였다. '안녕, 내 이름은 ○○○야. 나는 △△△을 하면서 스트레스를 풀어.

앞으로 친하게 지내자.' 이렇게 문장이 구성되어 있었다. 선생님이 가져온 종이의 학생은 공란을 이렇게 채웠다. '안녕, 내 이름은 양정기야. 나는 내 팔에 하면서 스트레스를 풀어. 앞으로 친하게 지내자.' 그리고 뒤에는 괄호 치고 무언가 더 쓰어 있었다. '(이 말이 뭔지 다들 알 거야ㅆ)'

나는 고개를 갸우뚱했다. "제가 봤어요. 그 애 팔을." 담임이 멀리서 몰래 찍은 사진을 하나 보여 주었다. 아이의 왼쪽 팔목에 흐릿하게 붉은 가로줄이 빼곡했다. "자해군요." "그런 것 같아요. 그리고 여기 이 글도 봐 주세요." 나는 프린트 맨 하단의 문장을 읽어 내려갔다. '내가 앞으로 친해지고 싶은 우리 반 친구는 ○○○야.' 그곳에 두 명의 이름이 적혀 있었다. "신하진, 이미나. 모두 우리 반 아이들이에요. 요새 같이 다니더라고요. 제가 어떻게 하면 좋을까요?" "일단 지켜보시고, 아이가 혹시 상담이 필요하다고 느끼거나 요청한다면 보내 주세요, 선생님."

일주일 후 8반 담임에게 전화가 왔다. "선생님. 요새 많이 엎드려 있고, 학교에 잘 나오지 않는 친구가 있는데요. 오늘 왔길래 상담실을 좀 가 보라고 했는데, 괜찮으실까요?" 그렇게 의뢰된 학생은 양정기가 아닌 박용우라는 남학생이었다.

"용우 요새 어떻게 지내고 있니?" "네… 뭐 똑같죠." "좀 처져 보이는데? 선생님이 잘 못 느낀 건 아닌 것 같아." "아니에요. 그냥 좀…” 아이는 눈도 마주치지 않았다. 그렇게 의미 없는 시간이 흐리던 어느 날, 8반 담임이 다시 상담실을 찾아왔다. “선생님 아무래도 무슨 일 난 것 같아요. 교무실로 반 아이들이 와서 이야기했는데, 자해하는 애들이 있는 것 같대요.” “흠. 요즘 심각한 문제긴 해요. 알려지지는 않아도 많이 할 거예요. 누가 자해했나요?” “그게, 한 명이 아닌 게 문제예요. “아이들이 본 것만 아홉 명은 넘는 것 같아요.” 순간 머리가 띵해졌다. “그 아홉 학생, 명단이 있을까요? 한 명씩 보내 주세요, 선생님.”

상담의
시작

　　　　그렇게 자해 학생들의 상담이 시작됐다. 그들은 대부분 올해 처음 시작했거나, 다시 하게 된 아이들이었다. 신기한 점은 자발적으로 한 학생이 없었다는 것이다. 친한 친구가, 사귀는 사람이, 자해를 하고 있어서 본인도 하게 됐다고 했다. 아홉 명의 학생을 상담하면서 자해하는 또 다른 학생들을 알게 됐다. 그리고 담임 교사가 새롭게 자해 사실을 알게 된 학생들도 추가되니 열네 명의 학생이 포함됐다. 8반은 스물세 명이 총원으로, 반에서 무려 3분의 2가 자해하고 있었다.

자해는 청소년 사이에 유행처럼 번지는 현상으로 자리 잡을 만큼 그들에게 익숙해진 지 오래였다. 왼쪽 손목에 피가 묻은 헝겊을 덧댄 채로 인스타에 자랑스럽게 인증 사진을 찍어 올리는 경우가 흔했다. 그럼에도 1학년 8반 아이들이 최근에 이 현상을 겪고 있다는 것, 마치 전염병처럼 누군가의 권유로 걷잡을 수 없이 퍼졌다는 사실이 나에게 의문점을 남겼다.

그 반 자해 학생들을 한 명씩 상담하면서 누구로부터 자해 권유를 받았는지 추적하기 시작했다. 공교롭게도 그 명단에는 처음 담임이 이야기했던 정기가 있었고, 이후에 거론된 하진, 미나, 용우가 있었다. 그중에서도 제일 많이 지목된 아이는 정기였다. 담임이 처음 나에게 건넨 자기소개서가 계속 생각났다. "담임선생님, 제가 아이들 모두를 상담했는데요, 가장 많이 자해를 권유한 아이가 양정기 학생이었더라고요." "아… 역시 그때 쓴 게." "아직 단정 짓기는 이르지만, 한번 상담실로 보내 주시겠어요?"

다음 날 정기는 상담실로 왔다. 생각보다 평범해 보이는 외모와 분위기를 풍겨서 조금 놀랐다.

"정기 요새 어떻게 지내고 있는지 궁금해서 불렀어." "저요? 저 요새 재미있게 학교생활 잘하고 있어요. 친구들도 많이 사귀었고요." "그랬구나, 다행이다. 어떻게 해서 친구들을 많이 사귈 수 있었어? 학기 초라 쉽지 않았을 건데." 중요한 대답을 들을 수 있는 질문이라고 생각하며 물어보았다. "저 원래 친구들이랑 되게 빨리 친해지거든요. 그냥 관심사 같은 거 이야기하면 친해지던데요?"

사실 아이가 스스로 자해하고 있다고 말하는 것을 기대하기는 어려웠다. 그 후 자해 유행에 대한 말을 하는지 살펴보며 여러 차례 상담을 했지만 큰 수확은 없었다. 그렇게 상담을 마칠 때였다. "선생님! 저 혹시 다음에 또 와도 돼요?" 정기가 말했다. "어… 어! 그래그래. 물론이지. 언제든 오고 싶을 때 오렴." 한 가지 얻은 거라면 정기가 다음에 상담실에 오겠다고 약속한 말이었다. 전에 없던 미소를 지으면서 말이다.

다음 날의 일

다음 날 정기가 또 왔다. 정말로 왔다. 자발적으로 온 것은 상담에 있어 청신호나 다름없었다. 오늘은 기필코 반에서 일어나는 자해 유행 관련한 이야기를 하고 싶었다. 그러나 상황은 다르게 흘러갔다.

"선생님, 저 어저께 아파트 옥상 갔다 왔어요." 순간 상담실에는 무거운 정적이 흘렀다. "응? 무슨 일 있었어? 어젠 별일 없이 지낸다고 했잖아." "죽고 싶어서요." 정기는 닭똥 같은 눈물을 흘렸다. "전 왜 사는 걸까요." 아이 입에서 '죽음'이라는 단어가 나오자 나는 자연스레 몸이 굳었다. 숨을 고르고, 위기 사안과 관련한 절차를 실행하며 대화를 이어 갔다.

"죽고 싶은 정도로 힘든 일이 있었나 봐. 요새 자살하고 싶은 생각을 했었어?" "네…" "언제 처음 했어?" "처음 생각은 중학생 때부터인데요, 요즘 들어 더 죽고 싶다고 생각해요." "최근에 자살하려고 시도한 적 있어?" 핵심적인 질문이었다. 아이는 조금 뜸을 들이다 말했다. "그냥 자주 옥상에 가서 떨어져 보고 싶다는 생각이 들어요. 어저께는 차도에서 한참을 누워 있기도 했어요." 자살을 암시하는 아주 심각한 신호였다.

"정말 죽고 싶을 정도로 힘든 것 같다. 너를 가장 힘들게 만드는 건 뭐야?" "그냥 전부 다요. 집도 싫고, 학교도 싫고, 이런 저도 싫어요." "제일 싫은 거 하나만 꼽아 본다면?" "집이요." "집? 어떤 거 때문에?" "아빠요. 거의 맨날 싸워요." "싸우게 되는 원인이 뭐야?" "그냥 제가 싫대요. 어저께는 나가 죽으라고 하더라고요. 그래서 진짜 죽으러 간 거예요. 술만 먹으면 저 어렸을 때 도망친 엄마 이야기를 해요."

말 못할
사정

　　　"너 제대로 안 할래?" 한 아이가 엎드려 매를 맞고 있다. 이마에서 시작된 땀이 바닥으로 떨어져 흥건해진 지 오래다. 퍽. 퍽. 퍽. "어느 집 새끼가 지 애비한테 눈을 부라려? 버르장머리 없는 자식." 정기 아버지 기철은 그의 아버지에게 거의 일상처럼 맞았다. "개 같은 새끼가! 엄마 아빠도 없는 놈 불쌍해서 데려다 키워 줬더니 대들기나 하고. 너는 저기 월남 최전방 가서 저리 구르고 이리 구르고 해야 하는데. 쯧쯧. 술이나 더 사 와!" 그는 주머니를 뒤적거리더니 동전 몇 잎을 땅바닥에 내던졌다. 기철은 언제나처럼 고개를 숙이고 동전을 손에 쥔 채 대문 밖으로 뛰어나갔다.

　'떠나자. 이 지긋지긋한 집구석. 하나도 변하지 않는 지루한 동네에서.' 기철은 버스터미널로 향했다. 이곳을 벗어날 가장 빨리 떠나는 버스를 타고 잠시 눈을 붙였다. 따뜻한 곳에서 밥을 먹고, 환히 웃는 새 사람을 만나는 꿈을 꾸었다. 하지만 돈 없이 이곳저곳을 배회하던 그가 갈 수 있는 곳은 단 한 군데만이 남게 됐다. 바로 보호 시설이었다. 그리고 그곳에서 예지를 만났다.

예지와 기철의 만남은 운명에 가까웠다. 사랑에 빠진 둘은 이전에는 누리지 못한 행복한 인생을 그렸고 많이 웃기도 했다. 하지만 살아온 습관은 고치기 어려웠다. 누구에게나 생길 수 있는 생채기 같은 갈등에도 화마처럼 불이 번질 뿐 좀처럼 가라앉지 않았다. 결국 기철은 돌이킬 수 없는 선택인 폭력을 행사했다. 자신에게 가장 익숙하고 편했던 방식은 어렸을 때부터 아버지에게 받았던 폭력이었다. 결혼하고 정기를 낳은 후에도 그것은 멈추지 않고 가족에게 향했다. 견디다 못한 예지는 차오르는 울음을 삼키고 한밤중 그들을 떠났다.

이어지는
걱정과 두려움

정기는 엄마 아빠의 오랜 이야기를 떠올리며 깊은 상념에 빠져 있었다. "아이고. 쉽지 않았겠다. 이 힘든 것들 때문에 자해한 적은 있어?" 그럼에도 침착해야 했다. 드넓은 초원의 사자가 사슴을 잡으러 가는 것처럼 천천히 그리고 조심스럽게 나아갔다.

아이는 당황한 눈치였지만 이내 자신의 왼쪽 팔을 걷었다. '어우.' 순간 놀라서 입 밖으로 소리를 뱉을 뻔했다. 빨갛다 못해 검붉은 가로줄의 상처가 아주 빼곡하게 그의 팔을 채우고 있었다. 여태 본 학생들의 자해 자국 중에 제일 심각했다. "정기 정말 많이 힘들었구나." 이 한마디에 아이는 눈물을 글썽이기 시작했다.

보통은 내 개인 휴대폰 번호를 알려 주지 않는다. 다만 정말 심각한 위기 학생 같은 경우에 만에 하나 발생할 수 있는 일에 대비해서 알려 준다. "정기야. 이거 선생님 번호야. 많이 힘들 때 연락해. 내 힘닿는 데까지 도와줄게." 그리고 나는 조심스레 한마디 덧붙였다. "자해하는 건 좋지 않아. 지금 너가 아주 힘들어한다는 건 알지만, 앞으로 줄일 수 있도록 해 보자."

아이는 대답 없이 고개만 끄덕였다. "요즘 자해하는 아이들이 많아. 특히 너희 반에서. 선생님뿐 아니라 많은 선생님이 지금 자해 퍼뜨린 주동자를 찾고 있거든." 난 말이 끝남과 동시에 정기의 표정을 살폈다. 아주 미세하게나마 당황한 듯 눈밑이 떨리고 어깨를 움찔하는 게 보였다.

"학교에서 친구들한테 인증하고 같이 상처 내고 이러면 선생님들도 가만히 있을 수 없어. 알겠지, 정기?" 순간 수업 종료를 알리는 종이 울렸고, 정기가 고개를 끄덕였다. 무언가 확실해지는 순간이었다. 학생이 상담실에서 하는 모든 말은 비밀보장이 원칙이다. 다만 생명에 지장이 갈 때는 그 원칙이 적용되지 않는다. 나는 바로 담임을 불러 이 상황을 전달했다. 그러나 우리는 자해 유행을 번지게 한 학생을 찾았다는 것에 마냥 안심할 수만은 없었다. 오히려 정기가 우리가 우려하는 것—돌이킬 수 없는 결정—인 자살을 실제로 할 수도 있다는 생각에 걱정과 두려움이 솟구쳤다.

타들어 가는 마음

　　　　　　다음 날도 상담실은 붐볐다. 이 자해 소동 건이 아니어도 학교 폭력, 따돌림, 가정 문제 등의 온갖 어려움을 호소하는 아이들이 많았다. 2교시 상담이 종료되고 쉬는 시간이었다. 숨을 돌리며 휴대폰을 보니 사진이 한 장 도착해 있었다. 발신자는 양정기였다. 사진 아이콘을 누른 순간 나는 상담실을 뛰쳐나갈 수밖에 없었다. 바로 학교 옥상 사진이었다.

　5층 꼭대기에서 옥상으로 연결되는 곳까지 달렸다. 사실은 그곳이 어딘지도 모르고, 일단 5층으로 가 이곳저곳을 살피며 알게 된 것이었다. 뛰었던 탓인지 긴장 탓인지 나는 땀으로 흥건해져 있었다. 옥상 비상문을 확인하고 떨리는 마음으로 손잡이를 돌렸다. 그러나 문은 열리지 않았다. 손잡이를 돌리고 문을 두드리며 큰 소리로 외쳤다. "정기 거기 있니? 문 좀 열어 볼래?" 아무런 반응이 없었다. 다급해진 마음으로 정기에게 전화를 걸었지만 휴대폰 너머에서는 발신음만 연신 들릴 뿐이었다.

그때였다. "선생님? 뭐 하세요? 거기 문 원래부터 잠겨 있어요." 교감이었다. 교감에게 자초지종을 설명했다. 그는 학생의 위기 신호를 공문으로 남겨 놓을 것을 이야기했다. 이 역시 아이가 잘못될 수 있는 상황을 예방하는 절차였다. 혼란스러워진 나는 터덜터덜 상담실로 들어갔다. 아까 바삐 나갔기에 상담실 문도 잠그지 않고 갔음을 그제야 알게 됐다. 그사이 내 책상에 전에 없던 것이 보였다. 포스트잇이었다.

'선생님 안 계셔서 쉬다가 가요. 안색이 많이 안 좋아 보이시네요. ─정기'

순간 머리가 지끈했다. 시간이 멈춘 것 같았다. 옥상 사진과 포스트잇에 대한 추가적인 설명이 필요했다.

다음 쉬는 시간이 되자마자 나는 직접 8반으로 갔다. 정기는 아이들과 섞여서 이야기하고 있었다. "정기 너 괜찮은 거야?" "네?" 아이가 태연하게 대답했다. "잠깐 좀 나와 볼래?" 아이들이 없는 쪽으로 가서 대화를 이어 갔다. "옥상 사진이랑 포스트잇 봤어. 무슨 일 있는 거야?" "아… 보셨어요?" "당연히 봤지." "저 그거 어저께 옥상 갔던 사진이에요." "우리 학교 옥상은 항상 잠겨 있어." "이거 우리 학교 아니고, 저희 집 아파트 옥상…" 그랬다. 내가 너무 당황한 나머지 그곳을 학교로 본 것이다. "그럼 포스트잇은? 쌤 없을 때, 잠깐 쉬고 간 거야?"

"네…" "나를 봤어? 안색이 안 좋아 보인다고 쓰여 있어서." "네. 어디로 달려가시길래…" 더 이상 할 말이 없었다. "그래. 쌤은 너한테 무슨 일 난 줄 알고 뛰어간 거였어. 옥상으로." "아. 죄송해요." "무슨 일 없으면 됐고, 나중에 또 보자. 정기야." 놀란 가슴을 부여잡았다. 다행이었다. 상담실로 돌아와 땀을 닦으며 시원한 물을 한 잔 들이켰다.

꿈속에서도

그날 밤이었다. 나는 자기 전에 옥상 사진을 다시 봤다. '내가 왜 이걸 학교로 생각했을까. 아파트였는데.' 그런데 다시 생각해 보니 정기가 전날 찍은 사진을 굳이 왜 낮 시간대에 보냈는지 문득 궁금해졌다. '분명히 아파트 옥상은 하교 후 저녁에 갔을 텐데.' 뛰어가는 나를 봤다는 것도 이상했다. 그때 갑자기 휴대폰 화면에서 새 말풍선이 떴다. 정기였다. '선생님… 저 죽고 싶어요.' 정기는 뒤이어 칼로 손목을 벤 사진을 하나 보냈다.

순식간에 잠이 달아난 나는 침대맡 불을 켰다. 그리고 정기에게 전화를 걸었다. 받지 않았다. 두세 번을 더 걸어도 받지 않아 문자를 보냈다. '많이 힘든가 보다. 일단 크게 심호흡을 세 번 하고 안정을 좀 취해 보자. 자세한 거는 내일 상담실에서 이야기하자.' 정기가 카톡을 읽은 것을 확인한 후에야 잠을 청할 수 있었다. 꿈속이었는지 어렴풋이 내일 해야 하는 일들이 생각났다. 정기와 정기 아버지께 병원 치료를 권해야겠다고 마음먹었다.

다음 날, 아침부터 정기를 불렀다. 정기는 어제 아빠와 또 싸우고 스트레스로 밤에 자해하게 됐다고 이야기했다. 가정 문제가 심각해 보였다. 다행히 아이는 병원에 대해서는 부정적이진 않았다. 중학생 때부터 정신과 진료는 받아왔었지만, 올해에는 가지 않고 있었다. 이유는 보호자인 아버지가 함께 가야 하는데, 그러지 않았기 때문이다.

아버지에게 전화를 걸었지만 받지 않았다. 어느덧 다섯 번째 통화음이 갔지만, 끝내 아버지는 답이 없었다. 혹시나 전화가 올지 모르니 문자를 남겼다. 그러다 퇴근 전 이렇게 가기 너무 찝찝하다는 생각이 들었다. 나는 숨을 들이쉬고 마지막으로 한 번 더 걸었다. "여보세요?" "아버님 안녕하세요. 저 정기 학교 상담교사입니다. 많이 바쁘시죠." "아니 뭐. 얼마나 중요한 거길래 전화를 이렇게 많이 걸으셨나요." "다름이 아니라, 아이가 요새 좀 많이 힘들어해서요. 죽고 싶다는 이야기도 종종 하고요." "아, 그래요? 그럼 고쳐 주시죠. 그게 선생님이 해야 하는 거니까요." 예상치 못한 답변이었다.

나는 목을 가다듬고 말을 이었다. "네. 아버님. 저도 제 몫을 지금 하고 있습니다. 아이 힘든 이야기를 다 듣고 있지만 어렵기에 도움을 요청 드리는 거예요." "저는 이해가 안 가네요. 학교에 문제 해결해 달라고 보낸 거 아니에요? 근데 못 한다고 다시 저한테 연락하시면 어떡해요." 나는 순간 당황하여 아무 말을 할 수 없었다. "저는 잘 모르겠고, 선생님이 알아서 하세요." "그게 아니고, 지금 아이가 심각해서 병원 진료를…" "저는 모르겠습니다. 끊을게요." 툭. 뚜뚜뚜… 그렇게 전화가 끊겼다.

얼굴이 달아오르고 손이 떨렸다. 도움을 도움으로 받아들이지 않는 그에게 더 이상 어떠한 좋은 마음도 생기지 않았다. 이미 퇴근 시간을 넘긴 뒤였지만, 이 상태로는 집에 갈 수 없었다. 수화기를 들어 교감에게 연락했다. 현 상황을 알리고, 조만간 위기관리위원회를 열자고 말했다. 이는 지역의 상담 기관 사람들을 불러서 대책 회의를 하자고 강력하게 전달했다.

어쩌면
우리는

며칠 뒤 회의가 열렸다. 교내 대표로는 상담 교사인 나와 교감, 학생부장, 담임이 참여했다. 지역 전문가로 청소년상담복지센터의 센터장, 자살예방센터의 상담사, 시청 아동청소년과의 공무원과 사회복지사가 왔다. 주최자로서 현 상황을 브리핑하는 나의 말을 듣고 있던 센터장이 물었다. "혹시 정기는 작년에 A 중학교를 나오지 않았나요?" "네. 맞습니다." "키는 평균 정도에, 머리는 길고, 얼굴이 조금 까만 편이고." "네. 맞아요." "그럼 혹시 아이가 위험 신호를 선생님께 밤낮으로 보내고 그러지는 않았나요?" "맞습니다만 그걸 어떻게…?" 순간 회의실에는 정적이 흘렀다.

"제가 아는 정기가 맞네요." 센터장이 담담하게 말했다. "맞네, 맞아. 그 학생 중학생 입학 때부터 관리하고 있었어요." 시청 공무원도 입을 모았다. "옆에 계신 복지사님이 한 달에 두 번에서 세 번 그 학생 집에 가요. 밥, 반찬을 가져다주고 기본적인 집안일도 도와줍니다. 아, 기초생활수급대상자예요. 직접 말씀해 주시죠." "안녕하세요. 사회복지사입니다. 정기 가정은 지원 나간 지 오래됐죠. 어머니가 아마 안 계실 거예요. 동생이 있는데, 자폐로 장애 1급이고요. 그래서 그런지 매주 집에 가도 항상 치워 놓으면 다시 더러워져 있고, 깨끗이 정리하면 다시 원 상태가 되고 그래요."

나와 교감, 담임은 서로 휘둥그레 눈을 쳐다봤다. 이미 중학생 때부터 정기는 국가 지원을 받아 왔고, 이 지역에서 상당히 알려져 있었다. "아, 이미 다들 알고 계셨던 학생이군요. 그러면 이전에도 아이가 학교에 자해를 전파한 적이 있나요?" 한껏 궁금해진 내가 물었다. "아… 정기가 또 자해를 유행시켰군요. 중

학생 때도 그러더니.” 자살예방센터 상담사였다. “그 아이 자해하고 자살 시도하는 건 너무 자주 있는 일이었어요. 요새 아이랑 연락이 안 되는데, 아마 본인도 볼 낯이 없겠죠. 하지 말자고 그렇게 약속하고도 계속하니…”

“학교 규칙을 만드는 건 어떨까요?” 교감이 말했다. “저는 전교생의 안전을 책임져야 해서, 한 아이의 행동이 다른 아이에게 피해가 가는 걸 막아야 해요. 학교에서 자해해서 다른 학생까지 피해를 준다면 조퇴시키는 걸로 하는 겁니다.” “강제적으로 자해를 금지하면 좋을 것 같은데요.” 담임이었다. “강제로 아이를 막기는 어려울 겁니다. 저희 교사들이 항상 그를 지켜볼 수 없는 노릇이고, 그 역시 자신의 입장에서는 욕구 해소를 위해 하는 거라서요.” 내가 말했다. “학교 규칙이라… 저는 나쁘지 않다고 봅니다.” 센터장이 말했다. 잠시 모두가 말을 아끼며 각자 생각에 잠긴 듯했다.

“아이가 학교에서 자해하거나 자살 시도를 했을 때 학교에서 다루기 힘들면 119에 신고를 하는 것도 방법입니다. 심하면 입원도 고려해야지요. 그렇게 했던 학교들도 있었어요.” 시청 공무원이 말했다. “그러면서도 그에 대한 지원은 있었으면 합니다. 규칙으로 아이를 이끌게만 한다기보다, 병원을 보낸다는지 내용을 추가로 적으면 어떨까요?” 자살예방센터 상담사였다.

"그것도 좋네요. 상담 쌤과 담임 쌤이 초안을 작성하시면 제가 학교 규칙을 마무리 짓겠습니다. 여기 계신 분들한테도 보여드릴 테니, 혹 수정이나 추가가 필요하면 말씀 주시고요." 교감이 마침표를 찍으며 회의가 끝이 났다. '벌써 많은 사람이 정기의 상황을 알고 거쳐 간 거라니…' 나는 어둠이 짙어지는 퇴근길 하늘을 쳐다보며 정기를 떠올렸다.

급박한 상황 속에서

다음 날, 3교시 상담을 시작하고 십여 분이 지날 즈음이었다. 갑자기 문 두드리는 소리가 났다. 나는 앉은 채로 크게 "상담 중입니다!"라고 외쳤다. 그러자 문이 살짝 열리더니, 작은 목소리로 "선생님… 잠시만요. 죄송해요."라는 말이 들렸다. 하는 수 없이 상담 중인 학생에게 양해를 구하고 나가 보니 교과 선생님이 있었다. 그는 비라도 맞은 것처럼 식은땀을 흘리고 있었다.

"실은 수업 중인데, 한 학생이 화장실 간다고 하더니 오지 않아서 다른 아이를 보냈거든요. 데려오라고. 그런데 그 아이도 안 오길래 제가 직접 갔는데 글쎄… 그 데려오라고 보낸 학생은 복도에서 울고 있었어요. 무슨 일이냐 물으니 아무 말 없이 복도 끝 청소도구 보관실을 가리키더라고요. 그쪽을 가 보니 바닥에 피가 뚝뚝 떨어진 채로 흥건한 거예요." "피가요? 아이고. 놀라셨겠다." "너무 놀랐죠. 근데 제가 문제가 아니고, 먼저 간 아이는 보관실 안에 들어가서 나오지 않고 있어요. 제가 나오라고 두드리고 소리쳐도 나오지 않고요."

나는 마른침을 삼키며 물었다. "혹시 선생님, 지금 1학년 8반 수업하셨나요?" "네." "안에 들어간 학생은 정기인가요?" "네. 맞아요. 어떻게 아셨어요?"

모르기가 더 힘들었다. 나는 그와 함께 화장실로 향했다. 가는 길이 참으로 멀게만 느껴졌다. 어떻게 말을 해야 할까. 아이가 학교에서 자해한 거면 학교 규칙에 따라 조퇴하거나 119에 신고해야 하는데…. 그 와중에도 여러 생각이 났고, 나는 상담 교사로서 더 나은 판단을 해야만 했다.

복도 끝 청소도구 보관실에 가 보니, 입구부터 안쪽까지 피가 마치 범행의 흔적처럼 일자로 이어져 있었다. 아이가 들어간 그 문은 굳게 잠겨 있었다. 난 깊게 숨을 들이쉬고 말했다. "정기 안에 있니? 상담 선생님이야. 잠깐 나와 볼래?" 아무런 인기척이 없었다. "정기야. 너 자꾸 이런 식으로 하면 학교생활 더 힘들어지는 거 알잖아. 상담실 와서 선생님이랑 찬찬히 이야기하자. 힘든 일 있으면 그것부터 이야기하면 되고." 그랬더니 조용한 목소리로 문 안에서 소리가 났다. "아… 으…" 소름끼치는 신음 소리였다. 울고 있는 소리 같기도 했다. 하지만 커터칼을 빼는 드르륵 소리가 난 것으로 보아 지금 자신의 손목을 긋고 있는 듯했다.

더 심각해지기 전에 결정을 내려야 했다. 나는 휴대폰으로 바로 교감에게 전화를 걸었다. 그리고 학교 규칙에 따라 119에 전화하겠다고 했다. 교감은 허락했다.

얼마 뒤 조용했던 교정에 사이렌 소리가 가득 차고 대원 여섯 명 정도가 학교로 들어왔다. 그들은 가벼운 옷차림이 아니라 두툼한 방호복을 입고 왔다. 신고할 때 아이가 커터칼을 가지고 있다고 했기에 이를 방어할 목적으로 보였다. 대원들은 굳건히 잠긴 보관실 문을 두드렸지만 안에서는 역시 대답이 없었다. 그러자 한 대원이 외쳤다. "말씀드렸던 것처럼 세 번의 물음에 아무 응답이 없었으므로 강제적으로 문을 열고 들어가도록 하겠습니다!"

소방대원들은 준비한 펜치와 도구들로 문을 열려고 했다. 그때였다. 안에서 소리가 들렸다. "아이 씨 나 안 나가! 문 열면 죽어 버릴 거야!" 멀리서 지켜보는 일부 교사는 눈을 가렸다. 이후 쾅 하는 소리와 함께 문이 열렸다. "가까이 오지 마! 나 죽을 거야. 한 발자국만 더 와 봐!" 정기는 커터칼을 자기의 목에 대고 있었다. 그때 어느 한 대원이 날렵하게 접근했다. 칼을 쥔 정기의 손목을 바깥쪽으로 비틀어 칼을 떨어뜨리게 했다. "이거 놔!" 대원은 정기의 양손을 잡고 무사히 바깥으로 데리고 나왔다.

그때였다. 정기가 자신을 잡고 있는 대원 팔을 세게 흔들어 빼더니 복도 반대편으로 내달리기 시작했다. 이 상황이 드라마가 아닌 실제라는 게 놀라울 따름이었다. 별안간 대장으로 보이는 대원이 크게 외쳤다. "너! 1층 수색, 너! 너! 각 2층, 3층! 나머지는 4층이랑 5층으로 간다!" 대원들은 일사분란하게 명령에 따라 움직였다. 이를 본 선생님들도 정기가 뛰어간 곳을 따라 일제히 달리기 시작했다. 그들 중 내가 가장 앞에 있었다.

도망치는 정기의 뒷모습이 보였다. 무엇이 그를 이토록 극단의 상황에 치닫게 했을까. "정기야! 잠깐만!" 나는 달리는 그를 향해 소리쳤다. 그때 3교시가 끝나는 종소리가 울렸고 학생들이 복도로 우르르 쏟아져 나왔다. 정기는 그 인파에 묻혀 사라졌다. 서둘러 내 뒤로 달려오던 한 대원의 무전기에서 소리가 났다. "상황 종료, 상황 종료됐습니다. 학생 1층 현관문에서 잡혔습니다."

1층으로 가니 학생들이 바글바글했다. 수업 중 119 구급대가 오고, 추격전을 방불케 한 상황을 본 학생들이었다. 아이들 중 일부는 그 자리에서 소리를 치며 놀란 듯 보였으며, 사진을 마구 찍어 대기도 했다. 교감과 선생님들은 그들에게 올라가라고 소리쳤다. 정기는 구급대원들에게 둘러싸여 있었다.

갑자기 어딘가에서 큰 웃음소리가 들렸다. 소리의 발원지는 분명 웅성거리는 아이들 쪽이 아니었다. 바로 정기였다. 그는 즐겁다는 듯이 구급대원들에게 잡힌 채로 깔깔깔 웃어 댔다. 용감했던 대원들의 표정도 사뭇 무거워지고 사색이 됐다. 나 역시 팔에 소름이 쫙 돋았다. 대원들은 붉다 못해 시퍼렇게 변한 아이의 자해 자국을 치료했다. 바닥에는 어느새 피가 흥건했고, 붉게 물든 휴짓조각이 여기저기 떨어져 있었다. 나는 아이 보호자에게 곧바로 연락했다. 그 상태로는 학교에 있을 수 없으니 집에서 안정을 취하는 것이 나았기 때문이다. 그러나 아버지는 역시 받지 않았고 대원들은 정기를 소방차에 태우고 갔다. 그렇게 그날의 상황은 끝이 났다.

할 수 있는
최선을 다하며

이후 나는 수업 중 정기를 데리러 갔던 학생과 그의 자해를 보고 충격을 받은 다른 아이들을 상담했다. 그리고 위원회의 판단에 따라 정기가 더는 학교생활을 지속하기 어렵다는 결과를 얻었다. 정기의 건강을 위해서도, 다른 아이들의 피해를 막기 위해서라도 필요한 조치였다. 가장 현실적인 방법은 입원 치료였다. 정기 아버지가 어떻게 반응할지 고민이 되었지만, 다행히 이 일은 어렵지 않게 풀려 갔다. 정기 아버지가 나에게 먼저 전화를 걸어, 아이가 입원이 필요해 보인다고 말한 것이다.

이유는 그랬다. 아버지 역시 우울증을 앓고 있었다. 그래서 본인 스스로의 삶도 너무 힘들었는데, 자녀까지 이런 일이 생기니 더 이상 아무것도 할 수 없었던 것으로 보였다. 결국 그는 아들을 위해 도움을 청했다.

정기는 아직 병동에서 정신 치료를 받고 있다. 가장 아프고 힘든 사람은 아이 당사자일 것이다. 지금도 나는 종종 병동에 연락하여 정기의 안부를 묻는다. 언젠가는 정기가 남들처럼 웃으며 행복한 삶을 살 수 있기를, 나의 위치에서 할 수 있는 최선을 다하고 있다.

경계선 성격장애 Borderline Disorder

✦ 경계선 성격장애는 사고, 정서, 행동이 일관성 없이 불안정하게
변화하는 장애입니다. 특히 감정 변화가 급격하고 변화무쌍하
게 바뀌는 양상을 보입니다.

✦ 유전 요인과 더불어 유아기 양육 과정 중 신체적이고 정신적으
로 버림받은 경험이나 학대받은 경험으로 발병하는 경우가 많
습니다. 이들은 타인을 쉽게 믿고 의지하려다가 버림받을 것 같
으면 냉대하게 대하곤 합니다.

✦ 자해 및 자살 암시, 자살 시도를 하는 등 타인에게 보여 주려는
듯한 행동을 보이거나 심하면 실제로 현실화할 가능성도 있습
니다. 그러다가도 시간이 지나면 언제 그랬냐는 듯이 태연한 모
습을 보이며 상대방을 혼란스럽게 만들기도 합니다.

✦ 실제로 이들의 내면에는 자신을 진심으로 사랑해 주고 따듯한

관심을 가져 주기를 바라는 마음이 있습니다. 호감 갖고 다가오는 사람을 자신의 편으로 만들고자 온갖 감언이설과 허구적인 이야기를 하기도 합니다. 심지어는 자해하여 관심을 지속시키려 할 수 있기에 각별한 주의가 필요합니다.

✦ 그렇기에 이 질병을 앓는 사람의 가족이나 친구, 가까운 동료나 지인은 이들을 치료해 주려다 몸과 마음의 에너지가 쉽게 고갈되곤 합니다.

✦ 따라서 이들에게는 감정 위주의 대응보다 힘든 일이 발생했을 때 어땠는지 구체적인 사건을 묘사하게끔 사실 위주의 질문을 하는 게 더 효과적일 수 있습니다.

죽고 싶어요,
근데… 살고 싶어요

어려운
전화

어제 마지막으로 우희를 상담하며, 그간의 노고가 무사히 마침표를 찍었음을 느꼈다. 한 달가량 씨름하여 얻은 결과였다. 아이가 드디어 정신과 진료를 받아 보겠다고 한 것이다. 이제 부모님 설득이 남아 있었다.

"여보세요. 안녕하세요? 우희 어머니시죠? 저는 상담 교사인데요." "네. 안녕하세요. 아이한테 말 많이 들었어요. 저희 딸 많이 봐 주신다고…" 처음 통화를 나누었을 때, 어머니는 목소리에서 품위가 느껴졌고 대체로 친절한 느낌이었다. 목회자 남편을 둔 사모님이라는 특징 때문인 것 같았다. 학생과 상담한 기억을 더듬어 보면 우희 아버지는 감리교 목사였다. 나는 기본적인 안부를 묻고 본론으로 들어갔다. "어머니, 놀라지 마시고 들으세요. 우희가 사실 아까 위클래스 상담을 왔어요. 죽고 싶다고 하더라고요." 이 말에 그는 짧은 탄식만을 내뱉었다. "음… 놀라셨지요. 죄송합니다만 아이가 한마디를 더 했어요." "네. 말씀하세요." "오늘도 죽고 싶었다고 하더라고요. 어저께 하교하고 집 들어가며 아파트 옥상도 올라갔었고요. 상황이 좋지가 않습니다." "네." "네? … 여보세요? 어머니?" "네. 듣고 있어요. 말씀 다 하신 건가요?"

대부분 학부모의 경우 이 말을 들으면 깜짝 놀라기 마련이다. 어떤 부모는 울음을 터뜨리기도 한다. 하지만 우희 어머니는 전혀 놀라지 않았다. 오히려 '올 것이 왔구나.' 혹은 '그래, 어디 더 할 말 있으면 해 봐라.'는 투였다. 작전은 꼬이기 시작했다. '어라. 이게 아닌데… 아이가 심각하니 병원에 보내야 한다는 말을 꺼내야 하는데…' 목적지를 향해 힘차게 질주하던 자동차가 갑자기 돌부리에 걸려 시동이 꺼진 것 같은 느낌이었다.

우희에게 어떤 일이
있었을까

1학년 최우희. 그 학생은 작년부터 위클래스 상담실에 종종 왔다. 볼 때마다 정말 밝았다. 긴 생머리에 환하게 웃는 우희의 모습은 마치 태양을 바라보며 핀 한 송이 꽃 같았다. 아이는 친구들을 데려와 위클래스에서 수다를 떨고 가곤 했다.

그러던 작년 어느 날 우희가 상담 신청을 했다. 쉬는 시간마다 와서 수다를 나누고 갔는데, 정식으로 상담을 신청하니 조금 놀랍기도 했다. '이제 많이 편해져서 나랑 더 친해지려나 보다.' 지레짐작했다. 하지만 예측은 머지않아 완전히 빗나갔음을 알게 됐다. 결코 그냥 말하기에는 아주 무거운 이야기가 기다리고 있었다. 우희는 조금 쑥스러운 표정으로 지난 이야기를 수면 밖으로 천천히 꺼냈다.

우희는 우여곡절 끝에 초등학교를 졸업한 아이였다. 이유는 따돌림이었다. 6학년 때 그저 남들보다 발표를 열심히 한다는 이유로 잘난 척한다며 집단적 따돌림을 당했다. 학교 폭력 신고로 가해 학생이 처벌받게 되었지만, 피해자로 온전히 남겨진 학교생활 적응은 너무나 힘겨웠다. 자신이 모르는 아이들이라도 무리 지어 이야기하는 것을 볼 때면 가슴이 쿵쿵 뛰었다. 수업

도중 누군가와 눈이 마주치기라도 한다면 자신을 비웃는 것같이 느껴졌다.

결국 사달이 났다. 어느 날 점심시간에 우희는 급식 도우미들이 배급해 주는 밥을 받고 있었다. 그날은 특히 전보다 더 걱정되긴 했다. 맛있는 고기반찬이 나와 평소보다 더 많은 학생이 있었기 때문이다. 선생님들부터 선후배 모두가 한데 섞여 약 200여 명의 인파가 급식실을 가득 채웠다.

그때였다. "헥- 헥-" 밥을 다 받고 자리로 돌아가던 중 우희는 별안간 호흡이 가빠지더니, 평소의 안정적인 호흡으로 되돌아가기 어려워졌다. 곧 숨이 멎을 것만 같았다. 심장 소리가 텅 빈 공간에 울리는 북소리처럼 자신의 귓가에 휘몰아쳤다. 결국 우희는 정신을 잃고 쓰러졌다. 국과 밥, 반찬이 마구 섞여 바닥으로 떨어졌다.

혼자 남은 시간

이후 우희는 혼자 있는 시간이 많아졌다. 급식실과 같은 인원이 붐비는 곳은 가지 못했다. 때로는 수업 시간에 교실에 앉아 있기도 힘들어졌다. 보건실과 상담실을 전전했고, 필요할 때는 조퇴를 했다. 결국 아이는 부모님과 동네 정신과에 갔고, 우울증과 공황장애 진단을 받았다. 덧붙여 의사는 대학병원에 가서 정밀 진단을 받아보라는 소견서를 우희 어머니에게 건넸다. 입원이 필요할지도 모른다는 이야기였다.

'공황장애라…' 병원을 나오는 어머니는 이 사태를 받아들이기 어려웠다. 그는 아이에게 약을 주는 대신 그들이 잘하는 방식을 취했다. 그것은 바로 절대자에게 죄를 모두 고백하고 회개하는 것이었다.

며칠 뒤 저녁 식사 자리였다. "우희야. 성경대로 하자. 시작과 끝을 주님께 맡긴다는 의미에서 아침과 저녁에 꼭 기도하는 거야. 믿음이 능치 못할 것이 없잖니." 오간 대화는 많지는 않았다. 그러나 그 무게감은 어느 때보다 묵직하게 느껴졌다. 다음 날 새벽이 동트기가 무섭게 어머니가 말했다. "일어나자. 예배드려야지." 우희는 졸린 눈을 비비며 침대맡 시계를 보았다. 새벽 5시였다. 그렇게 어머니는 아이에게 하루에 다섯 문장, 많으면 열 문장의 성경 암송을 하게 했다.

우희는 착했다. 언제나처럼 부모의 말씀을 그대로 따랐다. 착한 딸이라면 당연한 것이었다. 그들이 시킨 것을 잘 이행할 때면 홀가분한 느낌마저 받았다.

그렇다고 마음의 병이 사라진 게 아니었다. 학교생활에 대한 힘듦은 여전했다. 등교하는 날이면 두려운 존재들이 우희를 괴롭혔다. 많은 눈동자가 우희 행동의 하나부터 열까지 모조리 관찰하고 있는 것 같았다. 언제 어디에서나 그 끔찍한 눈동자가 우희를 따라다녔다. 우희에게 학교는 배움과 만남의 장이 아닌, 감시와 두려움의 장이었다.

유일한 안식처는 화장실 변기 칸이었다. 그곳에서 우희는 숨을 죽이고 속삭였다. '너무 싫어. 비참해. 아무것도 다 하기 싫어. 죽고 싶어. 나만 없어지면 돼. 그러면 우리 엄마, 아빠도 행복해지겠지.'

다음 날 아침이 밝았다. 새벽 5시면 엄마를 도와 예배 준비를 했던 우희가 보이지 않았다. 어쩔 수 없이 우희 어머니와 아버지는 예배 준비와 성도 맞이를 그들끼리 하게 됐다. 예배를 마치고 아버지는 무슨 일이 있는지 아이의 방으로 갔다. 그러곤 머지않아 소스라치게 놀랐다. 말 그대로 그 자리에 굳어 버릴 수밖에 없었다.

우희는 입에 거품을 물고 책상에 엎드려 있었다. 한눈에 보아도 족히 30봉지는 넘어 보이는 빈 약봉지가 보였다. 안방 서랍 속의 약을 찾은 우희가 한꺼번에 약을 먹은 것이었다. 절취선을 따라 잘린 약봉지가 책상 한편에 버려져 있었다. 그 옆으로는 붉은 액체가 흰 노트를 물들이고 있었다. 우희 손목에서 흘러나오는 피였다. 자해 자국이 한두 개가 있는 게 아니었다. 왼쪽 팔꿈치에서부터 손목까지 빼곡했다. 어떤 것은 선명했고, 어떤 것은 이미 흉이 져 검고, 깊게, 움푹 패여 있었다.

아버지는 우희를 업고 병원으로 달렸다. 자주 다녔던 집 앞 병원이 유난히 멀게 느껴졌다. 피로 붉게 얼룩진 딸의 노트 속 글이 어렴풋하게 생각났다.

'죽고 싶어요. 근데 또 살고 싶어요. 어떻게 하죠? 나한테 어쩌라는 거예요.'

평소 말이 없던 우희였다. 묵묵히 반항 없이 부모 뜻을 따랐던 아이였다. 그제야 우희 아버지는 우희가 마음을 닫은 채 대답 없는 공책에다 홀로 이야기해 왔다는 것을 알게 됐다. 병원에 도착하니 아버지는 눈물과 땀으로 범벅이 되었다. 그날로 우희는 병원에 입원했다. 몇 시간 후 우희의 정신이 돌아오자, 부모는 아이의 팔과 손을 붙잡고 엉엉 울었다. 우희는 그들을 보지 않았다. 한참 동안 병실의 흰 천장만을 바라볼 뿐이었다. 그렇게 남은 6학년 한 해를 병동에 입원하여 보냈다. 그 수순으로 중학교까지 입학할 수 없게 되었다.

시간을 되돌릴 수 없어도

　　　　지나온 시간에 대해 듣게 된 뒤로, 이전처럼 우희를 바라볼 수 없었다. 친구들과 밝게 웃고 수다를 떠는 천진난만한 우희 모습에서 자살 시도를 했던 흔적을 찾기란 쉽지 않았다. 간간이 보였던 왼쪽 손목의 흉터가 아팠던 그날들을 막연히 추측하게 할 뿐이었다.

　그렇게 한 해가 지났다.

　새해가 되고, 올해는 작년과 얼마나 다르고 또 비슷할지, 다양한 감정에 젖어들며 업무를 준비하던 참이었다. 그때 별안간 노크 소리가 들렸다. 우희였다. 시계를 보니 등교 시간보다 1시간이나 빠른 8시였다. 우희는 나에게 환한 미소를 지어 보이며 방학 잘 지냈냐고 물었다. 어쩌면 이제는 우희가 완전히 과거의 아픔을 툭툭 털고 일어난 게 아닐까 싶었다. 이후 우희는 새로운 친구들을 상담실로 데리고 와서 놀다 가곤 했다.

　그로부터 며칠 후, 힘겨운 일과를 마치고 가방을 싸고 있었다. 상담이 한 시간도 빠지지 않고 있었던 날이라 진이 빠진 상태였다. 그런데 갑자기 상담실 문을 두드리는 소리가 났다. 우희였다. 활짝 웃으며 안부를 묻는 평소 모습과는 달랐다. 표정이 너무 어두웠다. 별안간 책상 앞에 앉은 우희가 엎드려서 하염없이 울었다. 무슨 일이 일어난 건지 물어보고 싶은 마음이 굴뚝 같았지만 일단 기다렸다. 조금의 안정을 취한 뒤, 아이가 조심스럽게 입을 열었다.

"사실 아까 체육 시간 마치고 교실로 들어오는 길에 어떤 애가 저한테 텔을 가자고…" "텔? 텔이 뭐야?" "모텔이요…" 순간 정적이 흘렀다. "뭐야? 누구야?" "저희 반 남자애요. 제 몸을 위아래로 훑으면서 이상한 표정을 짓고는 그 말을 하는 거예요. 너무 수치스러워서…" 말을 못 잇고 다시 울음을 터뜨렸다.

순식간에 일어난 성희롱 사건이었다. 우희에게 할 수 있는 모든 말을 동원해 위로해 주었다. 그러나 이미 벌어진 그 일을 다시 담을 수는 없었다. "이름이 뭐야? 처벌 원하면 도와줄게." "아뇨. 안 돼요." 우희는 바로 대답했다. "저 지금처럼 잘 지내는 거 시간 오래 걸렸어요. 또 학폭이나 그런 것들로 힘들기 싫어요…" 나는 더 이상 아무 말도 할 수 없었다. 이번 사안도 사안이지만 과거에 우희가 얼마나 고통받았는지, 그 후유증이 얼마나 오래갔는지 알고 있었기 때문이다.

계속되는
걱정

　　퇴근 후에도 난 온오프(on/off)가 잘되지 않는 편이다. 그날 역시 밤에 눈을 감아도, 샤워하는 순간에도 문득문득 떠올랐다. 북적거리는 분위기에서 한 남학생으로부터 우희가 수치심을 느꼈던 장면과 늦은 밤 커터칼의 심을 드르륵 빼는 소리, 아픔을 참으며 자기 팔을 긋는 상황이 떠올랐다.

　　다음 날 출근하자마자 상담실 문을 두드리는 소리가 났다. 우희였다. 어제도 보고 퇴근 후에도 그렸던 아이가 오니 친숙한 느낌마저 들었다. 우희는 어제보다 표정이 더 안 좋았다. "선생님, 저 아침에 조금 쉬고 가도 돼요?" "응. 그럼 그럼. 쉬다 가." 그렇게 아이는 다음 날 아침도, 그다음 날 아침도 상담실에 왔다. 점점 상담실 오는 횟수가 잦아진다는 것은 그만큼 아이가 학교생활을 힘겨워하는 걸지도 모른다는 생각이 들었다. 우희 반 담임 역시 우희가 요새 안색이 너무 안 좋다고 말했다.

　　어느덧 한 달이 흘렀다. 우희는 계속해서 상담실에 왔고, 대부분 멍한 표정을 짓거나 감정 조절이 안 될 때는 울기도 했다. 담임도 종종 와서 아이의 안부를 묻고 갔다. 그렇게 자주 또 깊이 이 일에 노출이 되니, 퇴근 후에도 항상 우희가 생각났다. 온 가족이 식사할 때도, 친구들과 모임 중에도 다친 영혼을 가진 그 아이는 나를 항상 따라다녔다. 내가 평소와 다르다는 것은 얼마 후 알게 됐다. 언젠가 휴대폰을 멍하게 보고 있는 나를 옆의 동료 교사가 툭 쳤다. "괜찮아? 불러도 대답이 없어." 우울이라는 그림자는 나를 서서히 잠식시키고 있었다. 그 순간까지도 우희 말고 가출을 한 다른 친구가 떠올랐다. 나는 이 아이 한 명이 아닌 전교생을 돌봐야 했다.

깊은 웅덩이에 빠진 것처럼

다음 날도 우희는 상담 신청을 했다. 날마다 상담실을 오기에 조금 버거운 것이 사실이었지만, 아이가 심적으로 이곳을 무척 편한 공간으로 여기 것 같아 다행인 듯싶었다. 다만 한 달여 시간 동안 상담과 돌봄이 있었음에도 우희 상태가 여전히 제자리인 점이 걱정됐다. 마침 하얀색 교복 셔츠 아래에 보이는 팔의 붉은 상처 자국이 보였다. 분명, 자해 자국이었다.

"우희야. 요새도 마음이 계속 불편하고 그래?" "네. 똑같죠, 뭐." 말하면서 고개를 푹 숙이는 아이가 안쓰러웠다. "마음 답답하고, 때로는 죽고 싶다는 충동도 올라오고 그러니?"

우희는 가방에서 휴대폰을 꺼내더니 내게 보여 줬다. "폰 메모장에 적은 일기예요. 부끄럽지만… 제가 그때부터 어떤 생각을 했는지 다 나와 있어요. 아! 욕도 좀 있어요." 나는 천천히 첫 글부터 마지막까지 읽었다. '죽여 버리고 싶어. 그 개새끼.' '내가 뭘 잘못했길래 나한테만 이런 일이 생기는 거야. 억울해.' '심장이 너무 빨리 뛰어서 시끄러울 정도.' '옥상에서 내려다본 풍경은 너무도 평화롭고 행복해 보이는데. 하늘을 날고 싶다.' 등의 글이 있었다. 자살 신호라고 보이는 글도 종종 있었다. 나는 길게 한숨을 쉬었다. 상담, 호흡명상, 미술치료 등 내가 할 수 있는 방법은 이미 모두 한 상태였다.

"우희야. 이거 아무한테도 안 보여 줬을 건데, 고마워. 요즘도 아주 힘들어 보인다. 선생님도 쉽지 않지만, 이제는 말해야 할 것 같아. 많은 생각을 해 봤는데, 아무래도 병원 가는 게 나아 보여. 가서 약 처방 받으면 조금 나아질…" "꼭 그래야 하나요?" 아이가 바로 반문했다. "가기 싫어?" "가기 싫다기보다… 엄마가 허락 안 할 것 같아요. 그때 약 먹어도 별 효과 없었다고, 그냥 안 먹었다면 더 나았을 것 같다면서 사실 병원 가는 거 별로 안 좋아했어요." 우희 표정이 한층 더 가라 앉았다.

"그러셨구나. 정말 약 먹고 나아지는 게 없었어?" "음… 생각이 멍해지긴 했어요. 아무 생각이 안 나서 죽고 싶다는 생각도 안 나긴 했죠. 근데 공부를 거의 못 했어요. 집중이 안 돼서.” “그랬구나. 약 부작용인데, 그것 때문에 우희도, 부모님도 힘드셨나 보다. 그래도 자살 충동이 좀 줄은 건 효과가 있던 거였는데. 요새 죽고 싶은 생각은 없어?” 나의 물음에 우희가 말을 잇지 못했다. 어쩌면 그것이 말보다 더 강력한 답인지도 몰랐다. “너는 병원 가는 거 괜찮은데, 부모님이 걸리는 거지?” 우희는 고개만 끄덕였다. “선생님이 전화해 줄게.” “네? 안 들으실 거예요. 분명.” “그러면 어쩔 수 없지. 근데 해 볼 데까지 해 봐야 해.” 나는 단호하게 말했다.

쉽지 않은
소통

“안녕하세요? 우희 어머니시죠? 저는 우희 학교 상담 교사인데요.” “네. 안녕하세요. 우희한테 말 많이 들었어요. 저희 딸 많이 봐주신다고.” 이렇게 첫 장면의 내용이 시작이 된 것이었다. 아이가 자살 충동이 있다는 이야기에도 차분했던 어머니였기에 나는 적잖이 당황했다. 험난한 여정이 예상됐다.

“어머니, 우희가 지금 병원에 가는 게 조금 시급해 보입니다.” “병원요? 병원은 좀…” “망설여지시죠? 그렇지만 아이가 지금 많이 안 좋은 상황이에요.” “전에도 아이 병원에 함께 다녔었는데, 큰 차도가 없었거든요." "그러셨구나. 우희는 조금이나마 효과를 봤다고 했었거든요. 충동이 조금 없어졌었대요." "애 아빠랑 이야기해 보겠습니다. 신경 써 주셔서 감사합니다." 우희 어머니는 친절했다. 다만 그것은 거절이라는 진짜 의도를 겉으로 감싸고 있을 뿐이었다.

부모로서의 속상함이었을까, 목사의 사모라는 체면 때문이었을까. 나에게 편하게 어떠한 감정표현이나 그간의 어려움을 하소연해도 될 일이었다. 그러나 우희 어머니는 지나칠 정도로 차분한 말투였고, 말끝에는 단호함이 느껴졌다.

다음 날, 역시나 우희가 상담실 문을 두드렸다. 어머니가 혹시 어떤 말을 건네지 않았냐고 물었으나 아무 말 없었다고 한다. 예상대로였다. 절망스러웠지만, 나는 감정을 절제하려 애썼다. 단지 우희가 더 아파지지 않았으면 하는 소망이 들었다.

우려하던 일은 결국 실제로 일어난다고 하던가, 우희는 그로부터 꼭 이틀 뒤 공황증세로 교실에서 쓰러졌다. 담임은 의식이 없는 어아를 부축하여 보건실 침대에 뉘였다. 보건 교사는 이 소식을 어머니께 전했고, 어머니는 마찬가지로 크게 놀라지 않았다고 전했다. 그는 여전히 태연했다.

그로부터 3주 정도가 흘렀다. 우희는 교실에서, 체육 수업 중 운동장에서, 종종 쓰러졌다. 손목의 핏자국은 더욱더 많아지고 선명해졌다. 이전보다 더욱 안 좋아지고 있는 신호였기에, 나는 답답하고 조바심이 났다. 상담실에서 우희는 양 손바닥을 쉬지 않고 비볐고, 다리를 마구 떨었으며, 표정은 점점 날카로워졌다. 하는 수 없이 이번에는 아이에게 아버지 번호를 요청했다. 아버지라도 설득하겠다는 단 하나의 생각만 있었던 것 같다.

우희는 선뜻 번호를 주면서 말했다. "선생님. 저 때문에 죄송해요. 너무 죄송해요." "아냐, 너가 왜 죄송해…" 나는 말을 잇지 못했다. 부디 아버지는 의견이 달랐으면 싶었지만, 어머니와 매우 비슷한 입장이었다. 병원 치료는 하지 않을 것이고, 우울을 이겨 낼 수 있도록 기도도 많이 하고 옆에서 도울 것이라 했다. 변하지 않는 그들의 태도에 실망을 넘어 이제는 화까지 났다. 시간이 흐를수록 우희는 더 핼쑥해지고 야위었으며, 불안도가 높아 보였다.

어느 날이었다. 매일 왔던 우희가 상담실에 들르지 않았다.

이상하다 싶어 학급으로 가 봤는데도 역시나 보이지 않았다. 그 때 갑자기 휴대폰이 울렸다. "상담 쌤, 저 우희 반 담임입니다. 방금 아이 어머니한테 전화를 받았는데요…" 담임이 더는 말하지 않고 뜸을 들였다. "네, 선생님 말씀하세요." "우희가… 집 창문에서 뛰어 내렸대요." "네?" 순간 시간이 멈춘 것 같았다. "아이는 지금 어떤 상태인가요?" "지금 응급실 갔고, 의식은 없지만 심장은 뛴대요. 어쩌죠. 선생님. 우희 너무 불쌍하고 안돼서… 어떻게 하죠…" 울먹이는 담임의 목소리에 머리가 지끈거렸다.

며칠 뒤 담임으로부터 우희의 의식이 돌아왔고, 병원에서 안정을 취하고 있다는 소식을 전해들었다. 바닥으로 곧장 떨어지지 않고 이파리가 무성한 나무로 떨어졌던 것이다. 너무 다행이었다. 담임은 한마디를 덧붙였다. 우희의 부모님이 드디어 우희의 병원 치료를 허락했다는 말이었다. 늦은 감이 있었지만, 지금이라도 우희를 위해 마음을 바꾸었다니 다행스러웠다.

우희는 떨어지면서 왼쪽 다리가 부러지고 발목이 꺾여서 전치 3주를 진단받았다. 그러나 다행히 입원이 무색할 정도로 빠르게 회복되어, 목발을 짚고 학교로 복귀했다. 이전의 밝고 명랑한 모습을 되찾으려면 시간이 좀 더 필요해 보였다.

하루는 우희가 상담실에 와서 "선생님. 이거." 하고 작고 하얀 꽃 한 송이를 건넸다. "이게 뭐야?" "제가 드릴 건 없고. 그냥 선물이에요." "고마워. 쌤 감동먹었다." "등교하는 길에 주웠어요. 보도 블럭으로 빼곡한 길바닥이었는데, 그 틈을 비집고 펴 있더라고요." "그랬구나. 그게 좀 예뻐 보였어?" "예쁜 것보다 뭔가 대견해 보였어요. 역경을 뚫고 올라온 것 같아서요." "꽃에서 네 모습이 보였구나?" 우희가 대답 대신 눈물을 글썽였다.

지금까지 우희는 일주일에 한 번씩 정신과에 다니며 약을 먹고 있다. 물론 그것이 어떤 마법 같은 효과를 가져오진 않았고, 가끔 멍해지는 부작용도 보였다. 다만 먹지 않았을 때보다는 컨디션이 많이 좋아졌다. 앞으로 혹시라도 죽고 싶은 충동이 들거나 자살 시도를 할 수 있기에 이를 예방하기 위해서라도 복용하는 편이 훨씬 나았다.

상담으로만 해결할 수 있는 영역이 있고, 병원 치료와 약 복용이 반드시 필요한 영역이 있다. 다만 청소년은 보호자의 동의가 반드시 따라야 하기에 우희처럼 적절한 타이밍을 놓치게 되는 상황이 간혹 발생하기도 한다. 그들을 설득하고, 안정과 신뢰를 주기 위해 오늘도 애쓰고 있다.

내사 Introjection

✦ 내사는 타인의 생각이나 가치관을 여과 장치 없이 자신에게 적용하는 것을 의미합니다. 이는 자신과 타인이 결국 같아지고 싶다는 것으로, 프로이트가 말한 방어기제 중 '동일시'와 유사하다고 볼 수 있습니다.

✦ 주로 초창기 관계를 형성하는 부모와 자녀 간에 나타나며, 자녀가 부모의 생각과 감정, 행동을 직·간접적으로 배우는 과정에서 발생합니다.

✦ 내사를 통해 자녀는 자신이 부모로부터 받지 못한 결핍을 채우고, 부모와의 돈독한 관계를 유지한다는 심리적 환상을 갖습니다. 또한 과한 훈육과 방임과 같은 부모의 올바르지 못한 양육 방식을 어떻게든지 이해하려고 하고 그런 부모를 두둔합니다.

✦ 결국 자녀는 부모라는 한 주체에게 양과 음이 있고, 좋은 점이

있으며 나쁜 점 또한 존재할 수 있다는 양면성을 이해하기 어려워집니다.

✦ 이들은 어렸을 때부터 마음 깊은 곳에서 부모의 관심과 사랑을 간절하게 원했음을 잊어서는 안 됩니다. 내면의 결핍을 인정하면 공포와 불안에 사로잡힐 수 있기에 오히려 동일시라는 방어기제를 사용하게 되었다는 것도 이해해야 합니다.

✦ 그 결과 자신이 부모 중 어떠한 한 명에게 깊이 동일시하고 있었음을 서서히 알 수 있게 됩니다.

✦ 호전이 되면, 부모 등 타인의 불완전함을 이해하고 모든 것에는 양면성이 있음을 비로소 이해할 수 있습니다.

멈추려 해도
이젠 내 뜻대로 안 돼요

진짜 딱 한 판만
더하려고 했어요

평소와 다른 예감이
덮쳐 올 때

일이 있어서 1학년부에 간 날이었다. 학기 말이라 교무실은 성적처리와 생활기록부로 정신이 없었다. 할 일을 빠르게 마치고 교무실을 나가려 할 때였다.

"6반 쌤 어떡하냐. 그 반으로 갔대." "걔? 강전?" "어! 하필 또 6반이야. 안됐어." "그래도 그 쌤은 다행이지. 다 끝났으니까. 내년에 맡을 2학년 쌤이 불쌍한 거지." 모르긴 몰라도 어떠한 불미스러운 일이 있었던 듯했다. 한 아이가 학년말에 강제 전학을 온다는 내용이었다.

다음 교시에 두 명의 상담이 예약되어 있었다. 종종 오는 아이들인데, 이른바 '좀 노는' 부류였다. 학교에 교복을 입고 오는 날이 거의 없었다. 진한 화장에 딱 붙는 짧은 치마, 삼선 집업이 그들만의 교복이었다. 물론 개 중에는 무거운 사안을 가지고 오는 아이들도 있었지만 연애 상담이 주를 이루었다. 이날도 무겁지 않은 상담으로 여겨졌다.

"상담 쌤~ 저희 왔어요!"

그들의 특징 또 한 가지는 시끄럽다는 점이다. 이 작은 공간에 나 혼자밖에 없는데 항상 소리를 빽 지르면서 들어온다. "너희인 거 알아~ 들어와." "쌤! 저 할 말 있어요!" 윤슬이가 손거울로 눈 화장 상태를 보면서 말했다. "쌤, 얘 남친 생겼다요?" 친구 유진이가 거들었다. "진짜야?" 내가 물었다. "네! 쌤, 저 드디어 솔로 탈출!" 윤슬이가 흠뻑 미소를 머금은 채 말했다. "헐 대박~ 축하해. 올해까지 남친 없을 줄." "아, 쌤! 진짜!" "농담, 농담. 우리 학교야?" "음… 그렇죠?" "이번엔 성인 안 만나네?" "저 늙은이 싫어요." 그들에겐 성인이건 학생이건 똑같은 연애 상대였다.

"어떻게 만나게 됐어?" 새 연인이 생긴 아이들에게 건네는 단골 질문이다. "친구 소개요." "괜찮은 애 같아?" "완전요, 쌤! 저 알바 12시에 끝나잖아요. 맨날 이전부터 와서 기다려 준다니까요?" "안윤슬 대박. 드디어 찐사랑 하네." "얘 남친 저번에 5시간

넘게 기다렸어요." 유진이가 말했다.

"저번에는 뭐였더라? 페라리 태워 줬잖아." "페라리? 차?" "아, 급발진 쫌!" 윤슬이가 유진이를 노려봤다. "고딩이 차를 몰아?" "네. 가끔 태워 줘요." 윤슬이가 말했다. "이야⋯ 뭐 여러모로 대단하네. 성격은 좀 어때?" "성격요? 평소에 되게 자상한데, 가끔 욱한다고 해야 하나?" "아, 약간 다혈질?" "네. 가끔요. 근데 대체로 좋아요." "그래. 뭐, 너희 둘이 좋아서 만나는 거니까." "나중에 같이 놀러 와도 돼요?" "응. 언제든지. 나중에 한번 보자." "아이 씨, 남친 없는 사람 서러워서 살겠나?" 유진이가 입술을 뽀로통 내밀었고, 우리 모두 한바탕 웃었다.

다음 날 5교시를 막 마친 한가로운 시간이었다. 누군가 위클래스 문을 두드렸다.

"상담 쌤~ 저 왔어요!" 윤슬이었다. 그리고 그 옆에, 한 남자아이가 쭈뼛쭈뼛 함께 들어왔다. "안녕하세요." 톤은 작지만 단단한 목소리였다. "혹시⋯?" 내가 윤슬이를 보면서 말했다. "네! 맞아요." 윤슬이는 부끄러운 듯 남친을 바라보며 말했다. "와~ 그래, 우리 남친님 성함은? 몇 반?" "나 몇 반이었더라?" 남친이 윤슬이를 보고 물었다. "야! 니네 반을 왜 나한테 물어. 너 6반이잖아." "아. 저 6반 석재중이라고 합니다." "6반?" 순간 머리가 띵했다. "1학년 6반?" 내가 재차 물으니 고개를 끄덕였다. "혹시 전학 왔어?” “네… 어떻게 아셨어요?” “아…” 나는 말을 잇지 못했다.

“쌤, 저 나중에 한번 와도 돼요?” 재중이가 말했다. “그래. 오고 싶을 때 와.” “너 쌤한테 뭐 할 말 있어?” 윤슬이가 재중이의 팔짱을 끼며 말했다. “아니. 그냥. 신기해서.” 재중이는 상담실 이곳저곳을 둘러보며 말했다. 그때 종이 울렸다. “그래. 나중에 둘이든, 혼자든 시간 나면 한번 놀러 와.” 느낌이 싸했다. 이런 불길한 느낌은 보통 맞을 때가 많다고 누가 말했던가.

무슨 일이 있었던 걸까

다음 날 1교시였다. 마침 상담 예약이 없어서 밀린 업무를 하려 했다. 사실 상담만 하면 위클래스 업무가 확 줄지도 모를 텐데, 여러 업무가 뒤따르기 마련이다. 먼저, 상담 일지는 상담 후 이번 상담 내용과 느낀 점 등을 기록한다. 되도록 상담 직후에 쓰면 좋다. 기억이 더 날아가기 전에, 이후 상담 방향성을 위해 적어 둔다.

정서행동특성검사에서 선별된 아이들 업무도 있다. 말 그대로 1학년 신입생을 대상으로 불안, 우울과 같은 정서나 강박과 같은 행동 특성을 검사한다. 이들을 위한 주기적 관찰과 상담이 필요하다. 또, 학업중단 숙려 상담 프로그램을 구상하는 것도 많은 시간이 할애된다. 학업중단 숙려 상담은 자퇴를 원하는 학생에게 학교를 그만두기 전에 생각할 시간을 주는 제도다. 따라서 공강은 다음 상담을 위한 에너지 비축 시간이자 각종 업무를 처리하는 시간인 셈이다. 물론, 이마저도 늘 보장되는 건 아니지만.

똑똑똑.

"선생님. 혹시 들어가도 되나요?" "어~ 들어와~" 난 서둘러 다른 학생 이름이 적힌 상담 일지를 한쪽으로 치워 뒀다. "저예요, 쌤." "어? 윤슬이 남친? 진짜 왔네? 상담하려고?" "네. 혹시 지금 가능한가요?" 이럴 때 상담 교사는 고민해야 한다. 예약이 안 된 상담이며, 계획에 없던 일이다. 단순히 수업을 빼먹는 용도의 상담인지, 진짜 하고 싶은 말이 있는지를 빠르게 판단해야 한다. 내가 자주 써먹는 방법이 있다. "무슨 이야기 하고 싶은데?"

이는 쉬려고 오는 아이들의 허점을 찔렀던 질문이다. "저, 사실은 강전으로 온 거거든요. 그냥 전학이 아니고." 아이의 사뭇 진지한 표정에서 그만 당혹감을 감출 수 없었다. "아! 그, 그래. 관련해서 하고 싶은 말이 있어?" "네. 전학 오게 된 이유랑 이것저것 이야기하고 싶어요." 진실성이 느껴졌다. 본인 치부일 수 있는 이야기를 꺼낸 모습이 신기하기도 했다. "오케이! 보통 예약 안 하고 당일, 그것도 바로 상담은 잘 안 해 준다? 이번뿐이고, 다음부터는 꼭 이전에 와서 예약해야 해.” “네. 알겠습니다.” 나는 재중이에게 1교시 상담증을 주고, 해당 교시 수업 교사의 사인을 받아 오라고 보냈다.

높아지다 중간에서 훅 꺾인 매부리코에 나직한 목소리의 전학생. 전형적인 미남은 아니지만, 190은 되어 보이는 덩치가 그를 잘생긴 것과 같은 효과를 주고 있었다. 또래 친구들에게는 상당한 위압감이 전달될 듯싶었다.

“재중이 그러면 언제 온 거야?” “이틀쯤 된 것 같아요.” “그러면 이틀 만에 여친을 사귄 거야?” “아뇨. 이전부터 알았어요.” 재중이가 대답했다. “예전에 이 지역 친구들이랑 밤새 술 먹고 놀다가 번호 땄죠.” 책상에 올린 팔로 고개를 괴고 재중이가 말했다. 그러고는 살짝 미소를 지어 보였다. 정면으로 바라보고 있던 나는 순간 많은 생각이 들었다. 나이는 열일곱에 불과하지만, 세속의 생활에 도가 튼 지긋한 어른이 앉아 있는 것 같은 느낌마저 들었다. “어떤 면이 마음에 들었는데?” “그냥 맘에 들어서요.” “외모? 성격?” “그냥 뭐. 두루두루요.” 재중이의 말투는 허영과 여유로움의 중간 그 어디쯤 있었다.

아이는 갑자기 자신의 휴대폰을 꺼내더니 무언가를 찾았다. 그러곤 화면 확대를 하더니 사진을 보여 줬다. “윤슬이랑 찍은 거네? 잘 나왔다." 재중이는 휴대폰 화면을 아래로 스크롤하며 또 무언가를 찾더니 내게 보여 줬다. "응? 다른 여자잖아. 아, 친구?" "전 여친요." 그러더니 그 여자 이후로 수없이 많은 과거 전 여친들의 사진을 보여 줬다. "여자 엄청 사귀었다, 너?" "네. 제가 쫌 매력이 넘쳐서요." "그 자신감은 어디서 나오냐?" 내가 콧방귀를 끼며 물었다. "저도 잘 모르겠어요. 제가 사귀자고 하면 다들 사귀던데요?" "웃긴다." "아. 이거. 몇 살 같아 보여요?"

재중이는 또 다른 여자를 보여 줬다. "고2, 3정도? 어우 화장 봐라. 옷도 엄청 파였네." "31." "응? 서른하나?" 내가 놀라는 표정을 지으니 아이는 음흉한 표정으로 날 쳐다봤다. "너무 많이 깠네요." 폰을 주머니에 넣으며 재중이가 말했다.

"연애사는 뭐 차차 말해 보고. 진짜 강전이야?" 나는 단도직입적으로 물었다. "네." "싸웠구나?" 아이는 아무 말 없이 고개를 땅으로 떨궜다. 순간 내가 못 할 말을 했나 싶었다. 이 큰 덩치의 아이가 내 말로 비위가 상한다면 참으로 난처할 것 같았다.

재중이는 한숨을 후 뱉더니 말했다. "제가 왜 그랬는가 싶어요." "때렸어? 친구?" "아뇨." "아, 집단으로 팼어?" "아뇨." "뭐야? 그럼?" 나는 집요하게 물었다. "선생님을요." 순간 잠깐 정적이 흘렀다. "선생님을 때렸어?" "네." "아이고. 무슨 일이 있었긴 한가 보다." 아이는 말없이 고개를 끄덕였다.

　　재중이는 학교에 자주 늦고 결석이 잦았다. 조금의 센스와 성의가 있다면 정상 등교를 못 할 때 미리 담임에게 연락할 수도 있었다. 하지만 재중이에게 그런 것들을 바라는 것은 과한 기대였다.

　　담임이 해야 하는 한 학년 동안의 임무에는 몇 가지가 있다. 그중 기본은 자신에게 주어진 25명 내외의 학생을 관리하는 것이다. 말이 좋아 관리지, 일부 학생의 출결, 대인관계, 학폭, 성적 등의 문제가 터지면 걷잡을 수 없게 꼬일 수 있다. 거기에 자신의 교과, 시험, 수행평가도 신경 써야 한다. 설상가상으로 학부모 민원까지 생긴다면 다음 날 사직서를 제출하고 싶을 정도로 힘들어진다. 재중이는 안타깝게도 이 모든 경우에 해당하는 학생이었다.

　　며칠째 재중이는 지각이었다. 시계는 이미 오전 11시를 향하고 있었다. 재중이는 오늘도 휴대폰을 보면서 천천히 걸어 들어왔다. 그 모습을 복도에서 담임이 보게 됐다. 올해 15년 차 베테랑 교사로 수업도, 아이들에게 평판도 준수한 남자 선생님이었다.

"석재중! 너 안 뛰어가?" 담임이 말했다. "네~" 아이는 대답하며 뛰는 시늉만을 했다. 다음 날은 아예 학교에 오지 않았다. 조회를 마친 후 연락하니 전화를 받지도 않았다. 담임은 결국 어머니에게 연락했다. 재중이 어머니는 앞으로는 주의시키겠다는 대답만을 반복했다. 그러나 다음 날도 재중이는 학교에 오지 않았다. 이런 날이 몇 번이나 이어지면서, 담임의 마음 한편에 스트레스가 굳은살처럼 작지만 딱딱하게 자리 잡혔다.

하루는 열 명 정도의 패거리 간 싸움이 붙은 날도 있었다. 학교 앞 공터가 있는데, 그곳에서 자주 담배 피우는 인근 학교 아이들과 시비가 붙은 것이었다. 그곳은 인근 학교 아이들의 아지트였기에 쉽게 물러서지 않았다.

재중이는 체면을 생각했다. 수많은 친구들이 자기를 지켜보고 있었다. 싸움이 시작되자 제일 마음에 안 드는 상대를 붙잡았고, 마구잡이로 주먹을 휘둘렀다. 결국 그 아이는 코가 심하게 부러지고 여러 군데 피를 심하게 흘려 응급실로 향했다. 바닥엔 피가 낭자했다. 결국 학폭 신고가 들어왔다. 담임은 조사차 학생부를 전전했다. 쉬는 시간마다 울리는 전화는 담임의 새로운 고충이 되었다. 또한 피해 학생 학부모들의 전화가 빗발쳤다. 심지어 퇴근 후에도 담임의 휴대폰은 쉬지 않고 울려 댔다. 재중이를 불러 이야기해야 했지만, 아이가 학교에 오질 않으니 시작할 수조차 없었다. 담임의 시름은 점차 늘었다.

그날도 여느 때와 다름없었다. 1교시는 담임의 수업 시간이었다. 재중이는 수업 시작 후 20분 뒤쯤 들어왔다. 한 손에는 휴대폰을 쥐고 있었다. "석재중 또 늦었네." "네~" 아이는 담임을 보지도 않고 자리에 가 털썩 앉았다.

담임의 마음 깊은 곳에서 본인도 모르게 누적된 화가 훅 치고 올라왔다. "수업 시작 이미 했는데, 늦게 와 놓고 그냥 '네'…?" "죄송합니다." 역시나 아이의 시선은 폰을 향해 있었다. 그러고는 혼자 작게 속삭였다. 욕설이었다. 그것을 들은 주변 친구들이 키득키득 웃어 댔다. "너 뭐라고 했어?" 재중이는 그제야 담임을 쳐다봤다. "네? 저요? 뭐요?" "뭐요? 욕했잖아, 방금! 뭐라고 했어? 어!" "아, 그거 쌤한테 그런 거 아니에요." 아이는 다시 휴대폰을 보았다. "아, 떨어진다." "너 지금 뭐 하는 거야?" "아, 아니에요." 담임은 재중이에게 걸어갔다.

"휴대폰 내놔라. 압수다." "아, 잠시만요. 쌤, 제발." "내놔. 다시 말 안 한다." 재중이는 계속 휴대폰에 시선을 고정하고 있었다. "아, 이것만요. 쌤 진짜 이것만." 이때 담임은 재중이의 휴대폰을 확 낚아챘다. "아, 씨발 진짜!"

재중이가 욕을 했다. 그전까지만 하더라도 반 학생들은 이

상황을 대수롭지 않게 여기고 있었다. 언제나 재중이가 많은 선생님과 마찰을 일으키곤 했기 때문이다. 하지만 이번엔 달랐다. "달라고요." 아이가 담임을 노려보며 말했다. "앉아." "줘요. 주세요." "앉으라고." "씨발! 달라고!" 재중이는 휴대폰을 잡은 담임의 오른손을 꽉 잡았다. "놔! 안 놔?" "먼저 놓으세요!"

주변 책상이 넘어지고, 책상에 올려둔 물이 엎어지고, 난리가 났다. 반 학생들은 놀라 비명을 질렀다. 담임이 휴대폰을 있는 힘껏 쥐었다. 마지막 남은 자존심이었다. 그때였다. 맞잡은 두 손의 압력 때문에 휴대폰이 손에서 벗어났고, 저 멀리 날아가서 창밖으로 떨어졌다. 재중이는 창 아래를 확인했다. 개미처럼 작게 보이는 휴대폰이 무사할 리 없었다. "씨발, 개새끼가!" 재중이의 주먹이 담임 얼굴로 향했다. 퍽 소리와 함께 담임이 쓰러졌다. 순간 아이들은 겁에 질렸고 교실에는 정적만이 가득했다. 낌새를 감지한 옆 반 선생님이 달려왔고 그렇게 어수선한 상황이 일단락됐다.

결국 재중이에게 교권 침해 신고가 들어왔다. "왜 때렸어? 친구도 아니고 선생님을?" 담당인 학생부장이 아이에게 물었다. "폰 가져가서 안 주잖아요." "네가 늦게 와서 휴대폰만 했다며. 수업 중 휴대폰 금지인 거 알아 몰라?" "알아요." "근데?" "중요한 거 하고 있었어요." "뭐 중요한 거?" 재중이는 말이 없었다.

"뭐 하고 있었는데?" "게임요." "너 휴대폰 싹 다 조사하면 다 나와. 바르게 말해." "토토요." "토토? 도박?" 아이는 조용했다. "잘하는 짓이다. 너 입학할 때부터 조심하라고 했어, 안 했어? 복장 불량에 학폭에 흡연에. 벌써 몇 번째야?"

커진 사안은 결국 학부모를 학생부로 소환시켰다. "한 번만 봐 주세요. 한 번만…" "어머니 이젠 안 돼요, 저희도. 이전에 아이가 물의 일으킨 사안들도 많이 봐준 거 아시잖아요." "그래도. 어떻게 안 될까요? 제가 치료비는 물어드릴게요." "치료비 문제가 아닙니다, 어머니. 교사 폭행은 조치가 무거워요. 담임 선생님이 그 자리에서 쓰러져서 병원 가시고, 지금 정신과 상담받으세요." "죄송합니다. 제가 아이를 잘못 키웠습니다." "어머니. 저도 어쩔 수 없어요. 이건 증거도 명확한 일이라서. 제가 봐 드릴 수 있는 일이 아닙니다." 학생부장은 단호하게 말했다.

재중이 어머니는 눈 화장이 모두 번질 정도로 펑펑 울었다. 그렇지만 시간을 되돌릴 수 없었다. 며칠 뒤 교육청 교권보호심의위원회에서 연락이 왔다. 8호 처분의 전학 조치였다. 즉, 강제 전학인 셈이다. 그렇게 재중이는 우리 학교로 왔다.

지나간 시간과
지금

　　　　　"후회해?" 내가 물었다. "후회하죠. 그곳에서 제가 얼마나 잘나갔는데요." 재중이가 웃으며 말했다. 마치 영웅담을 말하는 것 같은 투였다. "토토는 아직도 해?" "제 삶의 유일한 낙이에요. 마약 같은 존재." "그거 엄연히 불법이야." 이렇게 말하면서도 이 아이에게는 씨알도 먹히지 않는다는 걸 알고 있었다. 그래도 교사로서의 책임감이었다.

　　"쌤. 상식적으로 생각을 해 보세요. 5만 원을 넣었는데, 50만 원, 아니 500만 원이 된다고요." "그러니까 그게 도박이지. 그래서 많이 땄냐?" 재중이는 또 자신의 폰을 뒤적거리면서 무언가를 보여 줬다. 계좌였다. "뭐야. 일십백천만십만… 4천만 원? 너 돈이야?" "네. 제가 딴 돈." "너 진짜 심각하다. 이만큼 땄다면 이만큼 잃을 수도 있다는 거야." 내가 한숨을 쉬며 말했다. "한번 하면 못 끊어요. 제 친구는 몇억 벌고 차 샀어요." "무면허?" "그렇죠."

　　수업을 마치는 타종이 울리고, 은근한 자랑에 젖은 재중이는 위클래스를 나가면서 말했다. "쌤. 저 다음에 또 와도 돼요? 다음엔 더 재미있는 이야기 들고 올게요." "쌤 바쁠 때는 안 된다.

안 바쁠 때는 오케이~" "감사합니다." 아이가 문을 열고 나가려 할 참이었다. 밖에서 큰 소리가 들렸다. "야! 석재중! 너 진짜 왔구나!" 1학년 노는 남자애들이었다. 재중이는 그렇게 무리에 섞여 어디론가 사라져 버렸다.

재중이의
복잡한 일상

"학교 마치고 간만에 시장 고?" 재중이 친구 욱진이었다. 이 학교에서 주먹 꽤 쓰는 아이 중 한 명이었다. "너 까먹었냐? 오늘 그날이잖아. 더블데이트!" 재중이가 말했다. "아. 오늘이야? 피곤한데." 욱진이가 짜증을 냈다. "그럼 시장 언제 가게?" "피곤한데 어떻게 가냐? 나 윤슬이 만난 지 얼마 안 됐어. 조심해야 돼." "휴. 됐다, 됐어. 다른 새끼 알아봐야지." "아 진짜. 나중에 가자고." 재중이가 말했다. "종쳤어. 들어가자." 둘은 각자 피던 걸 주머니에 넣었다. 전자담배였다. "얘들아, 가자." 화장실 밖으로 나오니 두어 명의 아이가 망을 서고 있었다.

종례 후 욱진이는 6반에서 재중이를 기다렸다. 곧 그 반에서 일정을 모두 마친 아이들이 쏟아져 나왔다. "뭐야. 아까까지만 해도 썩어 있더니 표정이 밝네?" 재중이가 욱진이에게 말했다.

“야. 별이가 오늘 그날이란다.” “뭐?” “생리! 더블데이트 쫑이라고.” 욱진이가 싱글벙글 웃으며 말했다. “나랑 윤슬이는?” “니가 알아서 잘라.” “야. 난 그렇다고 쳐도 윤슬이 오늘 학원 쨌단 말이야.” 욱진이는 아무 말 없이 재중이에게 휴대폰을 치켜 보였다. “누구냐, 이 여자는?” “닥치고 그냥 얼굴만 쭉 봐.” “이뻐. 이쁜데 누구냐고.” “오늘 사장님 픽.” “아이 씨.” “싫어? 나 아는 형님이 꽂아 준 건데?” “윤슬이 알면 큰일나.” “오랜만에 시장 갈 때 됐잖아.” “아, 그렇긴 한데…”

그때였다. “어딜 가, 석재중?” 윤슬이가 걸어오며 말했다. “오늘 더블데이트잖아. 어딜 오랜만에 가냐고.” “아… 오늘 별이 아파서 못 놀 것 같아. 미안하고, 나중에 또 놀자!” 그렇게 말하고 욱진이는 서둘러 그곳을 빠져나갔다. “석재중. 똑바로 말해.” “피시방. 오늘 팀 먹고 롤하는 날이야.” “확실해? 아까, 무슨 시장이라며.” 윤슬이가 노려보며 말했다. “게임하러 간다고.” “진짜지? 믿는다.” “야. 됐고. 밥이나 먹자. 뭐 먹고 싶어?” 재중이는 위기를 넘겼다. 사실 시장은 시내에 있는 시장 사이에 위치한 불법 영업소를 의미했다.

밥 먹고 카페에서 수다를 떠니 벌써 9시가 넘어가고 있었다. 재중이는 집중이 되지 않았다. 아니, 집중할 수가 없었다. 욱진이가 계속 톡을 보내왔기 때문이다. ‘이런 날 또 없다.’ ‘이따 새

벽 4시까지 어떻게든 와. 내가 자리 만들게.'

　재중이는 속으로 생각했다. 이 새끼는 날 도와주는 거야, 엿을 먹이는 거야. "야! 니 뭐 생각하냐고!" 윤슬이가 말했다. "아. 아냐." "뭘 아냐. 너 롤 생각하냐?" "그래! 생각했다." "어휴. 이 게임돌이. 나 간다고. 오늘 아빠가 빨리 오랬어." "어. 알겠어. 바래다줄게." 재중이는 속으로 쾌재를 불렀다.

　"야. 왜 이렇게 전화를 안 받냐." 재중이는 윤슬이를 바래다주고 욱진이에게 바로 연락했다. "재미 좀 보고 있었다. 어서 와. 여기 고급 양주도 엄청 많다." "지금 택시다. 금방 갈게." 오랜만이었다. 3년 전 중1, 아빠가 사내로 만들어 주겠다고 재중이를 데리고 갔을 때부터 시작이었다. 재중이는 쾌락과 환락이 판치는 그곳에서 뜨겁게 심장이 뛰었고 살아 있음을 느꼈다.

미로처럼 엉키고 꼬이는

　　　　차로 한 시간이나 가야 했다. 내비게이션마저 어디인지 정확히 짚어 내지 못했다. 그래도 재중이는 시장 골목으로 들어가, 건물 틈으로 삐져나오는 형형색색의 불빛을 보며 이곳이라는 것을 알고 있었다.

허름한 문을 열고 들어가니 내부가 모두 보이는 통유리에 여자들이 속옷만 입고 있었다. 재중이는 담배를 한 모금 깊게 빨았다. 그리고 욱진이가 있는 장소로 들어갔다. 그때였다. "잠깐. 어떻게 왔어? 딱 봐도 학생인데." 문 왼편에 덩치가 큰 남자가 넓적한 손으로 막았다. 재중이는 당황했다.

"어? 이 새끼 많이 컸네." 건물 안쪽 허름한 의자에 앉아 있는 누군가가 말했다. 딱 달라붙는 청바지에 노랗게 머리를 하고 있었다. "안녕하십니까, 형님!" 재중이는 허리를 90도로 꺾었다. "야. 뭔 형님이야. 삼촌이라고 해." 업소 사장이었다. 재중이는 사장을 쳐다보며 씨익 웃었다. "친한 형님 아들이야. 들여보내." 사장이 말했다. "아, 욱진이 102호에 있다. 가 봐." "네. 감사합니다." "아, 오늘 물 좋다. 니 파트너도 기다리고 있어." "네. 사랑합니다!" 재중이가 웃으며 들어갔다.

102호 문을 여니 여러 향이 섞인 냄새가 먼저 재중이를 반겼다. 진한 담배 냄새, 전담에서 나는 민트 향과 여자 종업원들의 아로마 향이었다. 선곡을 기다리는 노래방의 기계음이 귀를 찌르고 있었다.

"야! 이제 오냐?" 욱진이었다. 이미 한껏 취한 욱진이는 눈에 초점이 잡히지 않았다. "이 새끼 많이 마셨네." "내가 빨리 오라고 했잖냐. 한잔해." 그때 혼자 앉아 있던 여자가 재중이에게 다가왔다. "이제 왔어, 오빠?" 여자는 재중이와 팔짱을 끼고 자리를 잡았다. 재중이의 심장이 서서히 뛰기 시작했다. 몇 시간 전까지만 하더라도 옆에 윤슬이가 있었는데, 같은 여자이지만 느낌이 확연히 달랐다.

재중이는 테이블을 쭉 보았다. 처음 본 술들이 세팅되어 있었다. 언뜻 봐도 고급 양주였다. 오늘 밤까지 계산하면 500은 족히 넘어 보였다. '욱진이 새끼 노빠꾸로 시켰네. 돈도 많이 잃은 놈이.' 내일 있을 큰 배팅을 잊으면 안 됐다. "오빠~ 뭐가 그리 심각해. 이거 한 잔 마시고, 우리 즐겁게 놀자!" 재중이는 양주 두 잔을 그대로 원샷하고, 쾌락의 소용돌이 안으로 빠져들어 갔다.

한순간에 잃고 마는 위기

귀가 아팠다. 날카로운 무언가가 귀의 표면을 찢는 것 같았고 점점 따가워졌다. 몽롱해진 정신 속에 어떤 날벌레인가 싶었다. 작게 파르르 하는 소리가 둥근 원을 그렸다. 그 파동은 점차 커지더니 소리가 귀를 더 세게 내리쳤다. "악!!" 재중이가 눈을 떴다. 정체는 다름 아닌 알람이었다. 옆엔 어제 함께 술 먹고 놀았던 여자가 자고 있었다. 손을 뻗어 휴대폰을 확인하니 부재중 전화가 여러 통 찍혀 있었다. 이전 학교 친구

도성이었다.

재중이가 눈을 비비며 전화를 걸었다. "여보세요…" "야, 이놈아! 뭐 하냐고! 아까부터 전화를 쳐 안 받냐!" "뭐? 아침부터 성질이야." "성질 안 내게 생겼냐? 배팅 시작하고 30분이 지났어. 2천 날렸다고! 빨리 확인해." "뭐? 뭔 소리야…" 전화가 툭 하고 끊겼다. "아. 맞다. 망했다." 오늘 오전 10시부터 팀배팅이 있었던 것을 꿈처럼 잊고 자고 있었다. 어플을 들어가 확인했다. 배팅 금액 5억 중 이미 2천만 원을 잃은 상태였다. 홀짝 배틀과 사다리 타기 배틀로 상대 팀의 돈을 따는 불법 도박이었다. 재중이 차례였지만, 자고 있던 바람에 첫판 몰수패를 당한 것이다.

재중이는 부재중 전화 건수를 세 보았다. 무려 21건이었고 그중 8건은 도성이었다. 나머지는 모두 윤슬이었다. '어디야?' '전화 왜 안 받아?' '어디냐고.' '학교 안 가?'와 같은 문자도 와 있었다.

두통인지 숙취인지 모를 찌릿한 통증이 느껴졌다. 그럼에도 손가락은 멀쩡했다. 감기몸살로 몸서리를 쳐도, 다리가 부러져 목발을 짚어도 손가락은 다행히 한결같았다.

습관처럼 재중이는 다시 도박 어플로 들어갔다. 그리고 좋은 패를 뽑았다. 결과로 남은 4판을 내리 이겨 상대 팀의 돈을 어느 정도 딸 수 있었다. 팀장은 책임을 물어 재중이에게만 보너스를 챙겨 주지 않았다.

"야! 아직도 자냐? 학교 안 가?" 욱진이는 재중이가 묵는 방으로 왔다. "가자. 가." 아직 하나의 관문이 더 남아 있었다. "야, 나 뭐라고 말해?"재중이가 욱진이에게 물었다. "여친? 병신." 욱진이가 웃었다. "여자 만나고 왔다고 해. 이 새끼 연애 초기라 신경 엄청 쓰네." "꺼져." 재중이가 말했다. 둘은 택시를 잡고 학교로 향했다.

개운하지 않은
마음으로

나는 전날 다 못 쓴 상담 일지를 마저 정리하고 있었다. 아직 1교시가 시작되기 30분 전이었다. 이 시간을 성실하게 보내면 보통 그날 일과가 수월했다. 한 케이스를 정리하고 넘어가려 할 때 별안간 상담을 알리는 노크 소리가 들렸다. 어쩔 수 없었다. 수업 시간을 빼고 오는 상담에 부담이 있는 아이들은 지금처럼 조회 전, 점심시간, 종례 후 시간을 이용하고 있었다.

"상담 쌤~!" 까랑까랑 한껏 높아진 목소리였다. 윤슬이었다. "윤슬이~ 아침부터 무슨 일?" "쌤… 저 말할 거 있어요…" 아이가 시무룩하게 말했다. "연애한 지 2주일도 안 됐는데, 연락이 잘 안 돼요." "아, 재중이랑?" "네… 오늘 아침에도 같이 오는 거였는데, 자는지 연락이 안 되더라고요. 혼자 왔어요." 윤슬이가 책상바닥을 내려다보며 말했다.

"아이고. 그랬구나. 보니까 연락 스타일 다르면 연애 되게 힘들어하더라고." "그러니까요. 그리고 말할 때, 집중 안 하는 거 뭔지 아시죠. 막 자꾸 휴대폰 보고, 다른 생각하는 것 같고." "아, 그런 것도 있어?" "자주는 아닌데, 좀…" "연애 초기인데 실망스러운데?" "저 잘 만난 거 맞겠죠?"

곤란했다. 어제 혼자 와서 자신의 연애사를 나한테 모두 공개한 재중이 아니던가. 재중이가 보여 준 과거 연인들의 얼굴이 스쳐 지나갔다. 흐뭇해하던 표정까지 떠올랐다. 그것까진 그렇다 쳐도, 재중이가 선생님을 때리고 강전을 왔다는 걸 윤슬이는 알 수 없다. 그리고 도박 중독이라는 사실까지.

"그래도 너 알바 마치는 거 기다려 주고 그런다며. 그런 남자 없다." 분위기 전환이 필요했다. "그렇죠? 그런 애들 없어요." "좋은 점도 있잖아." "맞아요. 같이 알바하는 오빠 조심하라고 하더라고요. 엉뚱한 짓 하면 말하라고. 자기가 손봐 주겠다고 하면서요. 그때 좀 심쿵." 윤슬이가 다시 웃음을 지어 보였다. "그래. 연락이나 이런 것들은 계속 네가 살펴봐야 할 듯~" "네. 그래야죠! 쌤 저 담에 또 올게요!"

또 다른 위험한
일의 시작

　　　　"아, 미안해. 늦잠 잤어." 재중이가 말했다. "됐다고. 하루 이틀도 아니고." 윤슬이가 얼굴을 쳐다도 보지 않고 대답했다. "삐지지 말고." 여친의 손을 잡으며 재중이가 말했다. "됐어." 윤슬이는 손을 뿌리치고 반으로 들어갔다. "하… 역시 연애 힘드네." 재중이는 조용히 혼잣말을 뱉고 돌아갔다. 그러고는 전화를 걸었다. "형님. 재미 좀 보고 계세요?" 같은 고등학교를 졸업한 선배였다. "뭐. 그럭저럭. 이따 판이나 잘 키워라. 알지?" 함께 도박을 주로 하는 일원이기도 했다. "넵! 알겠습니다. 형님, 근데 오늘 혹시 차 끄세요?" "아, 이 새끼 또!" "부탁드립니다." "오늘은 또 무슨 일인데?" "어저께 시장 갔다가 늦는 바람에 여친이랑 좀…" 재중이가 고개를 푹 숙이고 말했다. "어휴. 이 병신. 잠깐만이다." "네! 감사합니다!" 재중이의 표정이 한껏 밝아졌다.

　　날이 저물고 저녁이 됐다. 재중이는 윤슬이가 일하는 가게 앞에 한참 전부터 있었다. "안녕히 계세요. 고생하셨습니다!" 자정이 되자 종업원들이 하나둘 나왔다. 그곳엔 윤슬이도 있었다. 그때였다. 어두워진 그 가게를 향해 차량 라이트가 깜빡깜빡했다. 모두의 시선이 그곳에 집중됐다. 노란빛인 것 같으나, 눈이 부서 잘 보이지 않았다. 자세히 보니 샛노란 신형 페라리였다. 차 문이 위쪽으로 열리고 그 안에서 육중한 덩치의 남성이 나왔다. 재중이었다. 두 손엔 먹을 것이 가득했다.

"오오오~" 그를 몇 번 본 직원들이 환호성을 질렀다. 재중이가 직원들 쪽으로 성큼성큼 걸어갔다. "고생하셨습니다!" 재중이는 모두에게 고급 마카롱을 돌렸다. 그러고 나서 윤슬이 쪽으로 향했다. "뭐야, 석재중~ 내 것도?" 작고 납작한 상자였다. 열어 보니 무언가가 어두운 밤 중임에도 가로등 빛에 반사되어 반짝반짝 빛이 났다. 목걸이였다.

"헐?!" 윤슬이의 입이 떡 벌어졌다. "이거 명품 아니야?" 주변 사람들도 부러운 눈으로 그들을 쳐다봤다. SNS에 자주 등장하는 목걸이였다. "야! 석재중!" 윤슬이는 재중이를 꽉 껴안았다. "오늘 미안했어." 재중이가 윤슬이를 안으며 말했다. 윤슬이가 입을 삐죽이다 웃어 보였다. "이걸로 퉁 칠 생각 마라. 그래도 고마워!" 남친의 깜짝 이벤트는 성황리에 막을 내렸다.

차는 잘 나갔다. 역시 4,000cc에 600마력을 자랑하는 슈퍼카 다웠다. 윤슬이는 황홀했다. 재중이가 안긴 지난날의 설움이 밤바람에 모두 날아가는 듯했다. "오늘 드라이브 조금 더 할래?" 재중이가 물었다. "콜! 근데 나 목이 좀 말라서 잠깐 편의점 좀."

윤슬이 말에 재중이는 인근 편의점으로 향했다. "나 이거 먹어야지." 재중이가 고른 것은 맥주였다. "밤에 사람 없어서 운전해도 돼. 나 잘 취하지도 않고." "와. 너 진짜 또라이구나." 윤슬이가 웃었다. "그 말이 아니고, 있냐고 신분증." 윤슬이의 물음에 재중이가 소리 죽여 말했다. "당연하지." "그럼 내 것도."

물론 위조 신분증이었다. 3개월 전 아는 삼촌이 맞춰 줬다. 살짝 올라오는 취기는 기분을 더 좋게 만들었다. 거기에 엄청난 속도의 짜릿함까지 가세하니, 그들은 세상을 다 가진 것 같았다. 새벽 2시 도로엔 차도, 사람도, 없었다. 그러니 차의 속도는 점차 빨라졌다. 90km, 100km를 넘더니 곧 120km로 달리고 있었다. 전날 시장에서의 황홀경에 비견되는 쾌락이었다.

그때였다. "악!" 재중이가 외쳤다. 곧바로 퍽, 하는 묵직한 소리가 들렸다. 무언가 차체와 접촉한 소리 같았다. 재중이는 이리저리 핸들을 돌리다 차의 무게중심을 잃고 중앙 가드레일을 박았다. 보닛에서는 묵직한 진동 소리와 함께 연기가 심하게 났다. "아. 망했다." 다행히 두 사람은 무사했다. "근데 무슨 소리 안 났어?" 윤슬이가 말했다. "고양이겠지." 재중이는 차에서 나와 보닛을 열었다. 안에서부터 뿌연 연기가 흘러나왔다. 깜깜한 밤이었는데도, 뿜어져 나오는 검회색의 연기가 뿌옇게 보였다.

"야! 아까 무슨 소리 안 났었냐고." 윤슬이가 다시 물었다.

"아! 좀 조용해 봐. 차 상태 안 좋아." 재중이의 시선은 오로지 차에만 있었다. 윤슬이는 온 길 쪽으로 되돌아갔다. 얼마 뒤 윤슬이가 소리를 내질렀다. "꺄아악!"

재중이가 놀라서 그쪽으로 뛰어갔다. 한 노인이 피를 흘리고 쓰러져 있었다. 노인은 도로에서 살짝 빗겨 간 곳으로 튕겨 나가 간신히 숨을 헐떡이고 있었다. 윤슬이가 울먹거리며 말했다. "야. 아까 그 소리…" "하… 젠장, 큰일났네. 여기 CCTV 있어?" 재중이가 물었다. "몰라. 일단 저기까지만 걸어가자. 그럼 시내 쪽 나와." "가자고? 지금?" "119 신고해야지 무슨 소리야…" "야! 윤슬이 너 무슨 신고야! 인생 종 치고 싶어?" 재중이가 목을 높였다. "이 사람 살려야 하잖아…" "우리가 망한다고. 음주 운전에 사람 쳤잖아! 가자! 가자고."

재중이는 윤슬이의 팔을 잡고 시내 쪽으로 향했다. "차는?" "렉카 하는 형님 있어. 차 좀 잠깐 맡아 달라고 하게." 24시간 견인차를 하는 선배가 생각났다. 재중이는 머리가 아팠다. 자기 차가 아니라고 할 수도 없었다. 오로지 차 수리비가 걱정됐다. 그리고 그 비용을 또 어떤 도박으로 메울지 생각했다.

　　다음 날이었다. 재중이는 모처럼 일찍 나와 윤슬이를 기다렸다. 하지만 5분, 10분이 지나도 윤슬이가 오지 않았다. 대신 자신을 향해 다가오는 누군가가 있었다. 푸른 제복의 남성이었다. "경찰입니다. 혹시 석재중 학생인가요?"

　　재중이의 반응 속도는 빨랐다. 경관을 밀어 넘어뜨리고 무조건 달리기 시작했다. "잡아!" 과거엔 육중한 덩치가 사람들에게 위압감을 느끼게 만들었다. 이성에게도 매력적으로 다가가기에 충분했다. 다만 누군가에게 쫓기는 상황에선 독이 됐다. 재중이는 헐레벌떡 뛰더니 안 되겠다 싶었는지 속도를 줄일 수밖에 없었다.

　　결국 100미터가 채 되지 않아 경찰에게 붙잡혔다. 넘어진 채로 재중이는 격렬하게 저항했다. 한 명의 경찰이 더 동원되어 총 세 명이 재중이의 몸, 팔, 다리를 붙잡았다. 그때 재중이는 한 대원의 얼굴을 주먹으로 가격했다. 강제 전학으로 이끈 바로 그 주먹이었다.

　　경찰서에 재중이 어머니가 보호자로 출두했다. 불법 도박, 성매매, 폭행, 집행 방해, 무면허 운전, 신분증 위조, 교통사고,

뺑소니 등 씌워진 혐의가 어마어마했다. 어머니가 울면서 사정했으나, 소년원 송치가 불가피해 보였다. 그마저 사고 난 할아버지가 살았기에 망정이었다. 재중이는 도박으로 번 천 이상의 돈을 할아버지의 치료와 아는 형에게 빌린 차 수리에 모두 사용해야 했다.

궁금한 점은 어떻게 경찰이 재중이를 발견했냐는 것이었다. 아이를 급습한 것은 다름 아닌 윤슬이의 신고 때문이었다. 윤슬이는 그날 한숨도 잠을 이룰 수 없었다. 아무리 남자친구가 좋아도, 밤공기의 드라이브가 좋았어도 그런 행동은 용납할 수 없었다. 새벽 5시경 윤슬이는 결국 자진 신고를 했고, 몇 가지 혐의만 적용받게 됐다.

이후 여러 번의 계절이 흘렀다. "상담 쌤~~ 저희 왔어요~~!" 윤슬이와 유진이었다. "어! 오랜만이다~ 잘 지냈어?" "네! 쌤, 저 좋아하는 사람 생겼어요." 윤슬이가 한껏 미소를 지으며 말했다. "오? 누구?" "다른 학교예요." "쌤, 윤슬이 일 냈어요." 유진이가 말했다. "응?" "아! 진짜. 그걸 왜 또." "뭐. 옛날 일이잖아. 말씀 드린다?" "맘대로 해." 유진이는 조금 뜸을 들이더니 말했다. "윤슬이 학폭 먹었어요. 보호관찰 중이에요." "어…?" 난 말을 잇지 못했다.

지난 재중이 사건 때문에 홍역을 치렀을 텐데, 그 이후에 또 어떤 일이 있었던 것일까. 그것으로는 교훈이 되기 어려웠던 걸까. 밀려오는 여러 생각에 머리를 부여잡았다. 이번에도 새로 만나는 사람과 또 어떠한 일을 널지도 모른다는 걱정이 문득 들었지만, 지금 당장 내가 할 수 있는 것은 많지 않았다. 마음 둘 곳 없는 아이들이 하루빨리 안정된 삶을 살았으면 좋겠다는 응원의 마음뿐이다.

도박 중독 Gambling Addiction

✦ 도박은 얻고자 하는 것을 위해 돈과 재물을 걸고 불확실한 사건에 내기를 거는 행동입니다.

✦ 과거의 성공적인 도박 경험은 집착을 가져오고 더 큰 액수를 걸며 더욱 도박에 빠지게 됩니다. 이 행동은 점차 어떠한 자극이나 흥분을 얻기 위한 유흥이나 놀이로 인식되어 즐거움의 수단이 되기도 합니다.

✦ 도박은 그 자체만으로도 문제지만, 도박 과정 중의 사기, 도둑질과 더불어 다른 범법 행위까지 발생할 수 있습니다.

✦ 도박으로 잃은 돈을 만회하기 위해 더 큰 금액으로 내기를 하여 점차 이 행동에 빠지고 결국 중독 증세를 보일 수 있습니다. 계속 돈을 잃으면 금융권 대출이 어려워져 사채를 끌어다 쓰는 등 더욱 큰 문제를 발생시키며, 이를 통해 가족 역시 불안정과 혼돈

속으로 빠지게 됩니다.

✦ 글에서 나타난 것처럼 청소년 사이에서도 온라인을 통한 불법 도박이 빈번하게 나타나고 있으며, 스포츠의 스코어를 맞추는 도박이 가장 성행하고 있습니다.

✦ 도박 중독을 뇌 반구와 관련한 충동 조절 문제로 보는 생물학적 입장도 있습니다. 흥분과 동기를 담당하는 도파민에 문제가 있을 수 있습니다.

✦ 치료를 위해서는 도박을 할 수 없는 환경을 조성하는 것이 일차적으로 필요하며, 절제와 통제감을 기르는 인지훈련과 상담이 필요합니다.

✦ 알코올 중독자들의 치료 모임인 AA(Alcoholic anonymous) 자조 모임처럼 도박 중독자들의 모임인 GA(Gamblers anonymous) 자조 모임에 참여하여 동력을 얻는 것도 한 가지 방법입니다. 청소년 도박 상담 및 예방을 위한 전문 기관의 도움을 받을 수 있습니다. 국번 없이 1336. 청소년 도박 SOS(Stop-멈추고, Open-문제를 알려, Start-상담받자).

게임만이
안전한 세상이에요

알 수 없는 날들
속에서

조용했다. 아니, 고요하다는 표현이 더 맞는지도 모른다. 주변엔 아무도 없었다. 오직 묵직한 숨소리, 나일론 옷이 서로 닿는 소리, 창밖의 차가 다니는 소리가 전부였다. 그보다 더 가까이 들리는 것은 키보드 자판 소리, 마우스 클릭 소리였다. 이는 끊임없이 귀를 간지럽혔다.

코로나 사태는 모든 것을 바꾸어 놓았다. 사회적 거리 두기, 온라인 수업, 여행 제한, 원격 근무가 시행됐다. 올해 고등학교 3학년이 된 전규는 모든 게 다 싫었다. 정부가 팬데믹 종료를 선언했지만 전규의 시계는 여전히 멈춰 있었다. 몇 달 동안 자르지 않아 덥수룩한 머리, 깎지 않아 1센티 이상 자란 손톱, 거울에 비친 자기 모습은 한심하기 짝이 없었지만, 대수로울 것도 없었다. 수염은 밀 것 없이 마스크로 가리면 그만이었다. 전규는 아직도 코로나 시국 속에 있었다.

신규 교사를 포함하여 새로 전입해 온 선생님들은 멀리서만 봐도 대번에 알 수 있다. 대체로 눈빛이 반짝이고 귀는 열려 있다. 그들이 맡은 학급은 전반적인 분위기도 다르다. 아이들이 제멋대로 행동하기보다 선생님들의 말에 귀 기울이고 반응할 줄 안다. 선생님들은 학생 한 명 한 명의 개성과 특수성을 인정해 준다. 그래서인지 나에게 의뢰된 아이들은 새로 온 선생님의 학급인 경우가 꽤 많다. 꼼꼼하고 섬세한 눈이어야 확인할 수 있는 아이들의 생채기를, 그들은 함부로 지나치지 않는다.

전규도 그렇게 나를 찾아온 아이였다. "이렇게라도 기회를 줘야 할 것 같았어요." 담임이 상담을 의뢰하며 했던 말이다. 조회 때부터 수업, 점심, 종례 시간에 마주한 기억으로, 전규는 검은색 아니면 회색 이미지였다. 책상에 엎어져 검은 머리가 보이거나, 회색 후드를 뒤집어쓰고 자고 있었다. "고3이라 상담실에 보내는 것도 조금 민망하긴 해요. 학업 스트레스도, 가족 관련 고민도 아니라 게임 중독이잖아요." 담임이 말했다.

"선생님 말씀처럼 이런 아이들은 한 번도 누군가에게 자기 얘기를 할 기회가 없었을걸요? 잘 의뢰하셨어요. 한번 만나 보겠습니다."

사실 게임 중독이 낯설진 않았다. 코로나 전부터 있었고 팬데믹이 사람과 사람을 분리하면서 더 늘어났다. 혼자 남겨진 개인들은 쉽게 접할 수 있는 것, 게임을 선택했다. 무료한 시간을 보내기 위해, 세상에서 얻지 못한 인정 욕구를 얻고 성취 욕구를 해소하기 위해 게임에 몰두했다.

이뿐만이 아니었다. 페이스북, 트위터로 대표됐던 SNS 시대는 코로나를 거치며 인스타그램, 유튜브로 황금시대를 열었다. 인류는 손안에 들어오는 작은 컴퓨터에 현혹됐고, 그 안에서 우주를 유영했다. 그렇게 너도나도 서서히 인터넷·휴대폰 중독의 길을 걷게 되었다.

청소년도 예외일 수는 없었다. 오히려 팬데믹 시절 온라인 수업이 성황하며 그 영향력이 더욱 막강해졌다. 학생들은 잠옷을 입고 집에서 출석 체크를 하며 수업을 들었다. 학교는 교사들이 온라인 수업을 진행하거나 행정 업무를 하는 공간에 불과했고 텅 빈 교실과 운동장만 버려진 듯 덩그러니 놓여 있었다.

전규는 코로나가 절정이었던 그때, 게임이라는 절친을 만났다. PC와 휴대폰에서 게임은 24시간 가동됐다. 낮과 밤이 아니라, 전규에겐 밤과 낮이었다. 아니, 더 정확히 말하자면 밤과 밤 같았다.

빛 없는 캄캄한 방안

상담 예약이 잡힌 첫날이었다. 오랜만의 중독 상담이었기에, 출근하자마자 인터넷·휴대폰 중독에 관한 공부를 간단히 해 두었다. 이들은 제 발로 상담실에 걸어오는 경우가 거의 없이 누군가의 의뢰로 오는 경우가 잦았다.

하지만 시간이 지났음에도 아이가 나타나지 않았다. 이상했다. 자리에 일어서 애꿎은 상담실 문을 휙 하고 열었다. 그때였다. "어?" 작은 목소리가 문밖에서 들렸다. 후드 모자를 쓴 남학생이 가까이 서 있었다.

"깜짝이야! 혹시 전규니?" 하고 물었다. "네." 아이는 짧게 답했다. "들어오지 그랬어. 문밖에서 기다린 거야?" 아이는 고개를 끄덕였다. "왜 서 있어? 앉아." 내가 안쪽으로 들어와 의자에 앉았는데도, 전규는 계속 문 옆에 서 있었다. "담임선생님한테 대충 들었어. 너 자주 잔다며?" 내가 물었다. "아…" 전규는 얼굴이 붉어졌다. 아니, 붉어진 것 같다고 느껴졌다. 눈 바로 밑에서부터 턱 아래까지 덮인 커다란 마스크를 하고 있어서 얼굴이 자세히 보이지 않았기 때문이다. "그거는 계속해?" 마스크를 손으로 가리키며 내가 물었다. "아… 네." "옮을까 봐?" "그냥…" 아이는 단답형으로, 작은 목소리로만 일관했다.

"말수 원래 없지?" 내가 물었다. "네?" 아이는 눈을 동그랗게 뜨면서 날 보더니 이내 시선을 아래로 돌렸다. 그러고 보니 전규의 눈을 처음 본 것 같았다. 생각보다 초롱초롱했다. "학교. 재미없는 곳이야, 맞아. 근데 고3까지 잘 버텼다? 어떻게 지금까지 지낼 수 있었을까?" 내가 다시 운을 띄웠다. "음…" 보통 아이들 같으면 듣고 거의 바로 대답한다. 그러나 내 앞의 아이는 5초를 끌고 있다. 말이 좋아 5초지, 일대일의 상황에서 이 정도 묵비권을 행사하는 건 굉장히 긴 시간이다. 난 주먹 쥔 손가락에 힘을 꽉 쥐고 참았다.

"예전엔 힘들었던 것 같아요. 지금은…" "응?" 내가 물었다. 전규는 말이 없었다. 최선의 대답인 듯했다. "아, 지금은 잘 버틸 만해?" "네." "그래. 어떻게 버티는데?" "그냥 자요." 아이가 앞머리를 손으로 만지며 말했다. 기어들어 가는 목소리였다. 가뜩이나 입 모양도 볼 수 없어서 목소리 분간이 더 힘들었다.

"집에서 잠을 잘 못 자? 피곤해?" 내가 부드럽게 물었다. "아뇨. 아, 네… 그런 것 같아요." "응? 그렇다는 거야?" "네. 그런 것 같아요." 전규는 앞머리를 만졌다. "피곤한 이유가 어떤 걸까?"

"게임…" "역시 게임이구나." 나는 살짝 웃었다. 전규도 멋쩍게 웃는 것 같았다. "무슨 게임 하는데?" "이것저것요." "자세히는 모르지만, 쌤도 대충은 알아. 뭔데?" "롤이랑, 피파랑 다른 것들도 해요." "오. 그렇구나. 밤새워서 해?" 중요한 질문이었다. 사실 게임을 적당히만 했으면 이곳에 오지도 않았을 것이다.

"아뇨…" 전규는 앞머리를 만지며 대답했다. "그럼 한 번 하면 얼마나 해?" "음… 4시간? 5시간 정도요." "언제부터 그렇게 게임을 한 것 같아?" "코로나 때부터요…" "그렇구나. 근데 하루에 그 정도 하는 거 쉽지 않아. 집중력 좋은데?" 아이는 대답이 없었다. "집에서 엄마가 등짝 스매시 안 날려?" 내가 살짝 웃으며 말했다. "아…" 아이가 다시 조금 웃었다. "그 좋은 집중력을 다른 곳에 쓰고 싶지 않아?" 내가 물었다.

한참을 고민하다 전규가 말했다. "잘 모르겠어요." "쌤이 중고등학생 통틀어서 정확히 두 번 시험을 망쳤어. 한 번은 중학생 때, 다른 한 번은 고등학생 때. 두 번 다 게임에 미쳤을 때였지. 근데 그만하게 됐어. 왜일까?" "잘 모르겠어요." "왜겠어? 못 해서지." 난 멋쩍게 웃어 보였다. 아이도 조금 웃는 것 같았다.

"넌 계속했다며. 코로나 때부터면 4년~5년 정도 됐네. 그러면 좀 성과가 있었다는 건데." "아예 못하는 것 같지는 않아요." 전규가 대답했다. "그래. 뭔가 좀 다른 거야. 게임이랑 실제랑.

그렇지?" 아이는 고개를 끄덕였다. "현실은 잘 안 움직이고 바꾸기도 어려운데, 게임은 네가 원하는 대로 조금이나마 움직이고 결과도 나오잖아." 아이는 앞머리를 만졌다. "인간은 누구나 이득이 되는 행동을 해. 남이 보기엔 바보 같아도 자신은 필요하기 때문이야. 인터넷 게임 중독일 수 있는 너도, 심지어 자해나 자살 시도 하는 학생도."

전규가 비로소 시야를 바닥에서 나에게로 옮겼다. "전규도 마찬가지로 게임하면서 얻는 게 있을 것 같아." "재미요." 아이가 고민하다 말했다. "또?" "음… 잘 모르겠어요." "스트레스 해소도 게임의 순기능인데." "아…" "아닌 것 같아?" "모르겠어요." 힘이 빠진 듯 전규 목소리가 더 작아졌다. 주제 전환이 필요한 때라는 신호다.

"밸런스 게임! 온라인 친구 vs 오프라인 친구?!" 내가 갑자기 물었다. "온라인 친구요." 전규는 조금 생각하다 답했다. "오. 그럼 같이 게임하는 친구 있어?" "네. 있긴 있어요." "어떻게 알게 된 거야?" "롤 하다가, 마음이 맞아서요." "그래. 네가 채팅도 하고 그랬어?" "네." "오~ 친구 만들 줄 아네. 그럼 오프라인 친구는 좀 힘들어?"

아이는 앞머리를 만지고는 말했다. "아무래도…" "이유가 뭘 것 같아?" "음… 잘 모르겠어요." "모르겠어?" "그냥… 애들한테 뭐라고 해야 할지 모르겠어요." "그렇구나. 온라인상에서는 이야기도 하고 그랬잖아." "좀 다른 것 같아요." "어떤 게 달라?" 전규는 고개를 떨군 채 가만히 있었다. "쌤이 봐도 온오프라인은 많이 다르지. 그냥 하고 싶은 이야기만 해도 되고, 할 말 없으면 가만히 있어도 되고. 이런 부분이 좀 있는 것 같지?" "네…"

답답했다. 마음 같아선 더 묻고 싶었지만 이마저도 전규는 충분히 많은 이야기를 한 듯싶었다.

"여기까지 하자. 오늘 어땠어? 이런 경험한 적 있어?" "음… 아뇨." 아이는 조금 머뭇거렸다. 그러고는 아주 작게 말했다. "좋았던 것 같아요." "어떤 부분이 좋았던 것 같아?" "이야기하는 거요…" 마스크 넘어 보이지 않는 전규의 열린 입을 상상하며 답답했던 시간을 보상받는 듯했다. 이런 부류의 아이들에게 이 정도의 대답을 듣는 건 정말 큰 성과라는 걸 알고 있었다. 그러나 나는 감상에 머물 게 아니라 전규와의 다음 회기를 생각해야만 했다. 이때도 상담 교사로서 조금 긴장되는 대목이다.

"전규 다음 주에도 한번 올래? 와서 오늘처럼 이야기하고 쉬다가 가." 나는 마른침을 삼켰다. 아이는 조금 고민하더니 말했다. "네…" 성공이었다. 의무적으로 오라고 하면 안 올 학생들은 거의 없다. 다만 억지로 온 것과 자발적으로 온 것의 차이는 매우 크다. 눈빛부터가 달라진 태도를 증명한다. 의도대로 내가 짠 그물에 걸리는 아이들이 있고, 그렇지 못한 아이들도 있다. 전규의 경우 어느 정도 상담이 필요하다고 느꼈다.

다시 찾아온
아이

담임은 내게 감사를 표했다. 나는 전규와의 첫 상담이 어떻게 흘렀는지 간단한 포인트들을 이야기했다. 아이가 그만큼이나 많이 말할 수 있었던 점에 담임은 놀라 했다. 그리고 다음 상담에 다시 찾아오고 싶다고 한 부분도 입을 다물지 못했다. 전규는 담임의 의뢰로 온 경우였다. 그래서 상담 내용을 공유하는 데 있어서 비교적 자유로웠다. 그럼에도 사적인 이야기는 되도록 전하지 않았다. 당사자 전규에게 허락받지 않았기 때문이다.

아무리 마음의 병이 심하더라도, 학생이라고 해도, 약속은 엄연한 약속이다. 그렇게 함무라비 법전과 같은 비밀보장의 원칙은 때와 장소를 불문하고 적용되고 있다. 전화를 끊기 전 마지막으로 담임에게 말했다. "전규는 처음으로 이 문제에 대해 어른과 이야기한 것 같더라고요. 마음 아픈 아이 발견해 주시고, 학생에게 말할 기회 주셔서 감사합니다."

다음 상담 회기인 날이었다. 전규가 문밖에 서 있을까 봐 문을 활짝 열고 기다렸다. 아이가 늦지 않게 들어와 꾸벅 인사를 했다. "한 주 어떻게 살다가 왔어? 자다가 왔나 보구나! 눈이 감겨 있네~" 나는 또 한껏 기운을 올려 말했다. "아… 네…" 얼굴이 붉어진 전규는 기어 들어가는 목소리를 했다.

물론 학생마다 다르지만, 내성적인 아이들의 특징이 있다. 첫 번째는 매주 친밀도가 초기화된다는 점이다. 보통 한 주에 한 번 정해진 날에 만나는데, 해당 시간에 어렵게 마음의 문을 열었다고 해도 그다음 주에는 부단한 과정을 다시 거쳐야 한다. 두 번째는 친해지는 과정이 더디 걸리는 만큼 깊어진다는 점이다. 그들은 신중하다. 관계가 깊어지는 경험이 없거나 상처가 많은 탓이다. 그렇지만 그 긴 시간을 거치면 누구보다 믿어 주고 응원해 줄 든든한 우군이 된다. 이번 회기도 그렇게 시작이 되었다.

"우리 저번에 온오프라인 친구 이야기했던 거 기억나지? 온라인 친구를 말했으니, 오늘은 오프라인에 대해서 말해 보자." "네." 전규가 앞머리를 만지며 말했다. "그래. 지금 학교에 친한 친구 좀 있어?" "음… 없는 것 같아요." "한 명도?" "네…" "그럼 인사하는 친구들은?" "음… 한두 명 정도." 생각보다 너무 없어서 놀랐지만, 티 내지 않았다. "그 친구들은 어때? 어쩌다 인사하게 된 거야?" "가끔 말 걸어요." "오. 말을 거는구나? 무슨 말?" "저 말고…” “응?” 전규가 내 눈을 보며 말했다. “그 친구가요.”

순간 말문이 막혔다. 친구도 적은데, 말을 걸어 와야 그제야 답을 한다는 것이다. “아, 그럼 무슨 말을 주고받아?” “그냥 안부 정도요.” 역시 쉽지 않았다. 나는 그 상황에서 어떻게 말을 이을지 고민했다. “오프라인은 완전 초토화구나?” 위트 섞인 말이었지만 자칫 상처가 될 수도 있었다. 다행히도 아이가 피식 웃었다.

“그래. 예전에도 지금처럼 이랬어? 코로나 전에도?” 전규는 곰곰이 생각했다. “이 정도까지는 아닌 것 같아요.” “그러면 어땠는데?” 앞머리를 매만지던 아이는 조심스럽게, 아주 작은 목소리로 예전 이야기를 들려주었다.

어쩌면 너무 달랐던 세상

코로나가 편하고 좋았다. 천성이 내성적이고 소심했던 탓에, 집에 있는 편이 더 나았다고 생각했다. 그러나 이 삶이 자신을 이렇게 극단적으로 몰아갈 줄은 전규 스스로도 예상하지 못했다. 편해진 자기 모습과 삶에 안주했기 때문인지도 모른다.

팬데믹 전이였다. 갓 중학생이 된 전규는 거울 앞에 섰다. 아무리 봐도 짧은 머리, 말라서 각진 어깨, 벙벙하고 어색한 교복이 적응되지 않았다. 수학 선생님의 색색들이 분필이 칠판에 부딪히는 소리와, 중간고사 준비는 잘되어 가는지 묻는 엄마의 목소리가 너무나 듣기 싫었다. 그럼에도 남들이 하는 것은 해야 했다. 저녁 5시에 학교를 마치고 집으로 갔다. 도착하자마자 서둘러 10분 만에 저녁을 먹었다. 집 앞 사거리에서 학원 버스가 오면 뛰어가 잡아탔다. 저녁 10시가 되자 그날 숙제와 시험에 모두 통과했다면 집으로 갔다. 그렇지 못하면 한 시간을 더 남아서 보충하고 가야 했다. 이 삶에 재미를 느낄 수 없었다. 한 마리의 다람쥐가 되어 쳇바퀴처럼 돌아가는 집─학교─학원 인생은 구역질이 났다.

하루는 감기에 심하게 걸려 열이 38도까지 올라갔다. 엄마가 학교와 학원 담임에게 결석을 알렸다. 그다음 날이 되자 컨디션이 조금씩 돌아왔다. 하루 만에 나은 체력이 괜히 원망스러웠다. 엄마가 오늘은 학교와 학원에 갈 수 있는지 물었다. 전규는 꾀가 나서 아직 아프다고 했다. 엄마는 그 자리에 서서 잠시 고민하더니 하루 더 학교에 가지 말라고 말했다.

부모님이 모두 출근한 아침의 빈집, 아무도 자신에게 뭐라 하지 않는 자유로움이 좋았다. 전규는 TV를 틀고 원하는 음식도 시켜 먹었다. 그러나 즐거움도 잠시, 무언가 2퍼센트 부족한 느낌을 숨길 수 없었다. 그 결핍감에서 벗어나고자 결국 판도라의 상자에 손을 댔다. 집에 있는 컴퓨터였다. 친구들의 말이 떠올랐다. '롤이 재밌다, 오버워치가 질리지 않는다, 피파가 대세다.'

그중 한 게임을 깔아 보았다. 처음엔 금세 죽었으나 점차 요령이 생기고 단련되니 최종 승리까지 거머쥐게 됐다. 일상 속 무료함을 해결하는 나름의 열쇠를 찾은 것 같았다.

이틀을 쉬고 전규는 학교에 갔다. 그리고 게임을 하는 친구들을 찾아갔다. 대화가 통한다는 게 이런 느낌이었다는 걸 알게 됐다. 원하는 아이템, 필수 퀘스트, 캐릭터의 특징에 공감할 수 있는 사람이 생겼다. 대화가 통한다는 것은 인생에서 느낄 수 있는 몇 안 되는 행복이었다. 전규는 이 행복감을 오래 유지하고 싶었다. 더 꽉 움켜쥐고 싶었다.

결국 그날 저녁에도 학원에 가지 않았다. 약속이나 한 듯 친구들과 함께 어울려 어디론가 향해 걸어갔다. 아파트 상가 지하의 또 다른 세계였다. 통유리에서 형형색색의 불빛이 빠져나오고 있었다. 키보드 자판 누르는 소리와 마우스의 딸깍거리는 소리도 들렸다. 따분한 현실과는 전혀 다른 세계였다. 친구들과 함께하는 소속감, 게임 속에서 무언가를 얻어 낼 수 있다는 기대감이 섞여 있었다. 급기야 엄마 번호로 학원에다 오늘도 아파서 가기 어렵다는 문자를 보냈다.

조용하여 존재감 없는 게 이럴 때는 좋았다. 학원에서는 이 연락을 철석같이 믿고 의심하지 않았다. 전규는 아예 피시방 한 달 정액권을 끊었다. 중간에 포기하려 했던 게임도 있었는데 친구들과 함께하니 익숙해졌고 점차 실력이 늘었다. 어려웠던 단계를 지나니 전에는 경험하지 못한 성취감을 느꼈다. 동시에 자신감과 자존감도 상승했다.

공부할 때는 이러한 것들을 얻기 힘들었다. 수학 문제를 풀기 위해선 몇 개의 공식을 알고 있어야 했다. 그마저도 통하지 않는다면 응용력으로 해결해야 했지만 쉽지 않았다. 영어 역시 끊임없이 단어를 외워도 문장 이해력이 부족하면 해석하기 어려웠다. 어쩌다 점수가 잘 나와도 내 앞에는 월등한 실력을 갖춘 경쟁자가 즐비했다. 이에 비해 게임의 즐거움과 성취감은 가히 압도적이었다.

하지만 꼬리가 길면 잡히는 법, 결국 올 것이 왔다. "전규 어머니 안녕하세요. 학원 담임입니다." "네. 선생님 안녕하세요. 무슨 일 있나요…?" "전규가 많이 아픈가 봐요. 거의 한 달 동안 학원에 오지 않은 걸 보면." "네…?" 엄마는 곧바로 아이에게 전화했다. 그 시각 전규는 역시 피시방에 있었다. 롤 승급 전이라 가뜩 예민했던 시간이라 휴대폰을 확인할 리 없었다.

이후 전규는 학원 마치는 시간에 집으로 향했다. 문을 열고 들어가니 엄마가 식탁에 앉아 있었다. "너 이리 와서 앉아 봐." "왜?" "전화는 왜 안 받아?" "학원에 있는데 어떻게 받아?" 자연스러웠다. 한두 번 그렸던 시뮬레이션이 아니었다. "학원 담임 선생님한테 다 들었어. 똑바로 말해." 아이는 당황하지 않고 재빠르게 머리를 굴렸다. "친구들이랑 수행 준비했어. 내일 발표라서." "넌 발표 준비를 한 달 동안 하냐?" 할 말이 없었다. "어디 갔다 온 거냐고. 지금 똑바로 말 안 하면 아빠한테 다 이야기할 거야. 알아서 해." 일 때문에 바쁜 아빠지만, 가끔 화가 나면 매를 들기도 했다.

전규는 잠시 고민하다 말했다. "피시방 갔어…" "엄마 속이고 게임하러 잘도 돌아다녔다? 저번에 용돈 달라고 한 것도 수행 준비 아니었지?" 전규는 대답하지 못했다. "오늘부터 집 컴퓨터에 비밀번호 달 거야. 매일 학원에다 엄마가 연락할 거고. 이번엔 넘어가는데, 또 이런 일 있으면 아빠한테 바로 말한다. 똑바로 해. 차전규."

아이는 말없이 방으로 들어갔다. 얼굴이 화끈거렸다. 그러나 신경 쓰였던 것은 다른 곳에 있었다. 더 이상 게임을 못 하게 된 것이다. 키보드와 마우스에 손을 대고 형형색색의 모니터를 쳐다봤던 자신을 상상했다. 하늘이 무너지는 것 같았다.

이미 삶에
스며든 중독

　　　　차츰 이 생활에 그런대로 적응할 무렵이었다. 복도를 지나가는 한 친구의 옷에서 피시방 특유의 곰팡이 슨 축축한 냄새가 코를 찔렀다. "야 차전규! 오늘은 피파 팀전 고?" "좀 봐주면서 해라. 나도 좀 살자." "후방 잘 지킬 테니까 앞에 좀 뚫어 주고!" 같이 노는 아이들의 말소리였다. 그들과의 유대감은 피시방을 이용하는 또 다른 낙이었다. 전규는 머리카락을 움켜잡았다. 그럴 때마다 아빠가 휘두르는 커다란 몽둥이를 생각했다. 그러던 순간, 전규는 손뼉을 갑자기 탁! 치며 휴대폰을 보았다. 어느 순간부터 폰에서도 PC처럼 제약 없이 게임이 가능했던 것이다.

　그때부터 전규는 손안에 있는 피시방을 가동했다. 학교나 학원, 쉴 때나 움직일 때 모두 시간과 공간을 가리지 않았다. 왜 이 생각을 못했는지, 과거의 자신이 한심스러울 지경이었다.

　속사정을 모르는 엄마는 아들을 큰 의심 없이 바라봤다. 되려 아이가 이제 자리를 잘 잡아가는 것 같다고 느꼈다. 그러던 중 코로나가 세상을 덮쳤다. 정치, 경제, 사회, 교육 등 생활의 거의 모든 부문이 마비되었고. 집단이 모이는 것을 경계하는 사회적 거리 두기가 시작됐다. 온라인 수업의 시대가 열린 것이다.

어느샌가 전규의 시야엔 반 친구 뒤통수 대신 모니터가 들어왔다. 온라인 수업이라는 명목은 엄마로 하여금 컴퓨터 비밀번호를 해제하도록 했다. 부모님이 출근하자마자 전규는 보이지 않게 미소를 지어 보였다. 화려한 자유를, 그 즐거움을 다시 찾을 거라는 희망이 보였다.

전규는 햇살이 드리우지 않게 커튼을 쳐 버렸다. 그리고 오랫동안 보지 않았던 모니터 앞에 앉았다. 잠시 깊은 숨을 푹 내쉬고 전원 버튼을 꾹 눌렀다. 이윽고 아이콘들이 듬성듬성 보이는 텅 빈 무채색의 바탕화면이 보였다. 온라인 친구들과 만나 적을 물리치는 상상, 높은 레벨과 향상된 승급을 얻은 자기의 모습으로 얼른 이 바탕화면을 빽빽하게 채우고 싶었다.

9시가 되자 온라인으로 출석 체크를 했다. 다행히 1교시는 녹화 강의로 수업이 시작됐다. 그 창을 최소화하고 게임을 깔았다. 화면 속 캐릭터의 모습과 여러 효과음이 집 안을 가득 메웠다. 자신을 두 팔 벌려 환영하는 것 같았다.

곧이어 전규는 게임 속으로 빨려 들어갔다. 온몸의 세포가 이전처럼 다시 살아 움직였다. 모든 감각이 뜨여 실제 세상에는 못 보던 것이 보이고, 들렸다. 게임을 할 수 없는 쌍방 수업 때는 모니터 아래로 휴대폰을 켜 게임을 이어 나갔다. 전규에게 코로나 기간은 되레 황홀함 그 자체였다.

코로나 이후의
세상

　　　　　제약 회사들은 앞다투어 백신 개발에 전력을 다했다. 언제 끝날지 도무지 기약 없어 보였던 시간이 지나가고, 전 세계적으로 코로나로부터 조금씩 일상을 회복하려는 움직임이 일어났다. 우리나라도 마찬가지였다. 학교는 학생들의 등교를 준비했다. 전규도 마침내 온라인 수업이 아닌 실제 교실을 가게 됐다. 교복 입고 집을 나서 등교하는 학생들 틈 사이로 걸어갔다. 교문엔 '학교는 여러분을 진심으로 환영합니다.'라는 커다란 플래카드가 붙어 있었다. 마치 학교에 처음 입학할 때의 기분 같았다.

　복도, 교실, 책상, 의자, 선생님 등 전규는 모든 게 낯설었다. 서로 반갑게 인사하는 친구들이 보이고, 웃음소리가 들렸다. 전규도 그들 사이로 들어가려 했다. 문제는 본드를 칠한 듯 윗입술과 아랫입술이 서로 떨어지지 않았다는 것이다. 말을 얼버무렸고, 어순은 어색했으며, 분위기를 읽지 못했다. 게임을 함께 해도 대화가 이루어지지 않으니 몇 판 정도만 이어졌다. 전규는 이 문제의 원인을 코로나라는 전대미문의 전염병으로 돌렸다. 다만 그럴수록 게임만 몰두했던 자기 모습이 보이는 듯해, 비참하기만 했다.

대화 상대가 줄어들수록 전규는 사람이 아닌 컴퓨터나 휴대폰을 찾게 됐다. 그 외로움과 무료함을 어떻게든 해소해야 했다. 밤을 새우며 휴대폰 게임을 했고, 학교는 오직 못다 한 수면을 취하는 공간이 됐다. 결국 성적은 바닥을 쳤고, 부모님은 아이를 포기하는 지경에 이르렀다.

전규는 습관처럼 모니터를 켰고, 하루에 10시간 정도를 게임에 할애했다. 가장 자랑할 만한 신체 부위였던 시력도 이젠 더 이상 자랑거리가 아니었다. 눈은 퀭해졌고, 다크서클은 짙어졌다. 머리는 덥수룩해졌고, 어제 입었던 옷을 오늘도 입었다. 그렇게 점차 사회와 담을 쌓으며 혼자가 됐다.

벗어날 수 있을까

전규의 이야기를 쭉 듣고 나니, 많은 생각이 들었다. 인터넷 게임 중독이 명백해 보였으며, 그로 인해 현실과의 균형이 깨진 상황이었다. 학업, 친구, 가족, 수면 문제 등 많은 어려움이 발생하여 자아존중감과 성취감이 곤두박질쳤다. 하지만 당장 컴퓨터와 휴대폰 게임을 그만두라고 할 수는 없었다. 이 아이에게 적용할 수 있는 여러 방법 중 현실적인 목표를 제시해야 했다.

“전규야, 예전 이야기 해 줘서 고마워. 선생님이 기대하지 않았는데, 이렇게 상세하게 말이야.” “네…” 버릇처럼 전규는 다시 앞머리를 만졌다. “나한테 과거 이야기를 자세하게 말한 이유가 있을 것 같아. 마음의 변화나.” “음… 그냥 쌤한테는 말할 수 있을 것 같았어요.” 아이가 조금 뜸을 들이다 말했다. “이유가 있어?” “그냥 솔직해지고 싶었어요. 저한테나, 남한테나.” “솔직해진다는 건 어떤 의미야?” 내가 물었다. “고3인데, 뭐라도 해야 할 것 같아서…”

“그래. 네가 게임에 빠진 게 중학생 때부터면 5~6년쯤 됐어. 쉽진 않을 거야. 그래도 지금처럼 이겨 내려는 의지가 있으면 조금씩 바뀔 수 있어. 한번 해 보자.” 전규는 말없이 고개를 끄덕였다.

무엇보다, 나는 전규에게 어머니의 도움이 반드시 필요하다고 말했다. 아이에게 허락을 받은 뒤 엄마에게 전화를 걸었다. 조금씩 컴퓨터와 휴대폰 사용을 줄이고 더 나은 미래를 그릴 것을 아이와 약속했으니, 가정에서도 많이 도와 달라고 했다. 어머니는 기뻐하셨다. 전규가 그런 말을 자신에게 한 번도 한 적이 없었는데, 신기하다고도 말했다. 감사하게도 그렇게 나를 많이 믿어 주셨다. 먼저 학원을 그만 다니고, 운동을 하나 시작할 것을 권유했다.

전규에게 학원은 부족한 잠을 보충하는 장소일 뿐이었다. 그 역시 대학 진학은 마음이 없었고, 학원비를 아깝게만 여겼다. 어머니는 허락하셨다. 그리고 운동은 중독을 이겨 내기 위한 가장 좋은 방법임을 전했다. 신체적 건강을 되찾고, 정신을 맑게 환기할 수 있었다. 또한 생활하며 쌓인 스트레스를 해소하고, 규칙적 생활을 도왔다. 전규는 특별히 좋아하는 운동이 없었기에, 집 앞 헬스장을 다니기로 했다. 매주 한 번씩 상담을 와서 1주일 치 약속을 얼마나 실천했는지 확인하기로 했다.

가장 중요한 결심을 해야 했다. 하루 8시간 하던 게임 시간을 서서히 줄여 가기로 했다. 30분씩 줄여서 처음에는 7시간 반, 나중에는 7시간 이런 식으로 계획을 짜고, 엄마와 공유할 수 있는 다이어리 어플로 전규가 직접 기록하기로 했다.

처음 한 달은 성공보다 실패가 많았지만, 점차 나아졌다. 성공한 날이 많아지면 30분에 게임 한 판을 더 줄였다. 그러자 놀라운 일이 벌어졌다. 석 달째 정도 되는 날 전규는 게임을 하루에 3시간 정도만을 하게 됐다. "뭐야. 이번 주는 게임을 3~4시간밖에 안 했네?" "네." "이제 재미없어? 무서워, 전규야." 내가 웃으며 말했다. "그런 것 같기도 해요. 어느 순간 내가 뭘 하고 있나 싶더라고요." "대단한데? 현타 온 거야?" "네." "쌤 눈물 나려고 해." 전규도 웃었다.

"그럼 뭐 했어? 게임 안 하는 시간 동안?" "뭐 할지 알아봤어요.” 전규가 담담히 말을 이었다. “앞으로 뭐 먹고 살지요.” 그 말을 듣자마자 정말 울컥했다. “하고 싶은 게 생겼어?” “제가 게임을 좋아하잖아요. 영상 쪽에 관심이 갔어요. 영상 편집이나 음향 쪽 일을 하고 싶더라고요.” 전규가 앞머리를 만지며 말했다. “그래. 잘 찾았네. 네가 쌤보다 낫다! 멋지다 전규~”

그날 상담을 마치고 어머니께 바로 전화했다. 어머니는 겨우겨우 울음을 참으시며 말씀하셨다. “선생님 너무 감사합니다. 감사합니다.” 전규가 운동도 꾸준히 했다고 한다. 덤으로 같은 반 아이를 헬스장 만나 친해졌다는 후문이 들렸다. 열심히 노력하니 행운도 따라 줬다. 중독 치료 프로젝트는 이제 미래 계획 프로젝트로 바뀌게 됐다. 그렇게 몇 달을 더 지속하다 상담을 종결했다.

괜찮아, 괜찮아질 거야

지금도 그해 졸업식이 기억난다.

똑똑. 노크 소리였다. “네. 들어오세요.” 문 쪽으로 고개를 돌린 나는 잠시 말을 잇지 못했다. 전규와 어머니였다. 뜻밖의 반가움과 고마움에 눈물을 참느라 얼마나 애먹었는지 모른다. 전규는 영상 편집 자격증을 땄고, 취업을 준비 중이라고 했다.

　여러 악조건을 조금이나마 변화시켜 줄 수 있다면 그만큼 보람찬 직업이 또 있을까. 문득 상담이 힘겨울 때면, 전규와 그날 찍은 사진을 꺼내어 본다. 단 한 명의 학생이라도 상황을 이겨 낼 의지가 있다면 나는 언제든 지지해 줄 것이다. 그렇게 오늘도, 새로운 학생을 맞이하러 바삐 움직이고 있다.

코로나 블루 COVID-19 Blue

✦ 코로나바이러스는 2019년 11월 중국에서 처음으로 나타나 2022년 6월 엔데믹까지 전 세계를 휩쓴 급성 호흡기 전염병입니다. WTO 발표에 따르면 2021년 중순에는 전 세계 인구의 2.5%인 2억 명이 코로나바이러스에 감염(완치 및 사망 포함)되었다고 했습니다.

✦ 이 전염병은 폐 기능 저하, 결막염, 뇌졸중, 둔화한 후각과 미각 등 여러 문제를 낳았습니다. 신체적 기능의 저하와 더불어 나타난 것이 정신적 이상을 의미하는 코로나 블루(COVID-19 Blue)입니다.

✦ 코로나는 호흡기 전염병이기에 사회적 거리 두기, 자가격리 등으로 사람들 간의 간격을 두도록 각국의 정부에서 의무화하기도 하였습니다.

✦ 사람들은 제한된 공간에서 한정된 사람만 만나며 사회적 관계를 유지하지 못했습니다. 그로 인해 무기력감, 좌절감을 비롯하여 심각하면 우울증과 불안장애를 경험했습니다.

✦ 전규의 사례에서처럼 혼자 있는 시간이 길어지며 인터넷과 휴대폰의 과도한 사용이 '중독 증상'으로 문제시되었습니다. 정부에서는 이들을 위한 비대면 심리상담을 지원하며 화상, 전화 상담을 하도록 권고하였지만, 원천적으로 차단된 사회적 관계망은 개인의 활력 저하, 스트레스를 가중했습니다.

✦ 코로나 시기 특정 발달 단계를 보낸 사람들은 공감 능력, 의사소통 기술 등과 같은 사회성의 결함이 있을 것으로 예상됩니다.

✦ 해당 시기 발달 과업과 채 달성하지 못한 이전 시기의 과업 모두를 이행하는 것은 힘겨운 일입니다. 그럴수록 천천히 많은 시간을 두고 점진적으로 사회적 능력을 키워 나가야 할 것입니다.

나쁜 일을 하든 말든
무슨 상관인데요

소윤이와의
만남

똑똑똑. "상담 중입니다~" 똑똑똑. "지금 상담 중입니다!" 나는 연신 대답했다. "선생님. 잠시만요…" 누군가 문 밖에서 가는 목소리로 말했다. "잠깐만. 미안." 나는 상담 중인 학생에게 양해를 구해야 했다.

2학년 4반 담임이었다. "무슨 일 있으세요?" 내가 물었다. "아, 선생님, 이 아이 때문에요." 담임이 자기 뒤에 고개를 푹 숙이고 있는 여자아이를 보며 말했다. 트레이닝복 바람에 슬리퍼 차림이었다. "너 오늘 며칠 만에 학교 온 거지?" 담임의 물음에 아이는 아무런 말을 하지 않았다. "열흘? 2주? 모르겠다. 선생님, 이분께서 오늘 굉장히 오랜만에 행차하셨거든요? 근데 아침부터 수업도 안 듣고 책상에 엎어져서 주무시고… 제가 속이 터져서요." "아. 네…" 나는 난색을 보였지만 담임은 자기 말에만 열중했다.

"제가 지금 상담 중이라, 다음 교시에 한번 만나서 이야기해 봐도 될까요?" "네. 상관없어요. 다음 교시 어디 가지 말고 이리로 와라. 알겠지?" 담임이 아이에게 엄포를 두었다. 아이는 여전히 묵묵부답이었다.

소윤이와의 인연은 그렇게 시작했다. 마치 서로 짜기라도 한 것처럼 담임의 요청으로 온 아이들의 공통적인 특징이 있다. 바로 태도다. 나와 마주하여 이야기한다면 물음에 아무 답을 안 하고 눈을 쳐다보지도 않으며, 심지어 휴대폰을 보고 있다. 영혼 없는 대답이 오히려 고마울 지경이다. 그때까지만 해도 이 학생이 그 모든 특징에 해당할 줄 전혀 예상하지 못했다.

더딘 대화가
시작되고

종이 울리고 다음 시간이 되었다. 소윤이는 터벅터벅 상담실로 들어왔다. 아이의 시선은 시종일관 바닥을 향하고 있었다. "늦지 않게 왔네? 잘 왔어. 위클래스 이용해 본 적은 있어?" 소윤이는 날 빤히 쳐다보더니 조금 후에 대답했다. "중학생 때요." "오? 그랬구나. 그럼 어떤 곳인지 잘 알겠네?" "네?" "아, 잘 몰라?" "아뇨…. 뭐." 아이는 다리를 떨어 댔다. "중학생 때는 어떤 것 때문에 간 거야?" 내가 다시 물었다. "음… 그냥 뭐 애들이랑 일이 있어서요." "무슨 일? 물어봐도 될까?" "그냥… 사소한 다툼요." 손톱을 뜯으며 소윤이가 말했다. 시선은 여전히 바닥에 둔 채였다.

그렇게 툭툭 끊기는 건조한 대화가 오갔다. 소윤이가 가끔 벽에 걸린 시계를 쳐다봤다. 10여 분밖에 지나지 않은 것을 확인하고는 한숨을 푹 쉬었다. 내색하지는 않았지만 나도 비슷한 심정이 되고 있었다.

"빨리 가고 싶어?" 그 말에 소윤이는 나를 힐끗 쳐다봤다. 흔들리는 눈동자에서 불안함이 느껴졌다. 아이는 이전부터 토끼같이 하얗고 툭 튀어나온 앞니로 손톱을 잘근잘근 씹고 있었다. 조금 과장한다면 이미 손톱의 3분의 1 정도를 물어뜯은 것 같았다. "이야기해야 시간이 빨리 가지. 뭐라도 하고 싶은 말 없어?" 이 물음 역시 텅 빈 공간 속에서 말의 주인을 찾지 못하고 자연히 증발해 버렸다. 아주 짧은 찰나에 여러 생각이 들었다. '그렇게밖에 대답할 수 없냐고 다그칠까? 아니면 종 칠 때까지 그냥 쉬다가 가라고 할까?' 다만 그렇게 되면 이곳에 대한 기억이 오래 남지 않을 거고, 결국 나중에 다시 오고 싶지 않을 공간이 될 수 있었다.

조금 더 생각한 후 결정했다. '오늘이 마지막 만남인 것처럼 최선을 다하자.' 숨을 크게 몰아쉬고 내가 말했다. "소윤아, 학교 재미없지?" 슬쩍 고개를 든 소윤이가 날 보더니 고개를 약하게 끄덕였다. "학교가 재미있으면 그게 학교냐." 살짝 웃어 보이니 아이가 빤히 나를 쳐다봤다.

"평소에 재미있게 하는 거 있어? 뭐할 때 재미를 느껴?" "음…" 소윤이가 다시 손톱을 물어뜯었다. "별로 인생이 재미있지 않아?" "잘 모르겠어요." "쉴 때 뭐 하는 거 없어? 시간 때울 때라든지." "그냥 휴대폰?" "유튜브 같은 거 봐?" "네." "어떤 거 봐? 쌤도 유튜브 거의 중독 수준이야." "이것저것요." 아이는 거의 난공불락의 요새처럼 물꼬를 틀 여지를 조금도 주지 않았다. '마지막으로 딱 한 개만 더 질문하자. 딱 한 개만.' 내 안에서 타협이 이루어졌다.

"학교생활은 어때? 만족스러워?" "나름요." "나름? 어떤 점을 봤을 때 만족스러워?" "지금도 열심히 나오고 있어요." "학교를? 지각, 결석 많다고 하지 않았어?" "그래도 나오려고 해서 이 정도예요. 잘하는 거죠." 여태 소윤이가 한 말 중에서 제일 긴 대답이었다. 비록 공감되진 않았지만, 진정성이 느껴졌다. "그래… 맞아. 학교 오는 것만으로도 쉽지 않지. 맞지." 나는 크게 맞장구를 쳐 주었다. 그래야 할 것 같았다.

소윤이와의 상담을 마치는 종이 울리자, 나도 모르게 마음에서 기쁨의 환호성이 터져 나왔다. 또한 온몸에서 피로감에 지쳤다며 나에게 빨간 비상벨을 마구 켜 댔다. "오늘 하교하고 일정이 어떻게 돼?" "학원 가요." "학원 다니는구나. 가기 전에 집 들러서 밥은 먹어?" "음… 아뇨. 바로 가요." "밥은?" "못 먹어요."

끝내 대화다운 대화는 이루어지지 않았다. 이 경우 보통 다시 오는 경우가 거의 없기에 마지막 만남이라는 생각으로 조금 더 마음을 냈다. 상담실 한쪽 캐비닛을 열고 간식 꾸러미에서 과자 몇 개와 사탕, 초콜릿을 듬뿍 담아 줬다. 그리고 한마디 덧붙였다.

"오늘 쌤 너랑 대화하려고 최선 다했던 거 알지?" 소윤이는 날 우두커니 쳐다봤다. "힘들면 말해. 세상은 네가 가만히 있으면 가만히 있을 거고, 네가 움직이면 움직일 거야. 잘 가고!"

상담실 앞에서
터져 버린 울음

　　　　아픔이 보였다. 분명 소윤이 마음 한구석 어디엔가 도움의 손길이 필요해 보였다. 하지만 아이 스스로 아직 때가 아니라면 그 누구라도 섣불리 다가갈 수 없다. 그 안타까움과 아쉬움을 다른 학생을 만나며 삭혀야 했다.

　점심을 먹고 커피 한 잔의 여유를 즐기고 있던 어느 날이었다. 문밖에서 노크 소리가 났다. "네. 들어오세요!" 그러나 아무런 인기척이 느껴지지 않았다. 나는 더 크게 들어오라고 말했다. 역시 조용했다. 잘 안 들리나? 나는 머그잔을 내려놓고 문 쪽으로 갔다. 문을 여니 한 학생이 훌쩍이고 있었다. 소윤이었다.

　"어? 무슨 일이야? 일단 들어와." 영문을 모르는 나는 일단 아이를 안으로 들였다. 소윤이가 책상에 엎드려 조금 더 울기에, 조용히 휴지를 건넸다. "무슨 일 있어?" 내내 반응이 없다가 잠시 뒤 소윤이가 입을 열었다. "담임 쌤이 뭐라 하잖아요." "뭐라고 하셨는데?" "몰라요. 그냥 학교 오기 싫으면 그만두래요." "아… 일이 있긴 있었네. 그 말이 어쩌다 나온 건데?" "학교 늦었어요." "언제 왔는데?" "9시 넘어서요. 아, 오늘은 진짜 일찍 오려고 했단 말이에요. 그리고 예전보다는 훨씬 일찍 온 건데도 뭐라 하잖아요." 소윤이가 다시 울먹였다.

"그리고 애들 앞에서 개쪽 주잖아요. 빡쳐서 저도 뭐라고 했더니 교무실로 불러서 엄청… 수업 들을 자격도 없으니 상담실이나 가라면서…" 결국 담임이 가라고 해서 온 것이었다. 수업이 아니면 상담을 받으라는 건 도저히 이해되지 않았다. 그러나 지금은 이에 대한 생각보다는 내 눈앞에 있는 이 아이에 집중해야 했다.

"에효. 그랬구먼. 일찍 오려고 했는데 늦어진 이유가 있어?" "사장님이랑 전화하다가요." "사장님? 알바해?" "네. 월급 문제 때문에 싸웠어요." "거기에서도 싸운 거야? 와, 인생 힘들게 산다." 그때까지는 이 말이 어떤 파장을 일으킬지 전혀 예상하지 못했다.

"쌤이 뭔데 제 인생을 말해요?" 소윤이는 퉁퉁 부은 눈에서 이내 세모눈을 한 채로 날 노려봤다. "내가 언제 너…" "그런 거 잖아요, 지금. 학교에서도 일할 때도 막 싸우기나 한다면서요!" "아니, 그런 게 아니고." 너무 당황한 나머지 말이 꼬여 어떠한 말도 입 밖으로 나오지 않았다.

"제가 학교에 가든 일을 하든, 뭘 하든지 제 마음이죠. 저는 어디에서든 열심히 최선을 다하고 있으니까 남 인생 가지고 뭐라고 하지 마시라고요!" 소윤이는 흐느끼며 말했다. "알겠어. 진정해. 근데 쌤이 그렇게 말한 게 아니야. 네가 말한 것처럼 정말 열심히 살고 있다고 말한 것뿐이야. 그렇게 느꼈다면 사과할게. 미안. 오해였다는 것만 알아줘.”

너무 많이 울어 소윤이는 이제 눈 화장이 거의 없어질 지경이었다. 똑똑똑. 또 다른 친구가 상담실 문을 두드리는 소리였다. 소윤이는 고개를 획 돌려 후다닥 상담실을 빠져나갔다.

진짜로 하고 싶었던 말

다음 날이었다. 다행히 전날의 분주했던 마음에서 벗어나 아이들을 대하고 있었다. 점심시간이 되어 자주 오는 아이들과 상담실에서 이야기를 나누는 중이었다. 그때, 문을 두드리는 소리가 들렸다. “잠깐만. 이야기하고 있어.” 문을 여니 익숙한 얼굴이 보였다. 소윤이었다. 순간 어제의 일이 떠오르며 타임 루프마냥 다시 그 일이 반복되는 것 같은 착각마저 들게 했다.

“선생님. 잠깐 시간 되세요?” 순간 고민이 됐다. 다만 말이 한 발 더 빨리 튀어나왔다. “오늘도 담임 쌤이 가라고 해서?” “아… 아뇨 사과드리려고요. 어저께 제가 급발진한 거요.” 소윤이가 말꼬리를 흐렸다. 까무잡잡한 피부에 짙은 쌍꺼풀, 오뚝한 코.

어떻게 보면 소윤이를 제대로 마주하는 게 오늘이 처음인 듯싶었다.

"얘들아. 미안. 쌤이 잠깐 상담해야 할 것 같네? 다음에 다시 와~" 아쉬움을 뒤로하고, 담소 중이던 아이들을 보냈다. 그러고 나서 소윤이에게 들어오라고 손짓했다.

소윤이는 의자에 앉자마자 입을 뗐다. "제가 좀 제 멋대로예요. 그냥 그렇게 자랐어요." 무슨 영문인지 모르는 날 보며 아이가 말을 이었다. "부모님 갈라서고 초등학생 때부터 할아버지랑 같이 지냈어요." "아… 그랬구나." "그래서 자꾸 밖에 나갔어요. 늦게 들어오고요. 아침에 잘 못 일어나요. 그냥 이 생활을 몇 년 동안 하니까 잘 안 바뀌어요. 오늘도 새벽에 피시방에서 자다가 왔어요." 나는 아무 말 없이 소윤이를 바라보았다. 소윤이는 자신의 이야기를 더 이어 나갔다.

언제부터
불행이었을까

"오늘도 아무도 없네…" 초등학교 2학년이 된 소윤이가 집에 들어오며 말했다. 5년 이상 끌어온 지지부진한 이혼 소송이 올해로 막 끝난 참이었다. 엄마와 아빠는 하루도 빠지지 않고 다퉜고, 그 결과 자신은 엄마 쪽으로, 동생은 아빠

쪽으로 흩어졌다.

엄마는 바빴다. 해가 질 즈음 출근해서 동이 트고 나서야 집으로 들어왔다. 일 마치고 엄마가 현관문을 열고 들어오는 그 시간은 항상 시끄러웠다. 한껏 취기가 돈 목소리로 노래를 부르며 들어왔기 때문이다. 엄마는 잠자는 아이를 억지로 깨워 이마에 뽀뽀하고 이내 코를 심하게 골며 곯아떨어졌다.

엄마는 점심시간만 되면 칼같이 초인종을 누르는 어떤 아저씨와 함께 나갔다. 남자는 항상 바뀌었다. 어떤 사람은 아이에게 아빠라고 부르라며 어색한 미소로 다가왔고, 어떤 이는 말 없이 매번 꾸깃꾸깃한 지폐 몇 장을 아이 손에 꼭 쥐여 주고 갔다. 그들에겐 공통점이란 게 있었다. 모두 입에서 지독한 술 담배 냄새를 풍겼다는 것이다. 그러고 보니 엄마의 화장대에도 항상 담뱃갑이 놓여 있었다. 어린 소윤이는 원래 어른들이란 그런가 보다 생각했다. 어찌 되었든 엄마와 아저씨가 사라지면 소윤이 혼자 텅 빈 집을 지켰다. 오래된 냉장고의 모터가 윙 하고 돌아가는 소리만이 적막을 부수고 있었다.

한겨울이었다. 잠결에 엄마로부터 보일러 작동 방법을 들었지만, 아이가 다루기엔 무리가 있었다. 한물간 유행가를 부르며 고주망태가 되어 들어오는 엄마도 보이지 않은 지 일주일이 넘었다.

소윤이의 몸은 점점 뚱뚱해졌다. 많이 먹어서가 아니라 더 이상 입을 수 없을 정도로 옷과 점퍼를 걸쳤기 때문이다. 엄마 화장대에 있던 비상금도 다 떨어져 갔다. 추위와 배고픔보다 더 견디기 힘든 것은 외로움이었다.

얼마나 지났을까. 어느 날 현관문이 열리는 소리가 났다. "내 새끼! 우리 강아지. 아이고, 이 마른 것 좀 봐라… 감사합니다. 감사합니다." 나이 든 한 남자가 소윤이를 덥석 안고 흐느꼈다. 다름 아닌 외할아버지였다. "할아버지. 으앙! 엄마가 안 와… 엄마가." "괜찮아. 괜찮아." 그는 아이를 껴안고 한참을 함께 울었다. 소윤이는 이 온기가 무척이나 좋았다. 할아버지의 냄새와 따스함은 오래도록 기억에 남을 것이라 직감했다.

"아 답답해." 소윤이는 처음 입어 보는 검은 옷이 까끌까끌 불편했다. 팔에 두른 완장도 영 내키지 않았다. 엄마는 개방된 어느 방 한가운데에서 환하게 웃고 있었다. '저렇게 웃던 엄마는 거의 본 적 없는데…' 소윤이 엄마는 띠를 두른 액자 속에 있었다.

"상복이 좀 갑갑하지?" 할아버지가 소윤이의 옷매무새를 정돈해 줬다. 그리고 밝게 웃고 있는 액자 속 그의 딸과 어린 나이에 상주가 된 손녀를 보고 남몰래 눈물을 훔쳤다. "엄마한테 인사해야지."

소윤이는 고개를 갸웃거렸다. 엄마의 사진을 보고 무슨 말을 꺼내야 할지 몰랐다. "나중에 또 만나자고 하렴." 할아버지가 옆에서 조곤조곤 말했다. "엄마… 나중에 또 만나. 그때는 나 꼭 안아 줘야 해." 참았던 눈물이 쏟아졌다.

어렵게 꺼낸
이야기

"휴지 여기." 글썽이는 소윤이에게 휴지를 건넸다. "그때만 생각하면 눈물부터 나와요. 저한테는 할아버지가 엄마고 아빠예요." "그럴 것 같아. 할아버지가 너한테 주는 의미가 아주 크다." "근데 이제 나이도 많고 그러서서… 제가 중학교 입학할 때 팔십 넘기셨으니까, 올해 중반쯤 되셨을 거예요." "연로하시구나." "효도 많이 해야죠. 알바해서 번 돈도 할아버지 많이 가져다드려요." 아이는 눈물을 닦으며 말했다. "멋지다. 용돈도 드리고. 소윤이 다시 보이네. 진즉에 이야기하지 그랬어." "에이. 저도 시간이라는 게 필요하죠." 소윤이가 웃으니 나도 웃어 보였다.

"근데 소윤아. 나 하나 질문. 알바하면서 돈 많이 벌어?" "왜요?" "아니, 너 입고 다니는 옷도 그렇고 조금 가격대 있는 것 같아서." "올~ 쌤 그런 것도 볼 줄 아세요?" "뭐 인마? 나는 뭐 맨날 삼선 이런 것만 입고 다니는 줄 알아?" "아. 그게 아니라요." 아이가 웃었다. "적게 버는 것 같지는 않아요. 친구들이랑 비교해 봐도요." "그렇지? 무슨 일해?" "음… 있어요." "뭔데?" "아녜요. 다음에 말씀드릴게요."

"와… 이것 보소. 나하고 밀당을 하네!" "아 쌤. 그것보다 저 이번 주 행사해요." "행사? 너 동아리 뭐지?" "딩구리들이요. 애니메이션 동아리요." "아~ 그래?" "놀러 오세요. 그날 점심시간에 3층 일본어실!" "그래. 꼭 갈게." "꼭 오세요! 기다릴게요." "응. 알겠어." 소윤이가 고개를 끄덕이곤 수업을 들으러 갔다.

또 다른 모습의 소윤이

현재 내가 근무하는 학교는 체험 중심 학교로 학생 주도의 여러 행사가 자주 진행된다. 오늘은 모든 동아리가 자신들의 역량을 뽐내며 다른 학생들을 초대하기도 하고 공연하기도 하는 날이다.

종이 치자마자 나는 약속이라도 한 듯 3층으로 향했다. 별자리, 사진, 미술 동아리 등 여러 동아리가 각 교실에 체험 부스를 설치하여 활동 중이었고 벌써 수많은 학생이 와글와글 몰려 있었다. 유독 인파가 많은 교실의 팻말을 보니 일본어실이라 적혀 있었다.

"쌤! 진짜 오셨네요?" 교실 안에서 소윤이가 소리쳤다. 아이는 수많은 학생들의 한가운데 있었다. "쌤! 상담 쌤!" 소윤이가 손을 크게 흔들었다. 인파와 소음 탓도 있었지만, 정확하게는 그가 소윤인지 얼핏 보곤 전혀 알 수 없었다. 머리부터 발끝까지 온통 분홍색이었다. 분홍색 가발을 하고 핑크빛 리본으로 머리를 땋고, 흰색 블라우스에 분홍색 치마, 짙은 핑크 계열의 아이라이너를 하고 있었다.

"헐? 대박! 소윤이 너였어?" "저 어때요?" "이게 너 진짜 모습이야?" 아이가 부끄러운 듯 미소 지었다. 뚜렷한 이목구비와 짙은 화장 덕에 족히 스무 살은 훌쩍 넘어 보였다. "야, 차소윤! 사진 찍자~" 근처에 남학생 무리가 말했다. "가 봐 소윤아. 나중에 또 봐." "네! 나중에 또 뵈어요!" 소윤이는 밝은 표정으로 친구들과 어울렸다. 날마다 등교하는 것과 책상에 앉아 공부하는 것을 매우 힘들어했던 모습과는 사뭇 달랐다.

다음 날이었다. 교과 선생님과 교무실에서 간단한 대화를 마치고 상담실로 들어가는 중이었다. 멀리서 보니 위클래스 문 앞에 어떤 아이가 서 있었다.

"무슨 일이야! 소윤이." 나는 소윤이를 데리고 상담실 안으로 들어갔다. "그냥요." "싱겁긴. 어제는 좀 놀랐어." "그랬어요?" 아이가 미소 지었다. "코스프레야? 무슨 캐릭터 따라 한 거야?" "그런 거 아닌데…" "그럼 어떤 거야?" "그냥 패션이에요." 나는 갸우뚱 아이를 쳐다봤다.

"이렇게 입고 다닌다고? 진짜?" 소윤이는 고개를 끄덕였다. 아이가 파우치를 뒤적이더니 카드 지갑을 꺼냈다. 그 안에서 무언가를 건네주었다. 손바닥만 한 크기의 명함이었다. 그곳엔 작은 글씨로 상호와 주소지가 쓰여 있었다. "블루진? 이름 멋있다. 알바하는 곳?" 소윤이가 고개를 끄덕였다. "근데 이거 네 거 아닌데?" 명함엔 하소윤이 아닌 '이민아'라는 이름이 적혀 있었다. "제 거예요. 거기에서는 그렇게 써요." "왜?" "그냥요. 쌤, 한번 놀러 오세요." "뭐 하는 덴데?" "오셔서 보세요." "진짜. 이놈이!" "싫으면 말고요."

그 이후 얼마간의 시간이 흘렀다. 여전히 바쁜 일상이 계속되었고 학생들은 끊임없이 상담실 문을 두드렸다. 책상에는 어느덧 상담 일지와 서류들이 정신없이 널려 있었다. "에휴, 정리 좀 해야겠다!" 그때 툭, 작은 종이가 떨어졌다. 이민아라고 적힌 명함이었다. 여러 서류에 정신없이 휩쓸렸는지 뾰족했던 명함 모서리가 조금 닳아 있었다. '맞다. 소윤이. 잘 지내고 있나.'

그날 오후 퇴근을 준비할 때였다. 따르릉. "네. 위클래스입니다." "선생님. 오랜만이에요. 소윤이 담임입니다." 호랑이도 제 말하면 온다더니, 담임이었다. 그는 목소리를 가다듬고 말했다. "아이가 한동안 학교를 잘 다녔거든요. 괜찮아졌나 생각했는데

요새는 연락도 없이 학교에 안 나오더라고요." "아이고. 결석이 많은가 보네요?" "네. 출석 일수가 모자라요. 집도 연락이 안 되고요. 이대로라면 유급이에요." 담임의 한숨이 수화기 너머로 짙게 들렸다.

'오늘은 집에 빨리 들어가서 영화 한 편 보려고 했는데…' 하는 수 없이 나는 차에 타 내비게이션에 집 대신 명함의 주소를 찍었다. 이 시간에 소윤이가 있을지 없을지 확실하지 않았다. 다만 마음을 정한 나는 이미 그곳을 향해 차를 모는 중이었다.

도착한 장소는 아파트 숲을 지나 지하철역 근처, 출퇴근 시간을 비롯하여 많은 인파가 몰리는 곳이었다. 그렇지만 정확한 주소는 그 한가운데를 가리키지 않았다. 역 뒤에 또 다른 공간이 있는 듯했다. 나는 인근 주차장에 차를 세우고 걸어갔다.

맞닥뜨린
충격적인 현실

도착해 보니, 역 주변과는 달리 사람이 많지 않은 곳이었다. 대여섯 명 정도가 모여 아무렇게나 앉아 있었다. 처음에는 공원이라 삼삼오오 모여 있는 줄 알았다. 하지만 가까이 다가가면 다가갈수록 그들의 모습이 뭔가 사뭇 다르다는 것을 눈치챌 수 있었다. 속옷 차림에 셔츠를 걸치고 있는 여자들, 엉겨 붙은 떡진 머리에 담배를 물고 있는 남자들이 보였다. 길을 잘못 들어선 게 아닐까 싶어 주머니에 꾸깃꾸깃하게 넣은 명함을 다시 보았지만 제대로 온 곳이었다.

소윤이가 어디에서 일하는지 예전부터 궁금했는데, 걱정이 앞서기 시작했다. 조금 더 가까이 가니 스모키한 눈 화장과 두껍게 덧칠한 새하얀 피부가 돋보였다. 세련되거나 이쁘다는 느낌보다는 어설프거나 어색한 쪽에 가까웠다.

어색하게 주변을 서성이니 얼마 후 무리 중 한 여자가 일어서서 다가왔다. "어떻게 오셨어요?" 그는 내 위아래를 순간적으로 싹 훑었다. "아… 혹시 이거." 난 명함을 꺼냈다. "잠시만요." 그가 무리 쪽으로 가서 무언가를 이야기하더니 다시 왔다.

"오빠 알고 왔구나? 민아 찾아? 예전에 한번 왔었나? 뭐야, 부끄러워? 잠깐 있어 봐." 분명 날 다른 사람과 혼동한 듯했다. 조금 후 멀리서 다른 사람이 이쪽으로 걸어왔다. 정면에 저녁노을이 지고 있었기에 눈을 찡그리며 다가오는 사람을 바라봤다.

"오빠 왔어? 가자." 여자가 굳어 있는 내 팔을 가져가 팔짱을 끼고는 어디론가 데려갔다. 진한 향수 냄새가, 여자가 입을 열 때마다 풍기는 담배 냄새와 섞여 진동했다. 공원을 지나 뒤편 오피스텔 상가 2층으로 들어갔다. '블루진.' 대놓고 이곳의 이름이 문 중앙에 크게 붙어 있었다. 맞게 찾아온 것 같았다. 여자가

디지털 키로 사무실을 열고 들어가니 긴 복도를 사이로 한쪽에 방들이 서너 개 정도 나열되어 있었다. 그는 나를 두 번째 방으로 데리고 들어갔다.

5평 남짓한 비좁은 원룸이었지만 있을 것은 다 있는 것 같았다. 한쪽에 작은 소파와 휴대용 노래방 기기가 있었고, 다른 편에 소형 냉장고와 화장실이 보였다. "잠시만 기다리세요." 여자가 문을 닫고 나갔다.

소윤이가 일하는 직장이라… 아무래도 느낌이 좋지 않았다. 내가 지금 이곳에서 무엇을 하고 있는지 의구심마저 들었다. 잠시 후 노크 소리가 났다. "실례합니다. 들어갈게요." 내 심장 소리가 귀에까지 들리는 것 같았다.

"오빠. 나 찾았어?" 들어온 여자의 첫마디였다. 순간 내 눈을 의심했다. 아니길 바랐을지도 모른다. 그토록 찾던 소윤이었다. 핼쑥해진 몰골에 두꺼운 화장이었지만 짙은 쌍꺼풀과 오뚝한 콧날은 여전했다. 아이는 속이 비치는 검은색 옷에 검은 망사 스타킹을 입고 있었다.

"하소윤! 너 뭐 해, 여기서?" "아… 전 아니에요. 전 안 그랬어요. 오늘 뭐가 필요하신 거죠, 손님? 혹시 배가 고프신가요?" "뭐?" 소윤이는 시선을 다른 곳에 두고 온갖 상황에 맞지 않는 말들을 이어 나갔다. 술에 취한 것 같기도 했다.

"소윤아! 쌤이야. 상담 쌤!" 난 소윤이의 팔을 잡았다. "오라고 했잖아. 이 꼴이 뭐야." 말을 이어 가다 나도 모르게 거의 울먹였다. 소윤이는 별안간 털썩 주저앉더니 허공을 우두커니 응시했다. 나도 아이의 높이에 맞춰 마주 보고 앉았다. 그리고 냉장고에 있는 시원한 물을 꺼내 뚜껑을 열고 소윤이에게 주었다. 처음엔 입을 축이는 듯하던 소윤이가 갈증을 되찾은 듯 물을 벌컥벌컥 마셨다.

서서히 아이의 눈동자가 위에서부터 내려오더니 내 눈에 멈춰 섰다. "쌤… 쌤!" 소윤이는 나를 쳐다보고 한참을 울었다. "괜찮아? 어디 안 다쳤고? 이제 집에 가자." "아! 할아버지. 우리 할아버지…" 소윤이가 다시 흐느끼기 시작했다. "근데… 저 여기에서 못 나가요." "왜? 무슨 일인데?" "제가 잘못해 가지고… 저 좀 도와주세요." 말을 잇지 못하고, 아이가 고개를 숙이고 연신 울었다. "얘기를 해 봐 소윤아. 그래야 쌤이 도와주지."

사건의 전말은 이러했다. 소윤이는 정말로 고액 알바를 하고 있었다. 그것은 바로 성인을 대상으로 성매매하는 것이었다. 이른바 '지뢰계'라고 불리고 있었다. 아이가 동아리 때 입고 온 옷은 바로 그러한 복장에서 쾌감을 느끼는 사람들을 위한 치장이었다. 분홍색으로 치장된 의상을 '양산형'이라 불렸다. 즉, 다른 사람들에게 보이는 모습이라는 의미다.

반면 블루진에서 아이가 입고 있는 검정 의상은 그들의 진정한 정체성을 드러내는 차림이었다. '지뢰계'란 겉으로는 아무렇지 않아 보이지만 실제로는 타인의 사랑을 갈구하고 과도한 의존을 하는 위험한 사람들을 지칭한다. 소윤이는 이러한 하위문화에 너무 잘 적응한 나머지 뒤틀린 상업 구조 속에 갇혀 버린 것이다.

어렸을 때부터 소윤이는 집에서의 고독을 피하기 위해 항상 늦게 집에 갔다. 그때 알게 된 친구들은 가출 청소년을 비롯하여 온갖 부모님과 사회에 대한 반항심으로 똘똘 뭉친 아이들이었다. 그들은 밤을 새우며 오랫동안 머물 수 있는 특정 지역에 모이게 됐다. 역 앞의 어느 넓은 공원이었다. 이곳에서 아이들은 밖에서 지내기 위한 돈을 벌게 됐는데, 보통 여자아이들은 지뢰계 의상을 하고 있었다. 독특한 콘셉트로 꾸민 미성년자에게 성욕을 느끼는 사람들을 대상으로 돈을 벌었다. 이 과정에서 성을 파는 경우도 있었다.

끔찍한 악몽의 반복

"민아, 오늘은 이거 갖고 가." 아이들을 관리하는 팀장이었다. "지가 할 것이지…" 소윤이는 작게 혼잣말로 중얼거렸다. 어쩌면 처음이 더 좋았던 것 같기도 했다. 길거리에서 마음 맞는 친구들을 만나 외로움을 해소하고 담배도 태우며 밤새우던 시절이 있었다. 돈이 떨어지면 SNS에 신체 일부를 노출한 사진을 올려 자기를 보러 온 사람들과 데이트했다. 가끔 만나는 못된 어른들만 아니면 밥도 얻어먹고 짭짤하게 용돈도 받았다. 강요된 성행위로 친구가 맞기라도 하면 모두가 힘을 합쳐 때린 사람을 응징하기도 했다.

그러던 아이들에게 공원 이용권과 보호라는 명목으로 반강제적인 관리가 이루어졌다. 그것이 '블루진'이었다. 지뢰계 아이들을 보러 온 성인들에게 위해를 당할 우려가 있으니 지켜 주겠다는 것이었다. 사실 그것은 표면적인 이유에 불과했고, 아이들을 통해 이윤을 창출하는 것이 그들의 진짜 속셈이었다.

소윤이를 비롯한 아이들은 블루진이 마음에 들지 않았다. 그러나 자신에게 직접적으로 해되는 것이 없거니와 오히려 더 많은 돈을 벌 수 있었으므로 한편으로는 만족스럽기도 했다. 어느 정도 돈을 번다면 언제든 그곳을 빠져나갈 궁리를 했지만 결국 그들은 블루진의 새까만 전략에 포획되고 말았다.

"이민아! 지금!" 팀장이 소리쳤다. "네! 알겠습니다~" 오늘은 모처럼 손님을 위한 음료가 준비되어 있었다. 누구나 이름만 대면 아는 대기업 부장이었다. 부장은 소윤이가 이 지뢰계에 발을 들인 초창기 때부터 소윤이의 열렬한 팬이었다. 그렇지만 직장에서는 성실한 샐러리맨이자 가정에서는 자상한 아빠이기도 했다. "뭐야. 오늘은 마실 것도 있어? 난 너만 있으면 된다니까?" 그가 소윤이의 몸을 이리저리 훑었다. "에이 오빠. 이벤트 때만 주는 음료예요." "이건 얼마인데? 또 얼마나 비싸게 파시려고." "오빠 돈 많으면서." "돈이면 다 되지! 내가 돈 말고 뭐가 더 있어." "오빠도 참. 일단 마셔." 그렇게 그들은 방으로 들어갔다.

"시간 다 됐습니다!" 팀장이 문밖에서 외쳤다. 고객과의 한 시간은 소윤이에게 출구 없는 긴 터널처럼 느껴졌다. 일하며 얻는 괴로움을 달래는 것은 술과 담배가 전부였다. "오빠 다음에 또 와!" 소윤이가 거울을 보고 화장을 고치며 말했다. 술을 거나하게 먹은 그 부장은 휘청이며 건물 밖으로 나갔다.

"야. 이민아. 잠깐만 보자." 팀장이었다. 그는 소윤이를 데리고 공원으로 나가 담배를 하나 물었다. 그러고는 목소리를 깔고 말했다. "잘 마셨어?" 팀장이 기분 나쁜 웃음을 지었다. "너 이제 못 나가 여기서." "무슨…?" "그 음료수. 거기에 뭐가 들어갔을지 아무 생각 없었나 보네. 난 너희같이 착해 빠진 애들이 너무 좋아. 약 냄새 못 맡았어? 잘 먹더라? 부장놈까지." 소윤이는 한 대 얻어맞은 듯 갑자기 머리가 지끈거렸다.

"어디 도망치기만 해. 바로 경찰에 신고해 버리는 수가 있어. 약도 먹고 손님한테 먹이기도 하고. 약쟁이도 이런 약쟁이가 따로 없어요." "그거 니가 준 거잖아!" 소윤이는 얼굴이 붉게 달아올라 소리쳤다. "잘 먹어 놓고 딴소리야." "내가 그걸 어떻게 알겠냐고!" "목소리 낮춰라." "지금 목소리 낮출 상황이야?" "이년이 보자 보자 하니까!"

순간 커다란 손바닥이 소윤이의 머리로 날라왔다. 퍽 하는 소리와 함께 소윤이는 쓰러져 바닥으로 굴러떨어졌다. "일 잘한다고 봐주니까 눈에 뵈는 게 없지? 평생 이 일이나 해, 자식아. 다음 손님 오니까 바로 준비하고."

약은 중독성이 어마어마했다. 술과 담배로는 약으로 인한 중독을 해소하기 어려웠다. 소윤이는 소량의 약물에 손을 댔다. 조금씩 먹던 양은 점차 불어서 그것이 없으면 안 될 지경에 이르렀고, 결국 팀장에게 약을 사야 하는 수준이 되었다.

블루진은 그렇지 않아도 약을 하고 손님들에게 전달했다는 것을 명목으로 종업원 아이들을 협박하고 있었기에 팀장의 입가엔 미소가 번졌다. 청소년을 대상으로 성인 손님들에게 성매매를 알선하여 그들이 가져가는 금액은 소득의 90%에 육박했다. 결국 아이들은 집은 물론이거니와 학교도 가지 못하고 그곳에 꽁꽁 갇혀 버렸다.

목숨 건
탈출

　　"하소윤! 정신 차려. 쌤 차 공원 뒤편에 있어. 조용히 나가야 해." 난 먼저 방문을 빼꼼 열었다. 복도 끝에 팀장이 보였다. 도망치는 아이들을 감시하려는 것 같았다. "저 사람 하루 종일 저기 앉아 있어?" 소윤이는 고개를 끄덕였다. 기지를 발휘해야 했다.

　나는 문을 다시 열고 나가 팀장에게 말했다. "저기… 좀 답답해서 그런데 잠깐 바깥바람 좀 쐬고 와도 되죠?" "네. 그러세요." 다행히도 그가 흔쾌히 대답했다. "가자." 난 소윤이의 팔을 잡고 나가려 했다.

　그때 팀장이 말했다. "손님만 다녀오시죠." "같이 담배 한 대만 피우고 올게요." 내가 웃으며 말했다. "저희 가게 수칙입니다. 먼저 다녀오시고 안에서 같이 피우시죠." "제가 이 아이한테 못되게 해서 그래요. 좀 세게 이야기하다가 울렸어요." 팀장이 가까이 다가와 아이를 보았다. 소윤이는 눈이 퉁퉁 불어 있었고 눈물을 닦은 휴지가 바닥에 뒹굴고 있었다. "잠깐만입니다." 팀장이 떨떠름한 목소리로 말했다. 난 소윤이를 쳐다보며 안도의 눈빛을 보냈다.

소윤이와 나는 건물을 빠져나와 공원 뒤편으로 살금살금 걸어갔다. 주차장 쪽으로 가는데 소윤이가 갑자기 걸음을 멈췄다. "뭐 해! 가야 돼." "쌤… 쟤 유리예요. 정유리." 소윤이가 바라보는 쪽을 보니 블루진 직원들 사이로 멀찌감치 어떤 여자가 보였다. 자세히 보니 아까 서성이던 날 처음으로 응대했던 여자였다. "아이고. 친구야?" "우리 학교예요. 저랑 똑같이 협박당해서…"

순간, 유리와 소윤이가 눈이 마주쳤다. 혹여나 옆 사람들에게 걸리지 않을지 심장이 마구 뛰기 시작했다. 그때 유리가 취한 행동은 작게 손을 흔드는 것이었다. 마치 소윤이 너만이라도 먼저 이곳을 빠져나가라고 손을 흔드는 것 같았다.

소윤이는 가는 내내 손으로 입을 가리며 새어 나가는 울음소리를 막았다. 소윤이와 나는 무사히 주차장에 다다를 수 있었다. "어서 이 지옥을 벗어나자." 서둘러 차에 올라 시동을 걸고 그곳을 무사히 떠났다.

"선생님, 저 이제 어떻게 해요?" 소윤이가 두려움에 찬 목소리로 물었다. 그곳에서 나오긴 했어도 아이가 앞으로 어떻게 살아갈 수 있을지 막막하기만 했다. 나는 아무 말 없이 앞을 보며 운전했다. "우선 집으로 가자. 할아버지가 너 많이 찾으셨어." 소윤이는 울기만 할 뿐 아무 말이 없었다. 정적 때문인지 차의 엔진 소리가 더욱 크게 들렸다.

다시
시작할 수 있도록

　　　　소윤이는 블루진을 경찰에 신고했다. 블루진은 아동·청소년 대상 불법 성매매 영업, 불법 마약류 소지 등의 명목으로 강제 해산됐다. 나중에 알고 보니 그곳에서 성매매로 착취된 청소년은 도망친 아이들을 합하여 30명이 족히 넘었다.

　다행히 유리와 다른 아이들도 모두 가정으로, 학교로 돌아갈 수 있었다. 소윤이는 마약류 운반과 투약의 혐의가 있었지만, 협박과 강요에 의해 이루어졌다는 사실이 밝혀졌다. 또한 그간 벌어온 돈을 상당 부분 생계를 위해 썼다는 점에서 혐의가 많이 참작되었다. 그러나 150시간의 의무 봉사와 한 달간의 마약 중독 재활 센터 입소, 50회기의 재활 상담을 해야 했다. 이에 따라 아이는 출석 일수를 채우지 못하여 결국 유급을 면할 수 없었다. 자의 반 타의 반 소윤이는 결국 자퇴를 결정했다.

　"선생님. 저 부탁 하나만 들어주세요." 소윤이가 마지막으로 학교에 온 날, 잠깐 위클래스를 찾아왔다. 아이의 부탁은 연로한 할아버지에 대한 것이었다. 할아버지는 여태 소윤이를 힘겹게 키워 주신 사람이자, 지긋지긋한 고독을 조금이나마 해소하게 한 사람이었다. "노인보호센터에서 일주일에 두 번 월, 목 이렇게 가정 방문이 전부예요. 제가 재활센터 들어가면 이제 못 보니까 쌤이 가끔 할아버지한테 안부 전화 좀 해 주시면 감사드릴 것 같아요." 소윤이가 고개를 아래로 떨구며 말했다. "염치 없게 맨날 신세만 져서 죄송해요."

"야. 뭐 잘못했어? 나 어차피 학부모님들이랑 전화 자주 해. 괜찮아." 소윤이의 눈시울이 붉어졌다. "대신 쌤도 부탁 하나만 하자." 소윤이가 날 쳐다보았다. "정신과에 가든, 상담을 받든, 중독에서 완치되는 건 쉽지 않은 일이야. 아무리 힘들더라도 절대 포기 말기. 어때?"

잠깐 말이 없다가, 소윤이가 대답했다. "그럴게요. 쌤. 해 볼게요. 근데… 저 또 여기 와도 돼요?" "위클래스?" "네, 이제 이 학교 안 다니잖아요." "에이. 졸업생도 종종 오는데, 그럼. 당연하지. 한번 쌤 제자면 영원한 제자야." "달라진 모습 보여드리러 올게요, 쌤." "그래. 이번엔 갑자기 사라지지 말기다." "네, 진짜로 올게요! 꼭."

이제 세상으로 나가는 소윤이의 뒷모습을 보니 울컥 무언가 복받쳐 올랐다. 앞으로 아이가 어떻게 될지는 아무도 모른다. 뒤에서 든든히 지지하는 마음이 가닿기를 바라며, 점점 멀어지는 소윤이를 바라보았다. 그토록 원하는 것처럼 부디 새사람이 되길, 소윤이가 새로운 시작을 포기하지 않고 해 나가기를.

약물 중독 Drug Addiction

✦ 중독이란 신체와 정신에 해로운 물질을 오용하거나 남용하여 과한 의존을 보이는 경우를 의미합니다.

✦ 술, 담배, 커피를 비롯하여 근래 가장 화두로 떠오른 것은 청소년 마약 중독입니다.

✦ 글에 등장한 소윤이는 의도하지 않은 사건에 휘말려 마약을 하게 되었고, 실생활의 스트레스와 긴장을 완화하기 위해 습관적으로 복용하며 심리적 과의존 상태가 되었습니다.

✦ 청소년 마약 복용은 22년 1900여건에 육박했으나, 23년에는 2600여건으로 32%나 증가하며 해마다 그 수치가 늘고 있습니다. 청소년을 대상으로 음식물이나 약물에 마약을 섞거나 판매하여 성 관련 범죄로 번지는 사례도 많습니다.

✦ 소윤이는 안정적으로 만들어지지 못한 정체성을 스스로 형성하

는 과정에서 우울감, 애정 결핍, 의존 등의 성격을 가진 하위문화인 지뢰계에 몸담았습니다. 지뢰계는 본래 일본에서 독특한 정체성과 패션을 가진 사람들을 의미하는 말로, 겉으로 봤을 때는 아무런 이상이 없어 보이나 실제로는 지뢰 폭탄처럼 치명적인 단점이 있는 사람을 뜻합니다.

✦ 지뢰계는 단순히 패션이나 개성으로 치부되기도 하나, 자해나 자살 시도와 같은 자신을 해하려는 끔찍한 일을 저지르기도 합니다. SNS를 통해 그들끼리 특정 장소에 모여 동질감을 형성하기도 하지만, 지속적이고 습관적으로 암울한 분위기에 노출된다면 성격장애가 될 수 있으니 필요하다면 주변의 조력자나 상담센터를 방문하는 것이 좋습니다.

나의 울타리는
안전하지 않아요

지옥도 여기보다는 낮지 않을까요

그늘이 드리운 얼굴

비교적 한가로운 오후를 보내는 중이었다. 짬을 내어 여태 밀린 상담 일지를 정리했다. 퇴근을 알리는 종이 치면 모처럼의 칼퇴근을 할 참이었다. 그때였다. 똑똑똑. 상담실 노크 소리가 들렸다. 잠시나마 포근한 집을 그렸던 부푼 마음을 내려놓고, 큰 소리로 외쳤다. "네! 들어오세요!" 그리고 이내 생각했다. '짧게 하고 끝내자. 필요하면 내일 다시 오라고 해야지.'

"안녕하세요, 선생님." 한 남학생이 문을 조심스럽게 열고 쭈뼛쭈뼛 들어왔다. 평균 정도 되어 보이는 키에 푹 눌러쓴 모자가 인상적이었다. 그 때문에 표정이 잘 보이지 않았다. "어서 와. 오늘 근데 다 마쳤는데 급하지 않으면 간단하게 이야기하고 내일 올래?" "아… 네." 아이는 앉지도 않고 서서 답했다. "아니. 바로 가라는 말은 아니고. 앉아 봐 우선."

당황한 눈치를 보니 나는 되레 조금 미안해졌다. "몇 학년 몇 반? 이름은?" "저 2학년 1반 변호진이요." 아이가 비로소 고개를 드니 얼굴이 보였다. 그러자 왼쪽 턱 아랫부분에 무언가가 보였다. 거즈를 덧씌운 손바닥만 한 크기의 밴드였다.

"어디 다쳤어?" "네." "어쩌다?" "그게…" "조심하지. 근데 상처 부위로도 그렇고 크기도 예사롭지 않다?" 이렇게 말하고 바로 난 '아차' 싶었다. 정말 평범하지 않은 상처인 것 같았기 때문이다. 그러고 보니 하교를 알리는 종이 울리면 대부분 부리나케 집으로 뛰어가는데, 이곳을 온 걸로 보아 무언가 할 말이 있는 게 분명했다.

"말해 봐. 그거 때문에 왔잖아." 호진이가 망설이다 입을 열었다. "비밀 지켜 주실 거죠?" "응. 그럼. 물론이지." "저 맞은 거예요. 아빠한테." "아이고. 저런…" 무의식적으로 짧고 깊은 탄식이 새어 나왔다.

“언제? 무엇 때문에?” “어젯밤에요. 제가 좀 늦게 들어갔거든요.” “아, 통금 시간? 몇 시에 들어갔는데?” “10시까진데 30분 정도 늦었어요.” “그랬구나. 늦은 건 잘못일 수 있는데, 그것 때문에 때리는 건 좀 아닌 것 같아. 너는 어떻게 생각해?” “네. 저도 그런 것 같아요.”

호진이가 말하며 손을 턱의 붕대에 가져다 댔다. 테이핑 한 부분의 끝 쪽을 손가락으로 집더니 쭉 하고 뜯자, 안의 상처가 보였다. 심각한 상처가 아니길 바랐다. 깊진 않지만 넓게 긁힌 자국이 보였다. 그리고 그 상처 아래에는 보라색 피멍이 들어 있었다.

“으. 아팠겠다. 주먹으로?” “네.” “저런. 언제부터 아빠는 이렇게 하셨어?” “음… 초3 정도 때부터인가.” “이유가 있었어?” “기억이 잘 안 나요. 친구 관계 때문이었던 것 같아요.” “그랬구나. 그때부터였으면 지금까지 굉장히 긴 시간이었는데, 어떻게 버틴 거야?” “차라리 죽는 게 더 낫겠다는 생각도 많이 했어요. 실제로 안 좋은 행동도 많이 했었고요.” “안 좋은 행동이라면… 죽으려는?” 아이는 말없이 고개를 끄덕였다. 다시 보니 조금 피곤한 탓인지, 우울해서인지 얼굴에 그늘이 짙게 드리워져 있었다. 명백한 아동학대 사안이었다.

“호진아, 선생님이 도와줄게.” “어떻게 해야 할지 모르겠어요." "이 정도 상처에 이전부터 폭력이 있었다면 신고해도 무방해." "네. 그렇긴 하죠." "아빠를 신고하기가 좀 그래?" "네…" "담임선생님도 아셔?" "전혀 모르세요." "쌤이 아버지에게 전화드리는 건?" "저 죽을지도 몰라요."

호진이는 많이 불안해 보였다. "근데 신고하면 어떻게 돼요?" "정황이 확실하면 처벌받지. 필수 이수 교육을 듣든지, 접근 금지나 분리 조치가 이루어지든지 해." "저는 그럼 어디로 가요?" "집에 어머니 계시지? 보호자 있으면 너는 그대로 집에 남아 있고, 아빠만 다른 곳에서 묵어야 해. 그 기간은 사건마다 모두 다르고." 호진이가 말없이 고개를 끄덕였다.

"일단 호진아, 이거 너희 담임 쌤이랑 교감 쌤에게는 알리는 게 좋을 듯싶어. 학교에서 상황을 인지해야 하거든." "음…" "왜. 안 되겠어?" "그거는 내일 다시 와서 말씀드려도 되나요?" 미간을 찌푸리며, 호진이가 고민하는 얼굴을 했다. "알겠어. 대신 내일 꼭 와. 알겠지?" "네."

호진이가 떠난 뒤 상담실의 분위기는 자못 무거워졌다. 아동학대 의심 사안을 최초에 발견한 사람은 그 누구라도 신고하게 되어 있다. 그러나 현실적으로 신고의 효용성이 매우 낮기에, 신고가 꺼려지는 게 아이러니였다. 지난해 엄마의 지속적인 욕설과 잦은 구타로 학대를 신고했던 한 학생도 10회기 보호자

상담과 50시간 교육이 전부였다. 오히려 엄마를 신고했다는 아이의 죄책감, 낳고 길러 준 은혜를 신고로 갚았다고 생각한 엄마의 추가적 보복만이 남겨졌다. 눈 뜨고 못 볼 정도로 심하게 구타한 정황이 몇 년에 거쳐 지속적으로 이루어진 경우에만 분리 조치가 이루어졌다.

다만 그것도 아이가 묵을 곳이 있어야 했고, 없다면 청소년 쉼터에서 머물러야 했다. 분리 조치 기간은 단 석 달뿐. 이 시간이 지나면 다시 부모에게 돌아가거나 보육원으로 가게 되니, 청소년들의 안전과 평화는 이토록 보장받기 쉽지 않았다.

기다리는 시간

다음 날, 나는 호진이와 분명한 약속을 잡았어야 했음을 깨달았다. 일과가 거의 끝나갈 때까지 아이가 오지 않았기 때문이다. 시계를 보며 점차 초조해지는 찰나, 마지막 교시가 끝났음을 알리는 종이 울렸다. 난 호진이의 반으로 직접 발걸음을 향했다. 다행히 호진이가 보였지만, 아이를 보자마자 놀라지 않을 수 없었다. 목 뒷덜미의 시퍼런 멍 자국이 보였다.

"호진아." 호진이가 흠칫 놀라며 나를 쳐다봤다. 동시에 목 상처가 드러나지 않도록 고개를 휙 돌리는 것 같았다. "왜 이렇게 놀라? 온다더니. 기다리게 할 거야? 잠깐 나와 봐." 나는 호진이를 복도로 데리고 나갔다. "깜빡한 거야?" "아, 아뇨. 저…" 아이가 잠시 머뭇거렸다. "저 그냥 상담 안 가면 안 돼요?" "응?" 나는 멍하니 호진이를 쳐다보았다. "저 괜찮은 것 같아요. 제가 잘해 볼게요." 순간 종례를 마친 다른 반의 아이들이 떼를 지어 나왔다. "일단 알겠어. 그럼 나중에 힘들어지면 꼭 와야 돼!" "네. 감사합니다." 호진이는 후다닥 교실로 들어갔다.

직접 와서 상담 신청을 하고 간 아이였다. 호진이가 오늘 오지 않은 건 어떤 이유가 있으리라는 생각이 들었다. 혹여나 내가 말실수를 한 건 아닐지, 아빠에게 무언가 또 덜미가 잡혀 맞은 건 아닌지 별의별 생각이 다 들었다.

이후 호진이는 이동수업이나 급식을 먹으러 갈 때 복도에서 종종 보이곤 했다. 하지만 분명히 나와 눈을 마주쳤는데도 휙 하니 돌아서 가곤 했다. 내심 서운하고 마음이 아팠다. 몇 번이고 호진이를 따라가 붙잡고 싶었지만, 그럴 수 없었다. 괜히 부담을 느끼고 약간의 마음이라도 사라지지 않을까 하는 우려 때문이었다. 호진이에게 내가 필요해질 때까지 묵묵히 기다렸다.

며칠이 지나 급식 지도를 하는 날이었다. 배식을 돕던 중 반가운 얼굴, 호진이가 보였다. "오! 호진이 아니야? 잘 지냈어?" "네. 쌤 이따가 밥 먹고 잠깐 상담실 들러도 돼요?" "응. 그럼 그럼. 이따가 보자. 기다릴게."

예상 밖이었다. 혹시라도 호진이를 볼 수 있으리라는 기대를 하지 않았다면 거짓말이었을 것이다. 다행히 아이는 밝은 표정이었다. 급식 지도를 마치고 밥을 먹으면서도 들뜬 마음으로 호진이와 나눌 대화를 그렸다. 어떻게 상담이 펼쳐질지는 모르겠지만, 관계가 단절되지 않았다는 것만으로 기분이 좋았다.

똑똑똑. 별안간 노크 소리가 들렸다. "네! 들어오세요!" 호진이었다. "얼마 만이야. 오랜만이지?" "네. 그렇죠? 한 달 만인 것 같아요." "그래. 반갑다. 그간 어떻게 지냈어?" "오고 싶었어요. 진작 왔어야 했죠." "이제라도 왔으니 됐지. 괜찮아." "네…" 호진이가 고개를 푹 숙이더니 갑자기 흐느끼기 시작했다.

방금까지만 하더라도 친구들 무리에 섞여 즐거운 표정을 지었던 아이였기에 당혹감을 감추기 어려웠다. "무슨 일 있었어? 괜찮아. 울어도 되니까. 다 울고 나서 진정되면 그때 이야기해 줘." "네…" 한참을 울다 호진이가 힘겹게 말을 꺼냈다. 호진이의 시선은 지난날의 흔적을 되짚고 있었다.

호진이의
말 못할 사정

호진이 아버지는 체육관을 운영했다. 한때 그는 촉망받던 복싱 국가대표 선수였다. 한 점 차 아쉬운 패배로 은메달을 획득하며 통한의 눈물을 흘린 충격에서였는지 돌연 은퇴를 선언하고 지방으로 들어가 체육관을 세웠다.

호진이는 그러한 아버지의 영향을 많이 받았다. 자기가 처한 상황이 얼마나 힘들던지 간에 그것을 이겨 내야 비로소 원하던 인정을 받을 수 있었다. 그런 아버지가 멋지고 존경스러웠지만, 어린 나이에 너무나 높았던 칭찬의 장벽에 호진이는 서서히 지쳐 갔다. 아버지에게 호진이는 겁쟁이며, 의지박약의 연약한 아이였다. 이대로 자란다면 언제든지 다른 누군가에게 뒤처질 거라고 여긴 그는 혹독한 육아만이 호진이의 앞길을 보장할 것이라 생각했다. 그렇게 잔소리는 욕설로, 욕설은 구타로 이어졌다.

호진이만 감내하는 문제는 아니었다. 아버지는 온 가족에게 영향을 끼쳤다. 어머니는 자신의 의지로 무언가를 결정하는 법을 잊은 듯했다. 운전대를 잡을 권한은 오직 아버지에게만 있었기에 조금이라도 반문과 이견이 있다면 어김없이 욕설과 손이 날라왔다.

하루는 술을 한가득 먹고 고주망태로 늦게 들어온 아버지가, 자신을 맞이하지 않고 잠들었다는 이유로 어머니를 심하게 구타했다. 호진이의 누나는 그런 아빠를 경찰에 신고하려다 되레 모질게 맞았다. 호진이는 방문을 굳게 닫은 채로 이불을 뒤집어썼다. 아빠의 욕설과 때리는 소리, 엄마와 누나의 비명이 이불을 뚫고 들어왔다.

"엄마, 그냥 이혼하면 안 돼? 아빠랑 그냥 따로 살아." 아빠가 코를 골며 깊게 잠든 것을 확인하고 누나가 조용히 말했다. "엄마. 정신 차려. 이렇게 매일같이 맞으면서도 고민해? 이거 폭력이야. 범죄라고." "그래도 아빠잖아. 우리 가족이잖아…" 엄마는 누나의 얼굴에 묻은 피를 닦아 주며 말했다. "엄마가 아빠 없이 혼자 살아도, 다른 남자 만나도 이 사람보다 나은 사람을 만날 자신이 없어." "엄마… 왜 없어. 왜 그렇게 작아진 거야. 왜. 그 이쁜 얼굴 다 어디로 가고." 엄마와 누나의 대화를 들으며, 호진이도 이불 속에서 함께 울음을 삼켰다.

초등학생 때였을 것으로 호진이는 기억했다. 방과 후 곧장 집으로 오라는 아버지의 말을 또다시 어긴 날이었다. 초등학교 3학년 어린아이가 문방구 앞 오락 기기들을 지나치기란 쉽지 않았다. 아버지는 방에서 호진이를 기다리고 있었다. 그러고는 피곤해 보이니 잠을 조금 청하라며 아들을 이불 속으로 들어가게 했다. 호진이는 어리둥절하며 그 안으로 들어갔다. 아버지는 불을 끄고 나가는 듯싶었지만, 다시 돌아왔다. 그리고 별안간 마구잡이로 이불 속 호진이에게 발길질을 시작했다. 얼굴부터 배, 다리 등 피할 수 있는 곳이 한 군데도 없었다. 그때의 충격은 호진이가 다시는 아버지에게 반항하지 못하는 계기가 됐다.

지옥도
여기보단 낫겠지

어느덧 열다섯, 질풍노도의 사춘기가 된 호진이는 이성에 눈이 갔다. 수학 학원에서 만난 선영이는 호진이의 이상형이었다. 언젠가 2인 책상으로 구성된 강의실에서 짝꿍끼리 오답을 정리하는 시간이 있었다. 우연히 앉은 자리 옆에 선영이가 있으니, 호진이의 심장은 터지기 직전이었다.

호진이는 편의점에서 사 온 바나나 우유를 만지작거리다 간신히 한마디를 꺼냈다. "바나나 좋아해?" "바나나?" "아…" 너무 긴장한 탓에 바나나 우유라고 말하지 못했다는 것을 그제야 알게 됐다. "우유 말한 거지?" "어? 응." "너 아까부터 그거 잡고 있는 거 봤어. 계속 만져서 뜨거워지겠다." 선영이가 얼굴이 붉게 달아오른 호진이를 보고 웃어 보였다.

"집 방향 어디야?" 학원을 마치고 나오며 선영이가 물었다. "나 저쪽 대형 마트 사거리에서 왼쪽으로 쭉 가." "저쪽? 포장마차 근처?" "응. 너는?" "대박. 나도 그쪽인데!" 학원을 마치는 밤 9시에는 어김없이 배꼽시계가 울렸다. 집 근처 떡볶이 분식집은 그들의 허기를 채우기 충분했다. 어쩌면 그것보다 둘만의 시간을 위해 배고픔이 필요해 보였다.

그쯤부터 서로 함께 있는 시간이 많아졌다. "오늘도 떡볶이고?" 선영이가 말했다. "오늘 아빠가 일찍 오라고 해서." "금방 먹고 가자. 응?" "아… 안 되는데. 알겠어. 금방 먹자." 걸으면 10분도 채 되지 않는 거리였다. 호진이는 먹었던 것이 올라올 정도로 달렸음에도 분식집에서 집까지의 거리가 멀게만 느껴졌다. "다녀왔습니다!" 숨이 턱까지 차올랐고 이마에는 땀방울이 맺혔다.

집 안은 어둡고 조용했다. 사람들이 없어서가 아니었다. 엄마가 부엌 쪽에서 호진이를 보고 조용히 손짓했다. 아버지가 방에서 기다리니 빨리 들어가라는 신호였다. 엄마의 표정이 좋지 않다는 것을, 어두운 공간에서도 선명히 느낄 수 있었다. 호진이는 순간 온몸에 전율이 돋았다.

"아빠 저 왔어요. 늦어서 죄송합니다." 호진이가 안방으로 들어가며 말했다. "오, 아들. 잘 왔어. 공부하는 거 힘들지?" 아버지가 호진이를 반기며 말했다. "아녜요. 할 만해요." "그래. 할 만해?" 갑자기 아버지의 표정이 싹 굳었다.

호진이는 반사적으로 어깨와 허리가 빳빳하게 굳어졌다. "할 만한데, 아빠랑 약속은 막 어겨도 되는 거지?" "죄송해요. 아빠." "죄송하다는 말 그만. 묻지도 않았는데, 왜 니 멋대로 '죄송하다. 죄송하다.' 계속 그러는 거야? 진짜 죄송하게 해 줘? 정신 못 차렸구나. 아까 아빠가 일찍 오라고 했던 말을 어디로 들은 거냐?" "다… 다음에는 일찍 일찍 들어올게요." "잘하자. 응?" "네." 호진이가 꾸벅 인사를 하고 뒤돌아 방을 나갈 때였다.

"잠깐." 아버지가 호진이를 불러 세웠다. 호진이는 두 눈을 질끈 감았다. "근데 너 왜 늦었냐?"

'아… 올 게 왔구나.' 아이는 그것만은 캐묻지 않길 바랐다. 하지만 한번 물으면 좀처럼 놓지 않는 아빠였다. "학원에서 조금 늦게 끝났어요." "학원에서 늦게 끝나? 진짜?" 아버지는 호진이를 노려봤다. 호진이의 눈동자가 힘을 잃고 시선을 피했다. "여태까지 한 번도 늦게 끝냈던 적 없는 학원이? 똑바로 말해." "사실 배고파서 친구랑 뭐 좀 먹다가…"

호진이는 말을 다 못한 채 뒤로 나가떨어졌다. 아버지가 손바닥으로 호진이의 뺨을 있는 힘껏 내리쳤기 때문이다. "이 새끼가 어디서 거짓말을 하고 있어? 늦게 온 것도 열받아 죽겠는데, 거짓말을 쳐? 이 버르장머리 없는 자식이." "죄송합니다. 죄송합니다." 호진이는 아버지의 바지춤을 붙잡고 있는 힘껏 두 손을 비볐다. 그것은 아버지의 노여움을 풀 수 있는 유일한 방법으로, 아주 오래전부터 맞아 가며 터득한 방법이었다. 아버지는 다시 공중으로 손을 들어올렸다. 호진이는 순간적으로 움찔하며 몸을 둥글게 말았다. "너 한 번만 더 늦어. 그리고 또 거짓말해 봐. 어떻게 되나 보게." "네. 죄송해요." "당장 꺼져! 꺼지라고!"

방에 들어간 호진이는 잠시나마 선영이를 만나며 행복한 꿈을 꿨던 때를 떠올렸다. '만약 우리가 만나는 걸 아빠가 알게 된다면…' 상상할 수조차 없는 끔찍한 상황이 펼쳐질 것만 같아서 마음이 진정되질 않았다. 이전에 아버지가 싫어하던 친구들과 어울렸을 때를 생각했다. 호진이와 친구들이 놀고 있던 피시방으로 찾아가 난리를 피웠던 아버지였다.

'선영이에게까지 해 끼치게 둘 수는 없어. 나 하나로 족해. 나 하나로…' 그렇게 호진이의 하루는 천당과 지옥을 오가며 저물었다.

어쩔 수 없는
처지라서

"야 변호진! 왔어?" 다음 날 학원에서 선영이는 호진이를 보고 인사했다. "응." "뭐야. 왜 이렇게 힘이 없어?

무슨 일 있어?” “아, 아냐.” “아니긴. 아닌 게 아니고만. 말해 봐. 이 누나가 다 들어 줄게.” “아니라고.” “이상하네. 평소랑 너무 다른데? 오늘 숙제 안 했어?” “내가 넌 줄 아냐.” “뭐?” 선영이는 호진이의 옆구리를 찌르며 간지럽혔다. “뭐라고? 너 다시 말해 봐.” 호진이는 간지러워 마구 웃음이 나왔다. “아, 진짜 하지 마라. 아 진짜. 그만하라고!” 갑자기 확 높아진 목소리에 주변 사람들이 일제히 그들을 쳐다봤다.

“아, 미안.” “정색하기냐?” “근데 선영아. 나 할 말 있어. 이따 쉬는 시간에 잠깐 보자.” “알겠어.” 호진이의 표정이 사뭇 진지하고도 무거웠다. 선영이는 머리를 갸우뚱하며 강의실로 들어갔다.

쉬는 시간을 알리는 종이 울렸다. 학생들은 강의실을 우르르 빠져나와 매점이나 화장실을 갔다. 호진이는 항상 만나는 2층 끄트머리 쪽 자판기 앞에서 선영이를 기다렸다. 수업을 마치고 선영이가 걸어왔다. “아까 소리친 거 놀랐지?” 호진이가 먼저 말했다. “아냐. 내가 분위기 파악 못 한 거지, 뭐. 근데 다음 시간 어차피 수학이라 보잖아.” “음…” “뭐야. 뜸을 들이고. 뭔데? 말해 봐.” “우리 그만하자.” 선영이는 순간 당황해서 아무 말을 하지 못했다. “무슨 소리야? 갑자기. 이해를 좀 할 수 있게 말해.” “아닌 것 같아. 이거.” “이유가 뭐야? 너 나 싫어졌냐?” “응.” 호진이가 바로 대답했다.

"그래. 알겠어. 이유나 좀 묻자. 어제까지만 해도 별문제 없었잖아." "싫은 데 이유 있어?" "헐. 행복하게 잘 살아라. 이 나쁜 놈아." 선영이는 잠깐 강의실로 돌아가더니 꺼내 놓은 책들을 챙겨서 가방을 메고 나왔다. 호진이가 선영이의 팔을 잡았다. "어디 가. 수업은 듣고 가야지." "놔." 그렇게 선영이는 학원 밖으로 나가 버렸다.

수업을 모두 마치고 집으로 가는 길이었다. 비가 한 방울, 두 방울 떨어지더니 이내 조금씩 죽죽 내리기 시작했다. 다시 혼자가 된 기분은 이루 말할 수 없이 허전했다. 선영이와 함께 걷던 길이었다. 짧은 만남이었지만 자기도 모르게 마음을 많이 주고 있었다는 걸 호진이는 알게 됐다.

하지만 후회해도 소용없었다. 눈물과 빗물이 섞여 시야를 방해했다. 가는 길에 분식집이 보였고, 안쪽에 빈 의자가 눈에 띄었다. 어제까지만 해도 그곳에 앉아 선영이와 함께 떡볶이를 먹으며 놀았던 장면이 스쳤다. 호진이는 그 빈 의자처럼 자신의 마음도 텅 빈 것만 같았다.

출구 없는 세상
속에서

"혹시 첫사랑이었어?" 내가 묻자 호진이가 고개를 끄덕였다. "진짜 힘들었겠다. 지금은 좀 괜찮아? 헤어진 거." "가끔씩 생각나요. 비 오는 날이면 어김없이. 그리고 그 분식집을 볼 때면." "그럴 것 같아. 그 이후로 선영이랑은 어떻게 된 거야?" "아예 학원 그만뒀더라고요. 어쩌면 잘된 것 같아요. 계속 마주치면 또 마음이 흔들릴 것 같았거든요." "그랬구나. 첫사랑을 그렇게 보냈다니. 마음 많이 아팠겠다. 아빠가 아니었다면 지금도 만나고 있을 수 있었겠네." "그쵸. 안 걸렸다면요." 나도 모르게 고개를 절레절레 흔들었다.

"아. 이거…" 호진이는 뒤를 돌아 자기 목뒤를 보여 줬다. 교실에서 문득 본 자국이었다. 자세히 보니 조금 더 붉고 넓었다. "이거 많이 들어간 거예요. 맞고 나서는 너무 부어서 학교 못 올 뻔했어요." 나는 깊은 한숨만 내쉬다 무겁게 다시 입을 열었다. "이번에는 뭐 때문에?" "그냥 때리던데요." "그냥 때려? 그렇게 세게?" "말대답 한 번 했다고 바로요." "무슨 말 하고 있었는데?" "그 성적에 인서울 못 한다고 자꾸 그러니까, 그럼 대학 안 가겠다고 했거든요. 그러니까 바로…" 더 이상 할 말이 없었다.

"호진아, 일단 담임선생님에게는 말할게. 선생님들끼리 회의도 해 보고. 알겠지?” “음… 네. 일단 그것만요.” 말이 끝나기 무섭게 점심시간의 끝을 알리는 종이 울렸다. “언제 또 올 거야?” 일어나는 그에게 물었다. “내일 바로 올게요.” “그래. 진짜지?” 내가 눈을 흘기며 말하니 호진이가 웃었다. “네. 이번에는 꼭 올게요.” “그래. 가, 호진아.” 나가면서 호진이가 말했다. “쌤.” “응?” “감사해요.” 꾸벅 호진이가 인사를 했다. “그래, 그래. 어서 가 봐.” 오늘 밤은 부디, 집에서 아무 일 없길 바랐다.

할 수 있는 일

서둘러야 했다. 초등학생 때부터 이어진 아버지의 폭력은 호진이에게 지옥 그 자체일 것이기 때문이다. 하루 빨리 그곳에서 나오게 도와야 했다. 또한 학대 발생 일자와 신고 일자 사이의 시간이 길어지는 건 업무 담당자로서 부담스러웠다.

사안이 사안인지라 위기관리위원회를 소집해야 했다. 참여하는 사람은 교감, 학생부장, 담임 그리고 상담 교사인 나였다. 우선 모두를 상담실로 초대하기에 앞서 담임을 먼저 불렀다. 담당 학급의 학생이기에 다른 사람들보다 먼저 나와 이 사안을 공유하는 편이 나았다. 그간의 이야기를 전해들은 담임은 깜짝 놀라며 호진이가 그러한 상황에 있었다는 것에 가슴 아파했다.

　"지금부터 제1회 위기관리위원회를 시작하도록 하겠습니다. 대상 학생은 2학년 1반 변호진이며 아동학대 의심 사안입니다. 학생은 초등학생 때부터 아버지에게 심각하고 지속적인 신체적, 언어적 폭력과 정서적 학대를 당해 왔습니다. 학생은 3주 전 위클래스를 방문하여 해당 사실을 알렸으며, 신고 여부를 고민하고 있습니다. 이를 어떻게 해결하면 좋을지 위원님들과 소통하는 시간을 가지면 좋겠습니다."

　오랜만의 회의였다. 수차례 목을 가다듬고 머릿속으로 회의의 시뮬레이션을 그렸음에도 내 목소리에는 과한 힘이 들어가 있었으며 엷은 떨림이 느껴졌다.

　"학생 상황이 많이 심각한가요?" 교감이 운을 뗐다. "저한테 보여 준 상처는 턱 쪽 상처랑 목뒤의 피멍이었습니다. 아버지가 국가대표 복싱 선수 출신이에요. 초등학생 때부터 손과 발로 아이의 얼굴과 복부를 비롯해서 모든 신체 부위를 마구잡이로 때렸다고 합니다."

　교감은 생각에 빠진 듯 안경을 벗고 얼굴을 두 손으로 감쌌다. "신고해야죠." 담임이었다. "아버지가 이전부터 그 정도로 때렸으면 더 심각하게 때릴 가능성이 있는 거 아닌가요? 무엇보다 아동학대 인지를 하자마자 신고하는 게 원칙으로 알고 있어요. 더 늦기 전에 지금이라도 하는 게 어떨지 싶어요.”

“그거 그렇게 쉽게 결정할 문제 아닙니다.” 학생부장이 말을 이었다. “제가 올해 교직 30년에 학생부장만 12년입니다. 신고해서 잘된 케이스 많지 않습니다. 신고는 어렵지 않습니다. 112에 전화하면 됩니다. 지금이라도 할 수 있어요. 근데 한다고 해서 부모가 반드시 처벌받는 건 아니에요. 학생이 나중에 더 얼어터지고 힘들어져요.”

교감이 고개를 끄덕이며 부장을 바라봤다. “그래도 지금 아이가 이렇게 다쳤는데 우리가 손 놓고 가만히 있을 수 없는 거 아니에요?” 담임이 말했다. “가만히 있으면 안 되죠. 신고하면 경찰 조사도 받고 아빠랑도 사이 멀어질 수 있는데 이런 것 모두를 감당해야 한다는 겁니다.” 부장이 응수했다.

“상담 선생님 입장은 어떠실까요?” 교감이 나에게 바통을 넘겼다.

나는 차분히 말하려고 애썼다.

“정말 심각할 때는 학생부장님 말씀하신 것처럼 신고하는 게 맞습니다. 더 안 좋게 될 수 있는 것들을 감안하고라도 신고하는 거고요. 다만 우리가 기대하는 것처럼 아이가 정말 행복해지는 건 쉽지 않을 수 있어요. 학생이 머무를 곳이 없다면 가정 폭력피해자 쉼터를 가야 하는데, 그곳도 완전한 해결책은 못 되고요." "그럼 어떻게 하는 게 좋을까요?" 교감이 말했다. 그때였다. "신고해야 한다니까요! 학대 정황이나 의심만 있어도 신고해야 하잖아요. 지금도 시간 지체되는 거 모르세요?" 담임이 더는 참을 수 없다는 듯 성을 냈다. "지금이라도 해요, 그럼." 부장이 체념하듯 말했다. 교감은 머리를 감싸쥐었고 회의 분위기가 순식간에 얼어붙었다.

지켜보던 내가 조심스럽게 운을 뗐다. "음… 제 생각으로는 이럴 때는 원칙적으로 하는 게 좋을 것 같습니다. 신고 효용이 걱정되긴 하지만 우리는 이 사실을 알게 되었으므로 신고를 하는 게 마땅하고요. 그 이후의 일들은 아동보호전문기관이나 수사기관이 진행하는 절차를 보도록 할까요." 이 말에 모두는 조금 뜸을 들이다 고개를 끄덕였다.

시간이 조금이라도 지체된다면 호진이는 아버지의 손아귀에서 더욱더 끔찍한 고통을 겪을 게 분명했다. 이 생각이 나를 긴장하게 했으며, 회의가 끝난 빈 교실에서 쉽사리 일어나지 못하게 만들었다.

다음 날 호진이가 상담실을 방문했다. "호진아, 선생님들끼리 회의했어." "네. 어떻게 됐어요?" "신고… 하는 걸로 하자." 아이는 나를 물끄러미 바라보았다. "너 잘못한 거 없어. 기운 내.

내가 힘닿는 데까지 도와줄 거야." "선생님, 제가 어제 생각을 좀 해 봤는데요." 나는 호진이의 눈을 정면으로 쳐다봤다. "지옥이 있어도 지금보다 더 끔찍한 곳은 없을 것 같아요. 저 할래요. 신고." 눈빛이 전과 달라 보였다. "일단 해 볼게요." "그래. 해 보자. 한번 해 보자." 올 것이 왔다는 생각이 들었다.

"그럼 신고 어떻게 해요?" 호진이가 물었다. "이 멍 자국들 찍어 둘까요? 없어지는 것들도 있어서." 아이가 상처 자국들을 만지며 말했다. "욕하고 그런 것들도 되게 많은데. 제가 예전에 몇 번 녹음해 둔 것들 있거든요." "그래, 그래."

호진이와 이야기를 나눈 뒤 나는 곧바로 교무실로 가 선생님들과 다시 한번 사안을 공유하고, 112에 신고를 했다. 신고 절차는 생각보다 체계적이고 순탄하게 진행되었다. 이제부터 갈 길이 멀었지만, 우선 신고까지의 과정이 그렇게 일단락되는 것 같았다.

극한에 치닫는 사건

다음 날이었다. 모처럼 예약된 상담을 모두 마치고, 일지까지 정리한 후 여유를 만끽하고 있었다. 오후 4시 10분을 넘어가고 있을 때, 상담실 노크 소리가 들렸다. 이상했다. 수업 시작을 알리는 종이 이미 10분 전에 울렸기 때문이다.

"네. 들어오세요~" "상담 선생님이시죠?" "네. 맞습니다만 어떻게 오셨을까요?" 학생은 아니었다. 검은 가죽 재킷에 한 손에는 클러치 백을 들고 왔다. 알이 큰 반지와 번쩍거리는 금색 시계가 돋보였다. 한눈에 봐도 명품으로 온몸을 치장하고 왔다는 걸 알 수 있었다.

"변호진 아빠입니다." 순간 내 심장이 마구 뛰었다. 침착해야 했다. "네, 아버님. 어쩐 일로 오셨어요?" "모르는 척 마세요. 다 알고 왔어요. 저를 무슨 애들 폭행범으로 만들려고 별 이상한 짓거리를 하셨던데요?" "네? 무슨 말씀이신지?" 침이 바짝 말랐다. 그가 주머니에서 휴대폰을 꺼내 잠시 만지작거리더니 내 눈앞으로 휴대폰을 들이밀었다. 호진이가 자신의 상처 부위를 찍은 사진들이었다.

"뭔가 오해가 있으신 모양인데 잠깐 앉으시죠." 내가 말했다. "오해는 무슨 오해? 내가 아들래미 키우는 데 보태 준 거 있어요? 무슨 가정 폭력? 아동학대? 내 살다 살다 별꼴 다 당하네." 그가 한껏 흥분한 목소리로 말했다.

목과 등에서 식은땀이 죽죽 흘렀다. "아들놈 조금 겁 주니까 바로 여기에서 신고했다고 하던데? 내 모를 줄 알았어? 무슨 권리로 날 경찰에 신고해? 네가 뭔데!" 그의 목소리가 점점 커지기 시작했다. "목소리 좀 낮추시죠. 여기 학교예요." 참다못해 나도 한마디를 덧붙였다. "존칭 쓰시고요." "당신 몇 살이야? 존칭 같은 소리하네. 뭐? 학대? 내가 오죽했으면 왔겠어? 선생이면 아이들 지도나 잘하세요. 잘 살고 있는 집 건들지 말고!"

쾅! 그가 문을 닫고 휙 돌아서서 나갔다. 위클래스 문이 저렇게 세게도 닫힐 수 있는지 그때 처음 알았다.

신고에 대한 보복은 예측하지 못한 변수였다. 깊게 흉진 마음을 나 혼자 온전하게 견뎌 내야 했다. 갑작스럽게 학교에 방문하여 하고 싶은 이야기를 다 쏟아 내고 가는 것은 옹졸하며 폭력적인 행동이었다. 한편으로 이러한 아버지 아래에서 견딘 호진이가 대견하기까지 했다. 하지만 상념에 빠질 여유가 없었다. 아버지가 호진이를 어떻게 한 건지, 지금은 괜찮은지를 알아야 했다. 나는 자리를 박차고 일어나 호진이 반으로 향했다.

1반 교실에는 아이들로 북적였다. 앞자리에 앉은 학생이 뒤돌아 앉은 채로 뒤의 학생과 즐겁게 노닥거리고 있었다. 정겹고 여유로운 교실 분위기속에 호진이는 보이지 않았다. 화장실도 둘러보았지만, 호진이가 없었기에 다시 교실로 되돌아갔다. "혹시 호진이 어디 갔는지 알아?" "오늘 학교 안 왔는데요? 이런 적이 없었는데." 반장이 말했다. 내 심장이 덜컥 가라앉았다.

곧장 나는 2학년부 교무실로 올라갔다. 다행히 담임이 보였다. "선생님! 오늘 호진이 안 왔다면서요?" "네. 그런데 어쩐 일로?" 가쁜 숨을 몰아쉬는 나를 보고 담임의 눈이 휘둥그레졌다. "혹시 무엇 때문에 안 온 건지 알고 계세요?" "아뇨. 그렇지 않아도 연락이 안 돼서요." "아… 선생님, 지금 신고해야 할 것 같은데요?" "네? 저번에 하신 거 아니었어요?" 담임이 불안한 표정으로 나를 보았다.

그때였다. '문자 왔숑. 문자 왔숑.' 담임의 휴대폰 알림이 울렸다. 발신자는 분명 변호진이라고 쓰여 있었다. 하지만 아무 내용 없이 텅 빈 문자였다. 이상했다.

"방금 호진이 아버지 오셔서 깽판 치고 가셨어요." "그럼 호진이는 지금 어떤 상황이죠?" 담임의 목소리에서 불안과 떨림이 느껴졌다. '문자 왔숑. 문자 왔숑.' 그때 다시 문자 도착 알림이 울렸다. 마찬가지로 아무런 내용이 없었다.

"안 되겠어요. 바로 신고할게요." 나는 곧장 'SPO'에게 연락했다. School Police Officer 즉, 학교전담경찰관으로 학교 폭력을 비롯하여 학교에서 일어나는 다양한 업무를 전담하는 경찰관이었다.

"네. 학교전담경찰관입니다. 무엇을 도와드릴까요?" "안녕하세요. 위클래스 상담 교사입니다. 저희 학교에 가정 폭력으로 의심되는 사건이 발생해서 어제 신고를 이미 했었는데요. 아버지가 아이가 자신을 신고했다는 것을 알고 학교로 찾아와서 난동을 부리셨어요. 지금 학생은 학교도 안 오고 연락이 안 되는 상황입니다." "알겠습니다. 학생 정보 좀 알려주시겠어요? 바로 출동하겠습니다."

경찰관의 목소리는 건조하고 사무적인 느낌을 주면서도 단호했다. 나와 담임은 발을 동동 구르며 책상에 놓인 휴대폰만을 바라봤다.

끝내 숨길 수 없었던 진실

"잠시 실례하겠습니다. 경찰입니다. 잠깐 문 좀 열어 줄 수 있으십니까?" 현관문은 굳게 닫힌 채 그들을 정면으로 막고 있었다. "박 형사, 이 집 맞지?" "네. 6층이고 맞습니다." 후배 김 형사는 다시 한번 주소를 확인했다. "제가 한번 해보겠습니다. 안에 계십…" 순간 박 형사가 김 형사를 제지하며 다른 한 손을 자신의 입가에 가져다 댔다. "쉿. 가만! 저쪽."

김 형사는 박 형사의 시선이 향한 곳을 쳐다봤다. 6층 비상구가 서서히 닫히고 있었다. 두 형사의 눈이 마주쳤다. "뛰어!" 박 형사가 외쳤다. 그들은 비상구 쪽 문을 열고 아래로 마구 달렸다. "잠시만요! 잠깐만요! 저기요!" 남자는 그들을 잠시 휙 돌아보더니 다시 앞을 보고 도망쳤다.

그때였다. "아! 아악!" 남자가 무언가에 걸려 넘어졌다. 짐을 어깨에 싣고 들어오는 택배 기사와 정면으로 부딪친 것이다. 짐이 바닥에 마구 널브러졌다. 경찰관은 그 틈을 놓치지 않고 바로 그 남자 위로 높이 점프했다. "잡아!" "아니, 왜 그러세요!" 그는 두 손이 묶인 채 발버둥 쳤다. "아! 아파요! 뭐 하시는 거예요? 이거 놔요!" "당신 변호진 아빠지?" 박 형사가 말했다. 그는 엎어진 채 고개를 들고 형사들을 잠깐 흘겨보았다. "당신들 영장 가지고 온 거야? 내가 뭘 잘못했길래!" 그가 발악했다.

"영장 여기 있습니다. 묵비권을 행사할 수 있으며…" "이거 놔! 이 새끼들아!" 그렇게 상황이 종료됐다. 이후 그들이 집에 들어가니 온몸에 피멍이 든 호진이가 의자에 꽁꽁 묶여 있었다. 뒤로 묶인 손 옆에, 휴대폰이 있었다.

호진이의 아버지는 바로 접근 금지 처분이 내려졌다. 두 달간 집으로 가지 말라는 명령이었다. 가족들의 신체적, 정신적 고통 모두를 그 두 달의 처벌로 갚기는 턱없이 부족했지만, 일단 급한 불은 끈 셈이었다.

가장 궁금한 건 지금 호진이의 상태였다. 호진이가 아무 내용 없는 문자를 보낸 건, 역시나 구조 신호였다. 호진이의 눈과

뺨 주변은 피멍과 붉게 부은 자국이 선명했다. 복부와 등, 다리 쪽도 상처가 가득했다. 의식이 조금 돌아오자 묶인 채로 간신히 움직여 담임에게 문자를 보낸 것으로 보였다. 호진이는 전치 4주의 입원이 필요했다.

이후 나와 담임은 양손 가득 음료와 빵을 사 들고 병문안을 갔다. 어머니에게 인사를 하니 감사하다며 눈물을 흘리셨다.

호진이는 눈과 턱에 거즈를 감싸고 있었다. 다행히 타박상 외에 심각하게 다친 곳은 없었다. "괜찮아? 그간 고생이 심했어." 내가 힘겹게 운을 뗐다. 나도 모르게 목소리가 먹먹해졌다. "아니에요. 선생님이 고생하셨죠." 호진이는 밝아 보였다. "아이고 우리 호진이. 그간 애 많이 썼어." 담임이 훌쩍이며 말했다. "울지 마세요. 괜찮아요." "그래도 푹 쉬고 회복하자. 응?" "네. 그럴게요."

이것이 최선을 다한 결과였을까. 낌새를 더 빨리 발견했어야 했는지, 조금 더 일찍 신고해야 했는지 환자복을 입은 호진이를 보며 여러 생각이 스쳤다. 적어도 오늘 밤 호진이가 아무 일 없이 푹 잘 수 있는 것만은 확실했다. 그렇게 우리들은 오랜만에 찾은 여유를 만끽하며 두런두런 대화를 나눴다.

이 평화가 얼마나 지속될지 아무도 알 수 없다. 두 달이 지난 뒤 아버지는 가정으로 복귀한다. 만약 호진이가 다시 어려움을

겪는다면 이번에는 좀 더 빠른 대처를 해야 한다. 그보다 간절
히 바라는 것은… 호진이가 이제 더는 아프지 말고, 좀 더 오랫
동안 웃을 수 있다면 좋겠다.

아동학대 Child Abuse

✦ 아동학대는 보호자를 비롯한 18세 이상의 성인이 18세 미만의 사람에게 건강이나 복지, 정상적 발달을 저해할 수 있는 신체적·정신적·성적 폭력이나 가혹 행위를 하는 것을 의미합니다.

✦ 반대로 보호자가 아동을 유기하거나 방임하는 것도 아동학대에 해당합니다. 가족 내 구성원을 대상으로 폭력이 행사되는 것을 가정 폭력이라 하는데, 아동학대는 폭력의 대상이 아동과 청소년으로 한정되어 있습니다.

✦ 가스라이팅 역시 가정에서 흔하게 이루어지는 정서적 학대로, 아동을 세뇌시켜 양육자에게 극단적으로 의존할 수밖에 없도록 만듭니다.

✦ 흔히 많은 아동학대 피해자가 그렇듯, 가해자는 피해자에게 이 상황에서부터 벗어날 수 없도록 생각을 주입합니다.

✦ 글 속에서 호진이는 초등학생 시절부터 고등학생인 현재까지 아버지로부터 지속적인 신체적·정신적 학대의 상황에 노출되어 있었습니다. 세상에서 처음 만나고 깊은 관계를 형성하는 부모에게 학대를 당한다면 자신과 타인, 세상을 부정적으로 인식할 가능성이 높습니다.

✦ 실제로 역사상 많은 독재자는 어려서부터 심각한 가정 폭력에 노출된 경우가 있습니다. 어쩌면 그들이 선량한 사람들에게 저지르는 끔찍한 학살이 이것에서 비롯했을 수 있습니다.

✦ 아동학대를 경험한다면 반드시 타인에게 알리고 도움을 요청해야 합니다. 나아가 아동학대 가해자의 관찰, 피해자의 심리·정서적 지원이 후속 조치로서 끊임없이 이어져야 할 과제가 있습니다.

존재 자체가
약점이 되더라고요

예인이와의
만남

　　　　상담 교사라고 해도, 상담실에 오는 모두를 뚜렷하게 기억하는 건 아니다. 고민이나 질문이 독특하여 강한 인상을 남긴 친구들이나 난해한 사건과 함께 의뢰된 아이들이 머릿속에 오래 남지만, 사실 모두가 각자의 평범한 모습을 지니고 있다. 대부분은 조용하지만 꾸준하게 상담실을 찾아오는 경우가 많고, 특별한 인상보다 더욱 은은하게 기억에 새겨지는 일도 있다. 오늘은 이 특별히 눈에 띄지 않는 한 학생의 이야기다.

여느 날과 다름없는 하루였다. 한 아이가 2교시 끝난 쉬는 시간에 불쑥 찾아와서 전날 있던 일을 속사포로 말하고 도로 교실로 뛰어갔다. 친구와 하교 후 피시방에 간 이야기, 수행평가가 너무 힘들다는 이야기였다. 또 어느 날의 점심시간에는 밥을 먹고 돌아오는 나를 문 앞에서 기다리고 있기도 했다. 아이들과 반 대항 축구를 했던 이야기가 전부였다. 그렇게 나와 얇고 긴 관계를 유지한 지 벌써 2년이 지났고, 비로소 그가 올해 고3이 됐다. 그 아이의 이름은 정예인이다.

그날도 예인이가 위클래스에 놀러 왔다. "어? 쌤 헤어스타일 바뀌었다." 예인이가 손가락으로 내 머리를 가리켰다. "어떻게 알았어? 예리하네. 오늘 왁스 안 하고 드라이만 하고 왔어." "뭔가 형 같고 친근해 보여요." 웃으면서 예인이가 말했다. 형 같다는 말에 나도 모르게 쑥스러운 미소가 지어졌다. "쌤, 오늘 혹시 상담 돼요?" "상담? 예인이 보통 상담 시간 잡기보다 쉬는 시간에 오잖아." 자연스레 궁금한 마음이 일었다. "오늘은 할 말 있어서요." "음… 오늘 딱 3교시 하나 남았다. 가능해?" "마침 자습 시간이에요. 좋아요." 나는 예인이에게 상담증을 건네주었다. "이따 보자." 그렇게 보니 평소의 예인이와는 조금 다른 느낌마저 받았다. 어떤 일이 있을지, 혹 무거운 사안은 아닐지 내심 생각이 많아졌다.

똑똑똑. "들어가도 돼요?" 예인이었다. "오? 아직 쉬는 시간인데 빨리 왔네? 잘 왔어. 들어와." 이곳저곳 어디에 앉을지 살피던 예인이가 의자 하나를 골랐다. "여긴 참 좋은 냄새가 나요." "냄새?" "뭐라 해야 하나. 꽃향기 같기도 하고, 달콤한 냄새 같기도 해요."

예인이는 사방을 두리번거리며 킁킁거렸다. "그래? 예전에 사 둔 디퓨저가 있는데 그건가. 그래서 좋다고? 싫다고?" "에이. 좋으니까 하는 말이죠." 예인이가 웃어 보였다. "뭔가 편해지는 느낌? 암튼 그래요." "다행이다. 오늘도 뭐 좀 줄까? 달달한 거?" "네!" 언제나 그랬듯 예인이가 좋아했던 과자 몇 개를 캐비닛에서 꺼냈다.

생각해 보면 예인이는 상담실에 자주 들렀지만, 빈손으로 간 적이 한 번도 없었다. 푸릇푸릇하던 1학년 시절, 책상에 놓인 간식 꾸러미에서 눈을 못 떼고 안절부절못하던 아이였다. 매번 간식을 먹어도 되냐고 물었고, 언젠가부터 묻기 전에 내가 먼저 주곤 했다.

그날도 역시 예인이가 좋아하는 초코 과자를 챙겨 줬다. "지금 먹어도 돼." 예인이는 손에 수북하게 얹힌 과자 중 한 가지를 집어 봉지를 찢더니 한입에 털어 넣었다. 그러고는 나머지 과자들은 주머니에 넣었다. "나중에 먹게?" "네…" "그래. 하고

폰 이야기가 뭘까. 웬일로 상담을 신청하셨어?" "우리 반 구교민 아시죠?" "구교민? 좀 노는 애 아니야? 막 무리 지어서 다니고." "맞아요. 걔가 선 넘은 패드립을 쳐서요." 예인이의 입에서 과자 부스러기가 떨어졌다. "우리 아빠 보고 장애인이라고 하더라고요. 미친놈이." "저런…" 절로 내 입에서 탄식이 나왔다. "그래서?" "저도 뭐라 하려 했는데, 저쪽이 수가 너무 많잖아요. 한 다섯에서 여섯 명 정도?" "쉽진 않겠네." "네… 그래서 학폭 걸까 생각 중이에요." "아, 진짜?" "네. 장애인 드립은 좀 심했잖아요." 예인이가 두 주먹을 꽉 쥐었다.

예인이의
속사정

　　　　상담을 마친 이후로는 마치 양각으로 도려 내진 것처럼 예인이가 곧잘 눈에 띄었다. 하루는 쉬는 시간에 오더니 내게 휴대폰을 들이밀었다. "쌤! 이거 보셨어요? 제가 어저께 한 거예요. 쩔죠?" 게임의 최종 순위를 알리는 스크린숏이었다. 당당히 1위를 차지하고 있었다. "오, 1등? 축하한다. 이거 잘하나 보네?" "1등은 처음이에요. 쌤도 게임 하세요?" "가끔씩? 자주는 안 하고." "게임 안 하면 뭐 하세요?" "쌤? 음, 책도 좀 읽고, 영화도 좀 보고." "나도 영화 좋아하는데. 저 이따 수행 준비한 거 있는데 봐 주실 수 있으세요?" 거듭된 질문 세례에 혼미해졌지만, 표정을 보니 장난은 아닌 것 같았다. "한 번만요." "그래. 내가 잘할지 모르겠지만 보는 거야 뭐." 예인이는 가방에서 프린트물 몇 장을 꺼냈다.

"너 책이랑 안 친하지?" "네? 왜요?" "아냐…" 아무것도 모르는 순진한 표정에 그만 입을 다물었다. 나는 틀린 어휘와 부자연스러운 문장을 고쳐 나가며 예인이에게 알려 줬다. "이거 이렇게 바꾸는 거 어때? '노인 인구의 증가가 가져오는 변화는 이전에는 상상할 수 없었던 기상천외한 사회문제를 불러일으켰다.' 정도로." "와, 쌤 진짜 잘한다!" 고친 문장을 한참 보던 예인이가 내게 물었다. "이거 '기상천외'는 무슨 말이에요? 기상이변? 이런 뜻인가?" 그 말에 그야말로 '웃픈' 표정을 지을 수밖에 없었던 나였다.

이후에도 예인이는 비슷한 질문을 종종 해 왔다. 그때 그에게 어휘력과 문해력의 어려움이 있다는 것을 확실히 알게 됐다. 학기 초 전교생을 대상으로 기초학력 진단평가가 이루어지고 있었다. 이는 예인이의 실제 국어 수준을 알 수 있는 지표로, 반드시 알아야 할 기초적 지식을 평가하는 도구였다.

평가 결과를 확인하려고 메신저로 들어가 문서의 비밀번호를 입력했다. 긴 문서의 스크롤바를 내리면서 예인이 이름이 있을 거라 생각했다. 예상은 맞았고, 더욱 놀라운 사실은 정예인이라는 이름 석 자가 한 번만 등장한 게 아니었다. 국어, 영어, 수학 모두 미달이었다. 볼드체로 예인이의 이름이 '필수 보충학습 대상'이라고 적혀 있었다. 이처럼 모든 과목 미달인 아이들은 한 학년 전체 삼백여 명 중 네 명에 불과했다.

말할 수 없었던
마음

금방이라도 비가 올 것처럼 어둑어둑한 날이었다. 예인이는 상담실 문 앞에서 나를 기다리고 있었다. "어? 예인이네? 언제부터 있었던 거야? 점심은?" "오늘 안 먹으려고요." "배 안 고파?" "고프죠." "근데?" "걔들이랑 마주쳐요." "구교민?" 아이가 고개를 끄덕였다. "들어와. 간식 줄게." 아싸, 하며 예인이가 내 뒤를 따라 상담실로 들어왔다. "요즘도 시비 걸어?" "그쵸. 뭐." "신고는 할 거야?" "일단 좀 있어 보려고요. 아마 안 할 것 같긴 한데." "지금은 그럼 버틸 만해?" "네. 아직까지는요." "도움받고 싶으면 말해. 그놈들이 말도 안 되는 걸로 부모님 욕하는 건 좀 아니지."

그때였다. 콰광! "아, 깜짝이야!" 순간 상담실 전체가 감전이라도 된 듯 번쩍이더니 하늘에서 물줄기가 거세게 떨어졌다.

"뭐야. 오늘 비 소식 없었는데. 우산 있어?" "망했다. 가다가 사야 할 것 같아요." "우산 사러 가는 길에 비 다 맞겠다. 예인이 집이 어디지?" "대로변에서 쭉 올라가면 교회가 나와요. 그 근처예요." "근처 어디?" "교회 맞은편에 있는 빌라요." "그럼 쌤이 차로 바래다줄게. 이따 마치고 와." "진짜요? 감사해요, 쌤!" 예인이가 크게 웃어 보였다.

예인이는 정문 앞에서 기다리는 나를 보고 번쩍 손을 흔들었다. "비 많이 온다. 쌤 잘 잡고 와." 다행히 나에겐 파라솔 우산이 있었다. 예인이는 어린아이처럼 내 등에 착 달라붙었다. 등에서부터 예인이의 따뜻한 온기가 전달됐다.

"먼저 타!" 나는 먼저 보조석을 열고 아이를 태웠다. "어휴. 하늘에 구멍이 뚫렸나. 많이 안 젖었어?" "네. 아, 저놈들 꼴 좋다!" 예인이가 손가락으로 창밖을 가리켰다. 남자아이들 대여섯 명이 비를 맞으며 태연히 걷고 있었다. 구교민 무리였다.

"학교 쌤 차 타 본 건 처음이에요." 예인이가 팔을 괴고 창밖을 바라봤다. "그래?" "아니다. 살면서 선생님들이랑 이렇게 이야기해 본 게 처음인 것 같아요." "나도 아이들 막 태우진 않아." 미소를 지으며 내가 말했다. "네가 많이 왔었잖아. 상담실." "편해서 갔죠. 학교에서 거기 말고 갈 데 없어요." "갈 곳이 없어?" "교실에 그냥 있으면 괜히 좀 그렇잖아요." "친구들은?" "저 친구 많이 없어요. 아시잖아요. 애들이 절 안 좋아하나 봐요.” “뭐야, 왜 그래.” 창문에 비쳐 간간이 보이는 예인이의 표정이 사뭇 슬퍼 보였다.

어느덧 차는 예인이 집 근처에 다다랐다. “어디로 들어가? 말해 봐. 앞까지 바래다줄게.” “괜찮은데…” “내가 안 괜찮아. 어딘데?” “저기요. 저기 사거리에서 우회전해서 쭉…” 예인이가 손가락으로 길을 짚었다. 차는 비좁은 길을 향해 이동했다. 한 대가 간신히 오갈 수 있는 골목이었다. 연립주택이 서로 어깨를 맞대고 빡빡하게 즐비했다. 고층 아파트 숲에 가려 전혀 보이지 않던 곳이었기에 당황하지 않을 수 없었다. 꽤 오래전에 지은 것처럼 보이는 다세대 연립주택의 모습이었다.

“여기야?” “네.” “현관 바로 앞이니까 뛰어 들어갈 수 있지?” “쌤, 지금 바쁘세요?” “지금? 왜?” “여기까지 오셨는데 그냥 보내드리기 좀 그래서…” “아냐. 괜찮아.” “그래도. 비도 오는데.” “음… 그럴까? 비 그칠 때까지만 있다가 갈게.” 곧장 후진해서 나가기 곤란하기도 했고, 마침 앞에 주차 자리가 딱 하나 남았다. 예인이와 나는 함께 우산을 쓰고 주택 안으로 들어갔다.

겉에서 보이는 것보다 내부 사정은 더욱 좋지 않았다. 주택은 5층으로 이루어져 있었고 엘리베이터는 없었다. 1층 현관 오른편에는 초록색과 갈색으로 녹슨 각 호수의 우편함이 있었다. 언제 도착했는지 모를 우편물들이 주인을 기다리며 아무렇게나 꽂혀 있었다. 이미 누렇게 색이 변한 천장의 백열등으로는 주소마저 확인하기 어려워 보였다.

예인이는 어느샌가 앞장서서 날 이끌고 있었다. 꽈광 꽈과광! "깜짝이야!" 이번엔 내가 천둥 소리에 소스라치게 놀랐다. "잘 따라오세요." 꺼졌다 켜졌다 하는 노란색 백열등에 예인이의 젖은 등이 비쳐 보였다.

5층까지 걸어 올라간 나는 비인지 땀인지 모를 물에 젖어 상의가 축축해졌다. 똑똑똑. "나 왔어." 예인이가 젖은 머리를 털며 말했다. "이거 번호키 아니야?" "아, 한참 전에 고장 났어요. 그냥 있는 거예요." 예인이가 다시 현관문을 두드렸다. 똑똑똑.

잠시 후, 한 여성이 문을 열고 나왔다. "왔어? 어? 누구…?" "상담 쌤. 내가 예전에 말한." "안녕하세요. 예인이 상담 교사입니다." "아, 선생님이셨구나. 안녕하세요. 들어오세요" 여성은 분홍색 옷을 입고 있었고 빽빽이 꽂은 빨간 머리핀이 인상적이었다.

"아빠는?" "아까부터 주무셔. 비 많이 오지요? 말씀 많이 들었어요. 우리 예인이가 신세를 많이 진다고." 푸근하게 웃는 인사에 나도 차츰 긴장이 풀렸다. "예인이가 대화가 통하더라고요. 자주 보니까 친해졌죠." "아이 학교생활 잘하나요?" "예인이 잘하죠. 음… 아주 모범생이에요!" 내가 말했다. 푸훗, 하고 옆에 있던 예인이가 피식거렸다. "예인이가요? 선생님도 참, 호호호."

나의 실없는 농담에 우리는 모두 웃음꽃을 피웠다.

그때였다. 방문이 열리면서 목소리가 들렸다. "누… 누가 오… 오셨어?" 일그러진 표정에 뭉개지는 발음, 부자연스러운 몸짓. 한눈에 봐도 어딘가 불편하다는 것을 알 수 있었다. 누구인지 몰라 그를 멍하니 쳐다만 보고 있을 때, 예인이가 말했다. "아빠예요."

전혀 예상하지 못했던 장면이었다. 분명 친구들이 예인이의 부모님을 장애인이라 욕했을 때 예인이가 심하게 화를 냈기 때문이다. "아버님 안녕하세요. 예인이 학교 상담 교사입니다." "네. 안… 안녕하세요." 그가 먼저 손을 내밀었다. 거칠고 투박한 손의 감촉이었지만 따뜻했다. "과… 과일 이… 있지 않아? 차… 참외 좀 내… 내드려…" 예인이 아빠가 힘겹게 손을 올려 냉장고를 가리키며 말했다. "그러잖아도 준비하려 했어."

우리는 이런저런 이야기를 하며 시간을 보냈다. 언제 왔냐는 듯 하늘의 밸브가 잠겨 비가 완전히 그쳤다. 베란다 쪽 유리문을 통해 본 바깥세상은 아주 맑았다. 끝없이 펼쳐진 푸른색 비단이 하늘에 수놓아져 있었고, 그 아래 빼곡하게 들어선 연립주택은 신식 고층 아파트 장벽 속에 둘러싸여 있었다.

다음 날이었다. 출근하여 짐을 풀고 있는데 노크 소리가 났다. 예인이었다. "쌤~ 지금 들어가도 돼요?" "응. 들어와! 자주 본다, 예인아?" "네. 어제 놀라지 않으셨어요?" 조금 격앙된 목소리였다. "아. 저희 아빠요. 말씀드리려 했는데 기회가 없었어요." "괜찮아. 그럴 수 있지. 그래도 그런 마음 있어서 쌤 초대했던 거잖아."

잠시 숨을 고르고 예인이가 말을 이었다. "맞아요. 아빠가 원래부터 장애인은 아니었어요. 초등학교 들어가기도 전이었을 때 고열이 심하게 왔었대요. 물수건으로 찜질하고 했는데도 안 떨어졌는데, 그다음 날부터 온몸의 근육이 말을 안 들었나 봐요. 말도, 움직임도 힘들게 됐대요. 뇌병변 장애라나 뭐라나." 겸연쩍은 듯 예인이가 웃어 보였다.

"하나 더 있어요. 쌤 놀라실 거." "어떤 거?" "제 고모예요. 어제 그분, 엄마 아니고." 나도 모르게 눈을 동그랗게 뜨고 예인이를 바라봤다. "부모님은 저 초등학생 때 이혼했어요. 초3 때였나. 아마 그때쯤이었을 거예요." "아… 그랬구나."

"나중에 고모한테 들었어요. 엄마는 장애인이 아니었어요. 그냥 정말 정상인. 그래서 엄마 쪽 사람들 반대가 심했나 봐요. 결혼식장에 엄마 혼자 들어갔대요." "끝까지 결혼 원치 않으셨나 보다." "그런 경우가 많지는 않죠?" "정말 거의 없지. 그만큼 어머니는 아버지랑 결혼하고 싶으셨던 것 같고." "아빠가 술만 먹으면 말해요. 그때 그냥 떠나지 그랬냐고." "결혼까지 가기 전에?" "네." "많이 힘들어하시는구나." "아빠가 미안해해요. 자기 잘못이 크대요. 저한테도 미안하다고 하고." 마냥 순수하기만 했던 예인이의 눈가가 촉촉해졌다.

예인이 앞에 티슈 몇 장을 뽑아 줬다. "갑자기 눈물이 흘렀어?" "그냥…" 예인이가 말을 잇지 못했다. "울어도 돼. 괜찮아."

"처음엔 엄마가 되게 싫었거든요? 아빠도, 저도 이렇게 만들어 놓고 혼자서만 갔잖아요. 아빠가 힘들긴 해요. 움직임 불편한 것 말고도 자기 말만 하고 다른 사람들 말을 잘 안 듣거든요." "그래. 나중 돼서는 예인이도 엄마가 이해되었구나." "네… 아빠도 고모도 가끔 엄마 욕하는데 그것도 그러려니 해요." "아빠랑 고모도?" "네. 떠났으니까. 결혼할 때 그 마음이 없어진 거잖아요." 예인이는 휴지로 눈물을 닦았다. "원망한 적도 있어?" "많이 했죠." 나는 묵묵히 창밖을 바라보는 예인이의 시선을 따라갔다. 평소와 다르게 천천히, 예인이가 한 번도 한 적 없는 이야기를 시작했다.

지나온 시간들

"아들~ 잠깐 이리로 와 볼래?" "나 게임 중인데!" "잠깐이면 돼!" 초등학생이 된 예인이는 귀찮은 듯 휴대폰을 내려놓고 안방으로 향했다. "이제 너도 아빠를 좀 도와드려야지." 엄마는 아빠가 옷 입는 것을 도와주고 있었다.

"머리 먼저 넣고… 아빠 코! 코! 그렇지… 한쪽 팔 넣고…" 늘 예인이는 아빠의 출근 준비를 도왔다. "너 요… 용돈… 있어?" 아빠가 물었다. "있어. 걱정 마." "그… 그래도… 치… 친구들이랑 사 먹을 거." 아빠는 힘겹게 지갑을 열고 천 원짜리 지폐 5장을 뺐다. "괜찮은데. 고마워, 아빠."

하루는 예인이가 엄마에게 슬쩍 물었다. "엄마. 근데 다른 집 아빠는 안 그렇던데?" "어떤 게?" "우리 아빠랑 달라. 운전도 아빠가 하고, 무거운 것도 잘 들고." "아빠 불편한 거 이야기하는 거구나. 아들, 아빠는 다른 사람들이랑 달라." "달라?" "아빠는 특별해. 다른 사람들이 할 수 없는 것을 한단다." "그래? 우리 아빠 좋은 거네!" "그럼! 좀 불편할 수는 있어. 다른 것뿐이지 결코 틀린 게 아니야." "알겠어, 엄마." 그러고는 혼잣말로 중얼거렸다. 틀린 게 아니라 다른 거다….

또 하루는 "아, 이렇게 가져오면 어떡해! 모르겠다. 일단 준비할게!" 부부는 예인이가 맞춰 오는 시간에 깜짝 생일 파티를 준비했다. 예인이가 가장 좋아하는 피자와 레고 선물이었다. 문 밖에서 아이가 오는 소리가 나자, 부부는 불을 끄고 기다렸다. "어? 아무도 없나?" "짠! 생일 축하해 아들!" "와!" 예인이의 놀란 마음은 금세 미소로 바뀌었다. "피자랑, 이건 선물!" "아싸! 어? 근데 이게 피자야?" "아… 아들. 미… 미안해." "아빠가 가져오시다가 흔들린 것 같아." 엄마가 말했다.

예인이는 눈시울이 붉어지더니 이내 울음이 터졌다. "이게 왜 이래! 피자가 왜 이래. 몰라, 나 안 먹어!" "아빠가 이거 가지고 뛰어오시느라 그랬어. 엄마가 나중에 또 사 줄게. 일단 안 섞인 부분 먹어 볼까?" "싫어. 안 먹어! 왜 이렇게 생겼어. 싫어!" "미… 미안해…" 예인이는 울면서 방으로 들어갔다. 그때까지만 하더라도 몰랐다. 걷기도 불편한 아빠가 그것을 손에 쥐고 뛰어왔다는 것을. 엘리베이터 없는 연립주택 계단을 걸으며 몇 번을 넘어진 터라 피자가 구겨졌다는 것을 고등학생이 되고야 알게 됐다.

차이가
차별이 되는 세상

"이 정도가 남은 기억이에요, 가족끼리 함께 보냈던 시간요. 아빠와 결혼했던 엄마도, 가장으로 날 열심으로 키웠던 아빠도, 이제 다 이해할 수 있어요." 예인이가 눈물을 닦으며 말했다. "정예인 다 컸는데? 나보다 어른 같다 야." "근데 이거 다른 사람들 전혀 몰라요. 제 아빠가 장애인이고 엄마 없다는 거." "누구한테도 말한 적 없어?" "없어요. 쌤이 처음이에요. 어쩌다 알게 된 경우 말고는요." "이거 영광인데? 근데 어쩌다 알게 됐다는 건 뭐야?" 궁금함이 일어 예인이에게 물었다.

"엄마가 학교 와야 하는 날 있잖아요." "학부모 간담회 같은 거?" "네. 엄마 아빠가 따로 살게 되고 얼마 안 돼서 학부모 간담회가 열렸는데, 부모님 참석을 특이한 경우 아니라면 다 하게 하더라고요. 전 끝까지 사정 있어서 어렵다고 담임선생님께 말했는데도 계속 안 된다고 하셨어요. 결국 집에다 말했죠. 그랬더니 아빠가 자기가 부끄럽냐면서 화를 막 내더라고요." "그랬구나. 난처했겠다. 그래서?" "결국 학교에 왔죠. 아빠가." "아, 정말?" "네. 그때 분위기 장난 아니었어요. 대부분 엄마잖아요. 교실 뒤에 쭉 서 있는데, 아빠가 불편한 모습으로 들어가니까 다들 이상한 사람 보듯이 쳐다보더라고요." "아직도 그게 기억이 나?" "네. 생생히요. 그리고 다음 날부터 친구들이 저 보고 그러더라고요. 장애인 아들이라고."

나는 말을 잇지 못했다.

"구교민 걔도 같은 반이었어요. 그때부터 알게 돼서 놀리는 거죠." "그랬구나. 그런 걸로 놀리고 진짜 유치하다." "웬만하면 신경 안 쓰려고 해요. 수준 낮은 놈이랑 말해서 뭐해요. 저번엔 너무 심하게 욕해서 욱한 거였지만요." 예인이가 깊은 한숨을 내쉬었다.

"이혼 후에 고모가 우리 집에 왔어요. 고모는 결혼 안 했거든요. 왜 안 했는지 모르겠는데, 절 보면 항상 자기 친아들처럼 생각한다고 이야기해요. 저도 그런 고모가 고맙고요. 남들한테도 그냥 엄마라고 해요." "정말 감사하다." "맞아요. 고모 인생도 있을 텐데 너무 죄송해요. 아빠랑 저 때문에 괜히…" 다시 예인이 눈에 눈물이 차올랐다. "그만큼 네가 잘 살고 있는 모습 보여드리면 돼. 너무 죄송하게 생각하지는 마. 고모도 너 기르시면서 행복하실 거야. 죄송하게만 생각하면 그것도 그분한테 예의가 아니야." 예인이는 말없이 고개를 끄덕였다.

이후에도 예인이는 늘 그랬던 것처럼 종종 위클래스에 왔다. 예인이가 안 오는 날이면 상담실이 허전했을 정도였다. 모처럼 공강 시간에 숨을 돌리고 있을 때였다. 모르는 휴대폰 번호로 전화가 왔다. "안녕하세요. 위클래스입니다." "선생님, 잘 지내셨어요? 저 예인이 고모입니다." 뜻밖의 전화였다.

"네. 안녕하셨어요?" "우리 예인이 학교생활 잘하고 있나 궁금해서 전화드렸어요." "아. 그러셨구나. 예인이 잘 지내죠. 친구들이랑도 잘 지내고요. 근데 하나 있어요." "뭐죠, 그게?" "학업적인 건데, 수업 따라가는 걸 조금 힘들어하는 듯해요." "아. 중학생 때부터 성적이 바닥이더니 지금은 오죽할까 싶어요. 그렇지 않아도 담임선생님한테 연락받았어요. 기초학력인가? 그거 미달했다고요. 사실 그래서 전화드린 것도 있어요." 예인이 고모의 목소리에 힘이 쭉 빠진 듯했다.

"걱정되시죠. 예인이가 예전부터 공부하는 거 힘들어했나요?" "네. 그쪽에는 영 흥미가 없어 보여요. 아마 애엄마 있을 때도 예인이한테 거의 신경을 못 썼을 거예요." "그랬군요." "복지사였어요. 사회복지사요, 예인이 엄마. 장애인복지기관에 다녔는데, 일하면서 애 아빠 알게 됐어요. 결혼한다고 했을 때 제가 직접적으로 말했어요. 혹시 동정심이나 사명감으로 하는 거냐고. 아니라면서 제 앞에서 울더라고요. 결국엔 이혼했지만요. 불쌍한 건 예인이었죠." 이야기를 이어 가던 고모가 목이 메는 듯 잠시 숨을 깊이 내쉬었다. 수화기 너머로 흐느낌이 느껴졌다.

"그래도 고모님 계셔서 얼마나 든든한지 몰라요." "제겐 예인이가 전부예요. 제 동생도 제가 보호자예요. 예인이 아빠랑 저도 쉽지 않게 컸어요. 장애아 낳았다고 보호소에 버려진 동생이 불쌍해서, 저도 집 나왔고요. 그때가 초등학생도 되기 전이었죠. 나중에 부모님 살던 집에 한번 가 보니까 아예 이사 갔는지 흔적조차 없더라고요. 저한테는 이들이 가족이나 다름없죠." "그렇네요. 다른 가족보다 더 끈끈하겠어요." "네. 어머, 나 좀 봐. 저도 모르게 이야기를 이렇게 많이 했네요." 예인이 고모가 머쓱하게 웃었다. "괜찮습니다. 덕분에 예인이 더 잘 이해하게 된 것 같아요." "네. 예인이 잘 부탁드립니다. 선생님."

그 겨울의
졸업식

　　　고3 예인이의 시간이 훌쩍 흘러, 오늘은 졸업식이 있는 날이다.

"호명하는 학생은 단상 위로 올라와 주시기 바랍니다. 김수아, 박상진 그리고 정예인." 강당 내 모든 시선이 예인이에게로 쏠렸다. 전에 없던 이목이었다. "이 세 학생에게 개근상을 수여합니다. 축하드립니다."

예인이는 모든 졸업생이 보는 앞에서 상을 받았다. 성적 우수상만큼 의미 있는 상이었다. 멀리서 자리로 돌아가는 예인이를 보니, 함께 나눈 대화와 모든 사소한 장면들이 스쳐 지나갔다. 자리에서 예인이를 따뜻하게 안아 주는 사람이 보였다. 고모였다. 그리고 그 옆에는 아버지도 함께 있었다. 세 식구가 함께 웃으며 사람들에게 축하받는 걸 보니 마음이 뭉클했다.

반면 혼자 우두커니 서 있는 아이들도 보였다. 왁자지껄한 분위기와 대조되니 그들이 더욱 외로워 보였다. 그중 무리 지어 있는 아이들이 눈에 띄었다. 언뜻 보면 전혀 학생 같지 않았다. 노란색으로 탈색한 머리, 붉은색과 파란색을 넣은 팔의 용 문신이 눈에 띄었다. 유독 무리 중 한 아이가 보였다. 구교민이었다. 그는 옆의 친구들과 신나게 수다 떨고 있었다. 부모님은 오시지 않은 것 같았다. 지난날을 회상하니 그 이유를 알 것만도 같았다.

"이런 게 내로남불 아니에요?" "응?" 상담실에 온 어떤 친구가 말했다. "정예인 아빠가 장애가 있다고 쳐요. 근데 자기도 그런 걸로 놀리면 안 되죠."

나희였다. 가끔 상담실에 놀러 오는 아이였다. "뭐야, 갑자기 와서는." "아뇨. 저도 그 소문 들었어요. 구교민이 엄청 놀렸다면서요." "어떻게 알았어." "학교에 다 퍼졌어요." 나희의 말에 깊은 한숨이 절로 나왔다. "근데 왜? 교민이도 뭐 있어?" "뭐… 요즘은 따로 다니니까 말씀드릴게요." "따로 다녀? 원래는 친했어?" "예전에는요. 쌤, 잠깐 시간 가능하세요?" 그렇게 나희로부터 교민이의 이야기를 듣게 되었다.

난생처음 입은 교복은 중학생 1학년 아이들에게 매우 어색했다. 몇은 이미 같은 초등학교 출신인지 함께 모여 있었다. 나희도 다행히 혼자 떨어져 있지는 않았다. "야, 쟤 좀 이상해." "뭐가?" "가까이 간 적 있어? 냄새나." "무슨 냄새?" "몰라. 말투도 이상해." 그들의 시선은 한 아이, 교민이에게 향하고 있었다.

교민이를 이런 식으로 묘사하는 친구는 한둘이 아니었다. 누군가 작정하고 왕따를 시킨 건 아니지만, 교민이는 요즘 말로 '찐따'에 가까웠다.

"체육복 없어?" 나희가 체육 시간을 앞두고 멍하니 앉아만 있는 교민이에게 다가갔다. "이거 입어. 옆 반 친구한테 빌려 왔어." 어쩌면 그것을 빌려준 것보다 말을 걸어 준 게 교민이에게는 더 고마웠을지도 모른다. 그렇게 둘의 인연은 시작됐다.

"교민이 너 진짜야 근데?" "뭐가. 뭐. 말해." "북한에서 왔어? 말투가 좀…" "아. 북한이래." 교민이가 웃었다. "조선족이야. 엄마랑 아빠." 나희는 다시 교민이를 쳐다봤다. "그래서 한국말이 좀 서툴어." 나희는 고개를 끄덕였다. "근데 이 말 너한테 처음 해." "응?" "워낙 친구도 없긴 했는데, 이런 이야기 잘 안 해. 애들이 말투 가지고 시비 엄청 걸어. 먹는 것도 다르잖아. 그것 때문에 냄새난다고도 하고. 고맙다, 나희." "뭐가 고마워." "그냥."

그렇게 나희와 교민이는 가까워져서 사귀었다. 반년 정도는 재미있게 놀았지만 이내 균열이 생겼다. 문화 적응의 어려움으로 교민이의 부모님은 이전부터 갈등이 있었는데 결국 갈라섰고, 교민이는 마음 둘 곳 없이 방황의 시기를 겪으며 가정의 스트레스를 학교에서 풀었던 것이다. 그 대상은 예인이처럼 약한 친구들이었다. 문신에 도박까지 손을 댄 남자친구의 모습에 정나미가 떨어진 나미는 결국 이별을 고했다.

다가오는
시간들

　　　"쌤! 저 드디어 졸업해요!" 예인이가 멀리서 뛰어오며 말했다. "축하해, 예인아. 개근상도 정말 축하해." "선생님 오랜만입니다." 예인이 고모와 아빠가 인사를 했다. "정말 고생 많으셨습니다. 아이 잘 키우셨어요." "별말씀을요. 나중에 또 한번 놀러 오세요. 식사 대접해 드리고 싶어요." 고모가 말했다. "네. 비가 억수로 내리는 날에 한번 또 찾아뵐게요." 나도 환히 웃으며 대답했다.

　　　"쌤! 우리 사진 찍어요!" 옆에 서 있던 예인이가 말했다. 찰칵. 예인이, 고모, 아빠 그리고 나. 네 사람의 사진이었다. 내 마음도 졸업 사진 속 미소처럼 덩달아 따뜻해졌다. 그리고 건너편을 발라보며 씁쓸함 너머 소망을 담았다. 교민이도, 편히 마음 둘 수 있는 공간을 찾아가길 바라는 마음으로.

한부모 가족 Single Parent Family

✦ 한부모 가족이란 2세대로 구성된 가족 중 아버지와 함께 살거나 어머니와 함께 사는 가족을 의미합니다.

✦ 한쪽 부모님과만 살기에 자녀의 생활비, 학원비, 교통비 등의 경제적인 어려움이 생길 수 있습니다. 또한 부모로부터 적절한 정서적 지원이 이루어지지 않아 애정결핍과 같은 심리적 고통으로 이어질 가능성도 있습니다.

✦ 글 속에 등장한 예인이의 상황은 아버지가 뇌병변 장애를 갖고 있습니다. 따라서 상황이 더 어려울 수 있으며, 주변 친척의 도움과 국가의 지원이 필수적입니다.

✦ 뇌병변 장애는 뇌의 손상으로 일상생활에 필요한 동작을 원활히 수행하기 어려운 중추신경장애를 뜻하며, 근육이 마비되어 팔과 다리를 이용한 운동 능력의 저하를 가져옵니다. 뇌성마비,

뇌졸중이 이 장애군에 속하며, 지적 능력과 학습 능력의 어려움을 경험합니다.

✦ 예인이는 부모님과 풍부한 관계 형성을 하지 못하였기에 학교에서 친구들과 어울릴 때 어려움을 겪을 수 있습니다. 또한 가정에서 자녀의 학업에 큰 관심을 주기 어려워 국어, 영어, 수학 과목을 비롯한 기초학력의 부족을 경험할 수 있습니다.

✦ 글에 나온 교민이는 다문화 가정으로, 다문화 가정의 학생 수가 23년 기준 18만 명으로 전체 학생의 3.5%에 해당합니다. 출산율 저하로 전체 학생 수는 줄어드는 데 비해 다문화 학생의 수는 증가 추세에 있습니다.

✦ 다문화 학생은 언어 장벽으로 인한 교육 격차나 인종차별 문제를 겪을 수 있습니다. 차이를 존중하고 변화하는 사회 현상을 유연하게 받아들이는 태도로 나와 다른 친구를 바라보면 좋겠습니다.

Chapter 4

내가 있을 곳이
어딘지 모르겠어요

학교도, 집도, 너무 답답했어요

새로운 학기가 시작될 때

학기 초 담임들은 정신이 하나도 없다. 새 학급을 구성하며 반 아이들을 맞이하고, 학년별 교육 계획과 평가 방법을 세운다. 또한 이 모든 과정이 어떻게 이루어지는지 학부모를 초청하여 이야기한다.

이는 '학부모 간담회'라는 형식으로 이루어진다. 교실 뒤편에 의자를 두어 수업 참관을 하거나, 반별로 담임과의 시간을 가지며 만담을 나누기도 한다. 학부모 간담회 날, 위클래스는 운영하는 사업이 없다면 평소와 별다를 것 없이 지나가지만, 때때로 상담이 진행 중인 학생의 부모님과 면담하는 시간을 갖기도 한다. 사전에 상담 오는 학생의 동의를 받고, 학부모와 통화하여 약속을 잡은 뒤 진행하는 게 일반적이다. 나는 이번에 학부모와 면담하면 좋을 듯한 학생 둘을 골랐다. 시간 약속을 잡고 위클래스 문을 열고 기다리고 있었다.

학부모가 온다는 것은 무척 좋은 신호다. 자녀에게 관심이 있으며, 필요하면 고칠 의사도 있다는 의미다. 이런 경우 아이들이 점차 표정도 밝아지고, 학교생활도 잘 적응해 가는 변화가 보인다. 나 역시 아이들로 인해 에너지를 얻고 한 단계 성장한 아이들의 미래를 기대하게 된다.

그러나 진짜배기는 학교에 방문하지 않는다. 성적, 친구들과 관계, 진로 등 거의 모든 방면에서 어려움을 보이는 아이들의 학부모는 관심이 없는 경우가 많다. 학급 초청에도 오지 않으니, 단연 상담실에도 오지 않는다. 결국 이런 학생들이 개선되고 성장할 기회는 적어질 수밖에 없다.

"어서 오세요, 어머님." 입가에 미소를 장착하고 부모님들을 맞이했다. "상담실이 생각보다 작죠? 이쪽으로 앉으세요." 상담실로 들어오는 부모님은 자신의 아이가 매주 이곳에 와서 어떤 이야기를 했을지 무척 궁금해한다. 나와 대화하면서 아이처럼 웃기도 하고 울기도 하며, 자녀와 전혀 상관없는 자기의 이야기를 할 때도 있다. 그렇게 오늘 약속된 면담을 모두 마치고 숨을 돌리려는 찰나, 상담실 노크 소리가 났다.

똑똑똑.

"들어오세요!" "선생님, 안 바쁘세요?" 학생이 아닌 2학년 7반 담임이었다. "저보다 오늘은 선생님이 훨씬 정신없으시죠. 무슨 일 있으세요?" "아, 저희 반 지율이 기억나시나요?"

지율이는 작년부터 상담실에 왔던 학생이었다. 자주 온 친구는 아니고, 잊을 만하면 찾아오는 아이였다. "지율이 알죠. 혹시 무슨 일 있나요?" "아뇨. 그런 건 아닌데 오늘 학부모님이 오셨어요. 혹시 선생님 시간 되시면 상담실에서 면담 가능할까 해서요." "네. 오시라고 하세요. 지금 면담 다 끝났어요."

자신 있게 말은 했어도 실제는 달랐다. 급작스러웠다. 아이와 상담은 어떻게 진행이 되었는지, 현재 어려움이 무엇인지, 앞으로 어떻게 극복할 수 있을지의 말들이 학부모 면담 시간에 이루어진다. 사전에 철저한 준비가 있어야 했다.

지율이와 상담했던 기록을 서둘러 찾아보았다. 드문드문 왔던 아이라 기록을 찾기가 쉽지는 않았다. 그나마 있는 기록도 내용이 빈약했기에, 지율이와 마주 앉아서 했던 이야기를 기억해 내려 애썼다. 다른 학생들의 이야기와 마구 섞여 머리가 복잡했다. 그때 상담실 노크 소리가 들렸고 지율이 어머니가 들어왔다.

"아! 남자분이셨어요?" 지율이 어머니가 나를 보고 했던 첫 마디였다. "아이가 상담 이야기를 하긴 했었거든요. 왠지 당연히 여자 선생님이신 줄 알았네요." 어머니가 얼굴을 붉히면서도 소탈하게 말했다. "지율이 요새 안 보이던데, 어떻게, 잘 지내나요?" 내가 물었다. "아뇨. 선생님, 지율이 요새 좀 많이 힘들어해요. 물어봐도 말을 통 안 해요. 하나 있는 애가 이러니 참…" 어머니가 답답한 속내를 드러내며 혀를 찼다.

"아고. 그렇군요. 대충 뭐 때문에 그런 것 같나요?" "공부가 제일 크죠. 지난달부터 학원 가기 싫다고 떼를 써서 안 보내고 있어요. 공부도 곧잘 했는데… 중학교 때 2~3등급 했거든요." 어머니는 내가 드린 차를 한 모금 마셨다. "학업 스트레스가 좀 있나 봐요. 제가 나중에 지율이 오면 이야기 한번 나눠보겠습니다."

"사실은…" 어머니의 목소리가 미세하게 떨렸다. "애아빠랑 저랑 의견이 좀 다르긴 해요." "애아빠는 공부 그거 너무 억지로 시키지 말라고, 그거 안 하고도 잘 먹고 잘 산다고 이야기하거든요. 저는 아니에요. 다 겪어 봤잖아요. 공부해야 아무래도 나중에 훨씬 편하더라고요." "그럴 수 있죠. 그래서 많은 부모님이 열을 올리시고요." 어머니는 고개를 위아래로 크게 끄덕였다. "이래서 애가 많이 왔구나." "네?" "선생님이 이렇게 말을 잘 들어 주시니까. 저는 이렇게 못 하거든요. 이러니까 지율이가 여기에 왔을 것 같다는 생각에…" "아. 그렇게 말씀해 주시면 감사하죠.” “사실은 제가 ‘공부, 공부’ 하는 이유가 있어요.” 지율이 어머니가 내 눈을 정면으로 바라봤다. “외동이라 애지중지 키우는 거라고 주변에다가는 이야기하거든요. 사실 아니에요. 오빠 있었어요. 지율이가 둘째였고요.” 순간 어머니의 눈가가 빨갛게 달아올랐다.

갑자기 바뀐 공기의 흐름에 나는 아무 말도 할 수 없었다. 이 공간이 통째로 TV 속 정지 화면처럼 멈춘 것 같았다. “교통사고였어요. 지율이 2살 때… 오빠가 갓 초등학교 들어갔었던 해였는데.” 어머니가 말끝을 흐렸다. “아고… 그런 일이 있었군요.” 내가 휴지를 건넸다. “그래서 지율이를 좀 잘 키우고 싶다는 생각이 들더라고요. 오빠 몫까지.”

“충분히 그렇게 생각하실 수 있을 것 같아요. 얼마나 속상하실까요.” 어머니가 휴지로 눈물을 닦았다. “그런 아이가 요새 뒤늦게 사춘기가 들었는지, 자꾸 엇나가니까… 쉽지 않네요.” “네. 그럴 수 있어요. 제가 지율이 만나면 잘 이야기해 볼게요, 어머니.”

어머니가 간절한 눈빛으로 나를 보았다. “선생님, 지율이 잘 좀 부탁드릴게요. 아이가 학교 이야기할 때 유일하게 했던 말이 위클래스 이야기였거든요. 저도 아이한테 한번 가 보라고 말해 둘게요.” “그렇게 해 주세요, 염려 놓으세요.”

학부모 간담회라 한껏 꾸미고 오셨는데, 떠나는 뒷모습이 유난히 애처로워 보였다. 나도 모르게 한숨이 새어 나왔다. 많은 학부모를 맞이하는 담임의 노고까지는 아니더라도, 그에 필적한 에너지를 쓴 것 같았다. 어머니가 직접 방문하셔서 의뢰한 사안이었다. 당사자가 오지 않으면 상담은 진행이 되지 않기에, 어떻게든 지율이가 상담실에 와야 했다.

예상 밖이었다. 이렇게 빨리 올지 몰랐다. 지율이는 학부모 면담 바로 다음 날 위클래스를 방문했다.

"엄마가 저보고 뭐라고 했어요? 공부 안 한다고 했죠?" 오랜만임에도 굉장히 친근한 말투였다. 그 점이 고맙기도 하고 한편으로는 신기하기도 했다. "응. 뭐, 비슷해. 그나저나 오랜만이다 야. 잘 지냈어?" "네. 엄청 오랜만이죠. 그렇지 않아도 조만간 오려고 했었어요." 지율이가 미소 지으며 말했다.

"엄마 때문에 온 거야?" "네, 뭐. 저도 얘기할 것도 있고 해서요." "그래. 잘 왔어. 엄마 이야기는 안 듣는데, 가라는 말은 잘 듣네?" 내가 말했다. "그럼요. 학교에 위클래스 없었으면 전 못 견뎠을걸요. 이야기도 자유롭게 할 수 있고요." "집이나 친구들한테는 자유롭게 말하기가 어려워?” “대부분은 잘 안 되죠. 특히 엄마는 전혀 안 듣고요. 친구들은 자기 이야기 하느라 바빠요.” “지율이 좀 답답했겠다. 평소에는 어떻게 버텨?” “그냥 뭐 그런가 보다 해요. 다른 사람들도 다 사정이 있겠죠.” 지율이는 내가 준 젤리를 먹으며 대답했다.

“어느 정도는 이해하는 거 같네. 그럼 엄청 답답할 때는 없었어?” “많죠.” “그럴 때는?” “음… 악기 쳐요.” “오? 너 그런 것도 할 줄 알아? 다시 보인다?” 내가 웃으며 말했다. “어떤 거?” “바이올린요.” 지율이가 연주하는 시늉을 했다. “폼 좀 나오는데?” “그렇죠?” 지율이는 우쭐거렸다. “악기 치는 게 좋아?” “좀 자유로워져요.” “자유?” “그냥 좀… 편해진다고 해야 할까…” “그 말은 요새 좀 답답하고, 속박된 느낌을 받는다는 건가?” “네. 그런 것 같기도 해요.” 지율이가 바이올린 켜는 시늉을 멈추고 나를 바라봤다.

“어떤 게 가장 힘들어?” “음… 그냥 이거요.” “응? 내가 이렇게 계속 질문하는 거?” 내 농담에 지율이가 한바탕 웃음을 지었다. “아뇨. 학교 가고, 끝나면 학원 가고, 숙제하고 다음 날 또 학교 가고 이런 거요.” “아, 일상이?” “네. 그냥 저는 음악만 쭉 하고 싶어요. 의미 없이 반복되는 일상 말고요.” 내가 다음 말을 생각하고 있을 때 지율이가 나를 불렀다. “선생님. 저… 자퇴하고 싶어요.”

예상을 못 한 건 아니었다. 자퇴하는 학생들의 유형이 있다. 먼저 학교생활에 큰 흥미를 못 느끼는 아이들이다. 이들은 짜인 커리큘럼에 따라 수업을 듣는 것을 답답해하고, 친구들과 어울리는 것에 큰 관심이 없다. 두 번째는 자신을 좀 더 행복하게 만드는 다른 요인이 있는 경우다. 주로 음악이나 미술과 같은 예술 분야에서 스트레스를 해소하거나 삶의 의미를 느끼는 아이들이다.

지율이는 위 두 가지에 모두 해당했다. 그럼에도 이렇게 빨리 자퇴하고 싶다고 이야기할 줄 몰랐다.

"진짜로? 정말이야? 욱해서 나온 말이 아니고?" "네. 이게 맞는 것 같아요. 이 허비되는 시간이 너무 아까워요" 지율이의 눈이 전과 다르게 초롱초롱 빛이 났다. "자퇴하면 뭐 하고 싶은데?" "일단 음악을 좀 하고 싶어요. 저는 확신하거든요. 이 길이 저와 맞는다는 거요." "어떤 부분에서?" "중학생 때까지 바이올린 학원 다녔어요. 선생님이 대회 준비하자고 연주하는 모습을 찍어 주셨거든요. 살면서 그런 저를 본 적이 없어요. 정말 행복해 보였어요."

지율이는 그때를 그리워하고 있었다. "근데 엄마는 절대 반대하시고요." "음악이? 아니면 자퇴가?" 내가 물었다. "자퇴 이야기는 꺼내지도 않았어요. 화내실 게 분명해요." 지율이 표정이 더욱 어두워졌다. "음악을 반대하시는 이유가 뭘까?" "늦었대요, 이미. 클래식이잖아요. 유치원 때부터 해도 될까 말까라고 하더라고요. 사실 틀린 말은 아니에요. 근데 저는 대학을 조금 늦게 가는 한이 있더라도 바이올린 계속하고 싶거든요. 진짜…" 지율이의 눈시울이 붉어졌다.

그날 이후 지율이는 상담실을 오는 주기가 점차 짧아졌다. 대체로 학교 다니기 싫다는 이야기였다. 동시에 수행평가를 망치며 학업에 대한 의욕을 서서히 잃어 간다는 말도 덧붙였다.

모든 학생이 공부를 다 잘할 필요는 없다. 그런 학교가 있다면 성적 산출 과정이 얼마나 끔찍할지 상상하기도 어렵다. 학교 가고 싶은 이유가 공부가 아니라면 단 한 가지가 남는다. 바로, 친구들이다. 친구들끼리 만나서 수다 떨고, 밥을 함께 먹으며 친해진다. 지금 이 순간에도 점심시간에 학급에 머무는 아이들이 있다. 무상급식이기에 급식비를 못 냈다는 핑계는 통하지 않는다. 배가 부르거나 오늘 메뉴가 맛이 없어서도 아니다. 단지 함께 먹을 친구가 없어서다. 지율이 역시 그런 아이들 중 하나였다. 지율이는 점심을 알리는 종이 치자마자 매일같이 상담실 문을 두드렸다.

"밥 먹었어?" 혹시라도 아이가 머쓱해할 수 있기에 나는 일부러 무심하게 툭 내뱉었다. "아뇨. 저 배 안 고파요." 지율이를 비롯한 많은 아이가 하는 말이었다. 설령 배가 고파도 선생님들은 급식을 먹으러 가라고 핀잔을 줄 것이 분명했기에 그렇게 둘러대곤 했다.

"그럴 줄 알고 준비했지. 이거 봐. 하나 먹을래?" 상담실 냉장고 문을 열고 안의 빵과 간식 들, 음료를 보여 줬다. 지율이는 그 안을 보더니 고민했다. 배고픈 게 맞기 때문이다. "그럼… 하나만 먹을래요. 저기 저 빵요." 나는 지율이가 고른 빵과 함께 다른 간식과 음료도 챙겨 줬다. "하나면 돼요, 쌤." "더 먹어. 남으면 갖고 가도 돼." "감사합니다." 지율이가 빵 봉지를 뜯었다.

"그나저나 요새 자주 온다, 지율이? 자주 와도 돼. 상담만 없으면 항상 오픈이니까." 지율이는 입을 오물거리며 고개를 끄덕였다. 이럴 때면 문득 엄마가 된 것 같은 생각이 든다. 말할 공간과 여유로움을 선물하면 아이들은 자연스럽게 마음의 문을 여는 것 같다. 그렇게 지율이는 위클래스 VIP 고객이 되어 갔다.

결심이 섰지만 용기는 나지 않고

"쌤. 제가 생각해 봤는데요. 아무리 생각해도 자퇴하는 게 맞는 것 같아요." 어느 날 아이가 상담실에 와서 말했다. "왜 또 그래. 무섭게." "진짜 이건 아니에요. 학교에서 보내는 시간이 다 버리는 시간이잖아요. 너무 아까워요"

지율이가 고개를 떨궜다. "오늘까지 몇 번째지? 자퇴 이야기?" "거의 열 번도 넘게 말했을걸요?" 지율이가 웃었다. "부모님 허락은 받을 수 있고? 허락이 떨어져야 자퇴가 가능하다니까. 학부모 동의가 무조건 필요해." 내 말에 지율이가 힘없이 책상에 털썩 엎드렸다. "자퇴를 못 시키겠다는 게 아니야. 나는 학생이랑 부모님이 허락하면 바로 진행하거든. 자퇴가 나쁜 것도 아니고." "쌤은 이런 생각 했던 적 없었어요? 고등학생 때?" 지율이가 고개만 든 채로 짧게 물었다. "있었어. 물론." "헐. 진짜요? 쌤은 아니었을 것 같은데." 지율이가 몸을 앞으로 당겼다. "고1 때였어. 나도 학교가 참 답답했거든. 재미도 없고. 허구한 날 시험 치고, 수행 보고. 우리 때는 심지어…" "아, 쌤. 쌤! 그래서요? 어떻게 하셨어요?" "급하긴. 엄마한테 말했다가 등짝 스매시 정타로 맞고 정신 차렸지." 아직도 그날 등짝의 얼얼함이 느껴지는 것 같았다.

"아. 웃겨라. 그렇게 끝났어요? 후회 같은 거 없으세요?" 지율이가 마치 후회를 바라는 눈치로 다시 물었다. "후회? 난 그때 자퇴했으면 큰일날 뻔했다는 생각은 들어." "아, 자퇴 안 나쁘게 보신다면서요!" "그렇지. 근데 다 장단점이 있으니까. 아직 우리나라는 자퇴하면 인식도 그렇고, 취업이 쉽지 않다고 보거든. 물론 쌤이 꼰대라 그런 걸 수도 있어." "그거 듣긴 들었어요. 자퇴하면 힘들다고요. 근데 이렇게 시간을 버리는 것보단 낫지 않아요?" 지율이가 되물었다.

"그렇긴 하지. 자퇴하고 할 게 분명하게 있다면 누가 말려. 응원해야지, 오히려." "그러니까요…" "그러니까 네가 허락을 받아 와야지?" "엄마를 어떻게 설득해요. 진짜, 제 이야기 전혀 안 통한단 말이에요." 다시 시무룩해진 지율이는 책상에 팔을 괴고 창밖을 올려다봤다. 그런 아이를 보니 다시 내 마음이 동했다. 학생들을 생각하는 것은 그만큼 내 일이 많아지는 것이었다.

"쌤이 전화해 줘?" "네?" 엎드렸던 지율이가 일어나서는 나를 그 큰 눈으로 바라봤다. "설득까지는 어려울 수 있어. 네가 그만큼 학교생활을 힘들어한다는 걸 말해 주는 것까지는 도와줄게." "와! 쌤, 진짜요?" "큰 기대는 마! 어머니가 워낙 확고하셔서 아마 어려울 건데, 연락은 한번 해 볼게." "쌤! 진짜 감사합니다. 잘되면 제가 쌤 원하는 거 사 드릴게요."

지율이가 고개를 꾸벅 숙였다. "으이그. 나 원하는 거 있는데. 강남에 집 한 채만 사 줘. 딱 한 채만." "헐. 쌤!" 무겁지 않은 분위기로 웃으며 상담을 마쳤다. 마침 다음 시간에 상담이 없었던 터라 나는 지율이 어머니에게 전화를 준비했다.

"여보세요?" 다행히도 지율이 어머니 목소리가 밝았다. "어머니, 저 위클래스 상담 교사입니다. 지금 잠깐 통화되세요?" 먼저, 나는 지율이가 얼마나 학교생활을 힘들게 하고 있는지 말했다. 수업 중 아이가 집중하지 못하고 있다는 사실과 친구 없이 외롭게 학교에 다니고 있음을 전달했다.

어머니는 처음에 굉장히 당황하셨고 한참 곰곰이 생각하더니 말씀하셨다. "그럼 선생님. 어떻게 해야 할까요. 우리 지율이를…" 잔뜩 가라앉은 목소리였다.

"많이 속상하시죠. 지율이가 아무래도 지친 것 같아요. 자신이 원하는 게 있는데, 공부만 계속해 왔잖아요. 그래서 그런데, 어머님만 괜찮으시다면 학업중단 숙려제 한번 해 보면 어떨까요?" 내가 조심스럽게 제안했다. "숙려제요? 그거 쓰면 바로 자퇴 아닌가요?" "아니에요. 2주 동안 시간을 주는 거예요. 1주일에 두 번 한 시간씩 저와 상담하고, 나머지 시간에는 집에 있어도 돼요. 그때 자신이 원하는 음악에 대해 시간을 갖도록 하면 어떨까요?"

지율이 어머니는 오랫동안 말이 없었다. "숙려제 상담 때 진로에 대해 구체화시켜 볼게요, 어머니. 별 진척이 없다면 아이에게 다시 설득해 보겠습니다." "음… 그럼 선생님 믿고 한번 해 볼게요."

그렇게 지율이와 숙려제 상담을 시작했다. 지율이는 뛸 듯이 기뻐했다. 공식적으로 학교에 나오지 않을 수 있다는 점을 무엇보다 반겼다.

2주 동안 총 네 번의 상담이 있었다. 1, 2회기에는 음악을 전공하고 싶은 이유와, 한다면 앞으로 어떤 진로를 꿈꾸는지 이야기했다. 상담은 잘 이루어졌다. 잘만하면 엄마를 설득할 수도 있을 것 같았다. 아이도 무척이나 즐겁게 자신의 미래를 그렸다. 3회기는 한국의 유명한 바이올리니스트를 조사하는 시간을 가졌다. 사전에 이를 요약하여 A4용지에 담아 오기로 했다.

그런데, 상담실로 들어오는 지율이의 표정이 어두웠다. 자료 조사한 종이를 힘없이 손에 쥐고는 터벅터벅 걸어 들어왔다. 지난 시간에 워낙 재미있게 했기에 이번 수업에도 기대가 커서였는지 더욱더 이상함이 느껴졌다.

"뭐야. 오늘은 왜 이리 기운이 없어." "엄마랑 싸웠어요. 뒤질 나게. 음악이건 뭐건 하고 싶으면 알아서 하래요." "아이고…" 탄식 아닌 탄식을 하며, 내가 뒷머리를 잡았다. "아니 지율아, 뭐라고 말씀드렸길래." "그냥요. 바이올린 이야기하다가 갑자기 말이 샜어요. 엄마가 해 준 게 뭐가 있냐고 빽 소리를 쳤어요. 공부하라는 말 말고는 다른 게 전혀 없었으니까요.”

여러 생각이 들었지만, 이미 세상을 떠난 오빠 이야기를 할 수는 없었다. “그래. 하나뿐인 너를 잘 키우시려는…” “맨날 하나! 하나! 저 너무 힘들어요.” “지율아…” “이게 다 쌤 때문이에요. 그냥 살던 대로 살게 냅두지! 왜 꿈을 꾸게 해 가지고…” 별안간 지율이가 엉엉 울음을 터뜨렸다. 내 마음도 땅으로 곤두박질치고 후벼 파지는 듯했다.

마지막 4회기 시간이 다가왔다. 상담은 오전 10시로 잡혀 있었다. 마지막 회기인만큼 지난번 무거운 공기를 환기하고 싶었다. 나는 평소보다 더 공을 들여, 재미난 프로그램과 이야기를 이것저것 준비했다. 하지만 약속 시간이 지나도 아이가 나타나지 않았다. 15분이 넘어가자, 불안이 슬슬 고개를 들었다. 나는 지율이가 이전에 작성한 숙려제 신청서를 확인하고, 그곳에 적힌 번호로 전화했다. 뚜… 뚜… 애꿎은 수신음만 길게 느껴졌다. 몇 번을 전화해도 지율이는 받지 않았다.

숙려 기간 동안 안 오는 아이들이 있긴 했다. 다만 굉장히 드문 경우에서였고, 그것도 나와 관계 형성이 별로 안 된 학생들에게 나타나는 일이었다. 어쩔 수 없이 지율이에게 꼭 연락 달라는 문자를 남겼다. 이후 연이은 상담들로 바쁜 시간을 보내다 보니 지율이 생각이 잠깐 머릿속에서 잊혔다.

　어느덧 퇴근 시간, 오늘 진행했던 상담을 주욱 보는데 갑자기 지율이가 번쩍 떠올랐다. 휴대폰을 확인하니 아무런 답장이 없었다. 어떻게 해야 하나 잠시 고민하다 결국 지율이 어머니께 전화를 걸었다.

　"어머니, 안녕하세요. 위클래스 상담 교사입니다. 다름이 아니라 오늘 아이가 안 와서요. 혹시 무슨 일 있나요?" "네? 오늘 지율이 학교 다녀온다면서 아까 나갔는데요?" 어머니가 놀라서 말했다.

　"그러면 지율이가 언제 나간 건가요?" 어머니는 전과 다르게 목소리가 조금 커진 상태로 답했다. "아까 오전 8시쯤인 것 같아요." "8시요? 상담이 10시였는데." "네? 어머나, 무슨 일이지. 연락 없었어요. 무슨 일 난 건지 모르겠네." "혹시 오늘 무슨 일정이 있거나, 친구들이랑 논다고 했거나 그런 거 없었나요?"

　걱정스러운 질문을 하면서, 심장이 털썩 주저앉는 듯했다. "네… 지율이랑 이야기 안 한 지 좀 됐거든요. 잘 모르겠지만 특별한 건 없었던 것 같아요." 이제 결정을 내려야 했다. "그렇군요. 어머니, 어떻게 하고 싶으세요? 조금 더 기다려 볼까요, 아니면 실종신고를 하는 게 좋을까요?" 지율이 어머니는 조금 뜸을 들이다 답했다. "이렇게 어디 오래 나가는 애가 아니거든요. 어떻게 하죠…" 어머니 목소리에서 가는 떨림이 느껴졌다. "정 그러시면 저녁 9시까지 기다려 볼까요, 어머니?" 내가 물었다. "네. 기다려 볼게요.” “별일 없을 거예요. 너무 걱정 마세요. 지율이 생각보다 강한 친구입니다. 저도 계속 연락해 볼게요.”

　시간이 조금 더 지나니 하교하는 학생들의 인기척도 들리지 않았다. 지율이는 계속 전화를 받지 않았고 나는 더욱 불안해졌다. 모니터 화면에는 ‘정지율’이라고 쓰인 글자의 커서가 깜빡거렸고, 그 박자에 맞춰 내 심장도 뛰는 듯했다. 지율이 말처럼 괜한 희망을 품게 한 것인지 혼란스러웠다. 혹 밖에서 안 좋은 일이라도 휘말리지는 않았는지 부정적인 상상이 이어졌다. 기다리는 것 외에는 더는 방법이 없기에 나는 일단 퇴근하기로 했다.

미뤄 두었던
진실

　　　　　저녁이 되니 공기가 제법 서늘했다. 나는 재킷 주머니에 손을 쑥 찔러 넣었다. 하필 바람이 내가 걷는 방향 반대편에서 거세게 불어왔다. 이 날씨에 지율이가 감기에 걸리지는 않을지 걱정되었다. 출출함을 달래고 집에 들어가려고 학교 근처 식당가로 향했다. 화려하진 않지만, 주택가 골목길로 몇 군데 식당이 자리하고 있었다. 가는 도중 멀리서 찬공기 냄새가 바람을 타고 콧속으로 들어왔다. 그와 함께 밥 짓는 고소한 냄새, 중국집 기름 냄새 그리고 골목길에서 피어오르는 담배 냄새가 섞였다. 한껏 민감해진 후각에 내 배 속에서 보내는 뱃고동 소리는 더욱 크게 울렸다.

서둘러 골목을 지나려 할 때쯤이었다. 멀리서 담배를 피우는 사람이 보였다. 실루엣을 보니 여자 같았다. 키가 작고 머리가 길었다. 걸을 때마다 가까워지면서 조금씩 선명해졌다. 이윽고 단박에 누구인지 알아챘다. 그렇게 찾고 있었던 지율이었다.

"야! 정지율!" "어? 쌤!" 지율이가 날 보더니 서둘러 담배를 땅바닥에 버리고 신발로 비볐다. "여기서 뭐 하고 있어, 집에 안 가고?" "쌤…!" 어린아이가 우는 것처럼 지율이가 훌쩍훌쩍 흐느끼기 시작했다. "뭐야. 왜 울어? 무슨 일 있었어?" 한참을 울다 지율이가 끅끅거리며 말했다. "저 집 가기 싫어요. 엄마랑 또 싸울 텐데… 제가 원하는 것도 못 하고. 너무 힘들어요."

울다 말하다 하니 발음이 뭉개져 무슨 말인지 분간이 어려웠다. "알아. 네 맘 알아. 밥은 먹었어?" 지율이는 고개를 좌우로 흔들었다. "가자. 밥 먹으러." 나는 코앞의 설렁탕집을 두고 아이가 좋아할 분식집으로 향했다. 무사해서 다행이라는 생각뿐이었다.

"치즈 추가하지?" 지율이는 묵묵부답이었다. "싫지는 않나 보네. 여기 치즈 추가 두 번 해 주세요!" 그제야 지율이가 피식 웃었다.

"학교 안 오고 어디 있었어? 전화도 안 받고 말이야. 쌤 걱정 시키고 인마." 내가 물었다. "죄송해요. 그냥 폰 꺼 놨어요." "아냐. 무사해서 다행이지. 뭐 하고 있었어?" "저 그냥 친구 만나고, 피시방 가고 그랬어요." 지율이의 시선이 계속 아래로 향해 있었다. "담배는 어디에서 배웠냐?" "보셨죠. 그냥 친구들이 피길래 저도 한번 해 봤어요." "너 친구가 한다고 따라 하고 그런 애 아니지 않아?" "이건 좋더라고요. 그냥 애들이랑 어울리고 싶었던 것 같아요." "그래. 그럴 수 있어. 많이 외로웠지." 지율이는 고개를 떨궜다.

음식이 나오자 지율이는 배가 고팠는지 허겁지겁 먹어 치웠다. 마치 마음속 허기를 달래는 듯했다. "모자르면 더 시켜. 쌤이 사는 거야." "아… 괜찮아요." 이후 몇 마디를 주고받다 대화는 자연스레 어머니와 갈등에 대한 것으로 이어졌다.

"쌤. 엄마랑 전화했죠? 분명 엄마도 연락 안 된다고 저 엄청 찾았을 건데?" "아. 그렇지. 어머니도 지금 걱정 많으셔." "엄마랑 그럼 이야기도 많이 하셨어요?" 지율이가 내 눈을 또렷하게 쳐다봤다. 지율이의 크고 새파란 눈동자가 더 선명해 보였다. "이야기? 어떤?" "제 이야기요. 저와 관련한." "너가 오케이 한 것만 이야기하지. 쌤 처음에도 말했잖아. 비밀보장은 절대 지킨다고." 그제야 지율이가 한숨을 쉬며 다시 말을 이었다. "저 남친 있어요." "오? 남친도 있구나! 야. 근데 뭐 그 정도 가지고…"

그때 내 말을 끊으며 지율이가 말했다. “저 임신했어요.” 순간 정적이 흘렀다. 시공간이 멈춰 버린 것 같았다.

지율이가 주머니에서 무언가를 꺼냈다. 하얀색 임신 테스트기였다. 두 줄이 선명하게 표시되어 있었다. 나는 무슨 말을 해야 할지 몰라 애꿎은 임신 테스트기만 멍하니 쳐다봤다. “아, 역시 쌤한테 괜히 말씀드렸다.” 지율이가 말했다. “아니야. 고마워. 누구에게도 말할 수 없는 거잖아.” 서늘한 식은땀이 등줄기를 타고 흐르는 게 느껴졌다. “남친은 뭐래? 아니, 어디에 있어 지금?” “지우래요. 연락도 안 되고요.” “뭐? 이놈이 진짜. 이건 아니지!” 나도 모르게 주먹을 쥐고 일어섰다. “쌤! 아니, 잠깐만. 좀 앉아 봐요.” 지율이가 내 팔을 잡고 앉혔다. “저도 이미 화나서 엄청 뭐라고 했어요. 돈 200을 보내더라고요. 지우라는 말만 딱 날리고요. 그리고 차단했는지 연락을 안 받더라고요. 개새끼.”

머리가 아팠다. 아무리 힘겨운 일상이었어도 반경은 어디까지나 상담실이었고, 학교였다. 걷잡을 수 없이 커져 버린 이 상황을 어디에서부터 어떻게 손봐야 할지 몰랐다. 시간을 돌릴 수 있다면 아이가 한 달에 한 번씩 왔을 때로, 아니, 어머님이 왔을 때까지만이라도 돌리고 싶었다.

떡볶이를 한입 베어 물었다. 음식에 여전히 온기가 있음에도 이상하리만치 차갑고 딱딱하게 느껴졌다. "지율이 네가 가장 속상하지. 나도 이렇게 화나는데…" 지율이는 묵묵히 아무 말이 없었다. "어떻게 하고 싶어?" "모르겠어요. 무서워요, 모든 게 다…" "괜찮아. 잘 해결될 거야. 선생님이 도울 거고." 지율이가 휴지로 눈물을 닦았다. "언제부터 만난 거야?" "좀 됐어요. 작년부터요." "다른 학교 학생이야? 어떻게 만났어?" "학생 아니에요. 성인이에요." "아…" 입안의 떡볶이가 질기기만 한 고무처럼 느껴졌다.

"인터넷 카페에서 알게 된 사람이에요. 집이 너무 답답해서 예전부터 나가고 싶었어요. 근데 가출팸이 너무 안 좋다는 말을 많이 들었어요. 가출팸은 싫고, 집은 나가고 싶은 애들을 하루 이틀씩 정해진 곳에서 머물게 돕는 카페였어요. 딱 제가 원하는 곳이었죠." 나는 고개를 끄덕이며 지율이의 이야기를 기다렸다. "그때 알게 된 방장 오빠였어요. 처음엔 차가워 보였는데, 점차 잘해 줘서 저도 마음의 문을 열었어요. 그래도 매일 만나진 않았죠. 거의 온라인 친구였어요. 그러다 올해부터 엄마랑 사이가 안 좋아지면서 자주 만나게 됐어요. 그러다 이렇게까지 됐지만…" 지율이는 축축하게 쪼그라든 휴지를 손으로 꽉 쥐었다.

"전 왜 하는 일마다 이럴까요? 쌤, 진짜 저 너무 힘들어요. 아까 죽고 싶어서… 그냥 마지막으로 담배 피우고 확 차도에 뛰어들까 생각하다가 쌤이 딱 나타난 거예요." 다시 울음을 터뜨리며 지율이가 자책했다. "지율아. 약해지지 마. 너 이 시간 다 지나서 지금 내 나이쯤 되면 이런 거 아무것도 아니야. 알겠지? 물론 힘든 일이야. 알아. 근데 모든 건 해결 방법이 있어. 그걸 내가 도와줄 거고." "감사해요…" "그래. 너 쌤 직업 알지? 죽고 싶어 하는 애들 하루에도 엄청 많이 와. 다 살리고 있잖아. 학교에서 자살했다는 이야기 들은 적 없지? 잘될 거야. 성장통이라고 생각하자." 그렇게 나는 할 수 있는 모든 위로의 말을 지율이에게 건넸다.

시계를 보니 저녁 8시 반이 넘어가고 있었다. 문득 지율이 어머니와 약속한 시각이 얼마 남지 않았음을 깨달았다. "일단 들어가자. 집 가야 돼, 너." "싫어요." "아까 어머니랑 통화했어. 너 9시까지 집 안 들어가면 실종 신고할 거라고." "아…" "안 들어간다고 해결될 문제 아냐. 일단 엄마 안심시키고 그다음에 해결 방법 찾아보자." 지율이가 답답한 속내를 감추지 못하고 숨을 크게 내쉬었다. 지율이가 집 안으로 들어가는 모습까지 보고 나서야, 나는 발걸음을 돌릴 수 있었다.

심장이 덜컥
내려앉을 것처럼

　　　　그대로 집에 들어와 곯아떨어진 나는 아침에 눈을 뜨자마자 휴대폰을 확인했다. 새벽 4시 반쯤 지율이에게 메시지가 와 있었다. '선생님. 오늘 수업 끝나고 잠깐 시간 내주실 수 있으세요?'

　다행이었다. 밤사이 아무 일 없이 안전했고, 적어도 오늘 저녁까지는 아이의 신변이 보장된다고 생각했다. 한번 극단적 선택을 생각한 아이들은 상황마저 절망적이라면 걷잡을 수 없이 새롭고 다양한 자살 방법을 생각한다. 직업병일 수 있지만, 이제 지율이는 나에게 더 이상 학업 스트레스나 엄마와 갈등을 겪는 아이가 아니었다. 이제는 가출이나 자살 시도를 할 수 있는 '위기군'으로 분류됐다.

　다를 것 없는 하루가 지나가고, 어느덧 퇴근 시간이었다. 똑똑똑. 상담실 문을 두드리는 노크 소리가 들렸다. 지율이었다. 아직 문제가 해결되지 않았지만, 다시 학교에서 보게 된 지율이가 그렇게 반가울 수 없었다.

　"잘 왔어, 지율아. 어저께 어머니가 별말 없으셨어?" "네. 빨리빨리 다니라고 하더라고요. 그걸로 끝." "그래. 걱정 많이 하셨어." "걱정하면 뭐해요. 진짜 내 사정도 모르면서." 지율이가 자신의 배를 쳐다보며 말했다. 이 조그만 아이가 배 속에 생명을 품었다고 생각하니 이상했다. "그래도 너 어제보다는 좀 나아 보인다." 내 말에 지율이가 살짝 웃어 보였다.

"제가 찾아보니까 임신 테스트기가 100퍼센트 정확하지 않을 수도 있대요. 병원 가서 피 뽑아 보는 게 가장 정확하다고 하더라고요. 그래서… 저도 한번 가 보려고요." "그게 좋겠다. 생리 안 하면 임신일 확률이 높다고도 하더라." "맞아요. 저 주기 지났는데 안 해요. 근데 제가 워낙 스트레스 받으면 날짜가 왔다 갔다 해서요." "결국 이러나저러나 병원은 가야겠구나." "근데… 보호자랑 가야 하잖아요." 지율이가 땅을 쳐다보며 말했다. "부모님 아무한테도 말씀 안 드린 거지?" "말하면 저 죽어요." 눈빛을 보니, 지율이가 나에게 무엇을 원하는지 알 수 있었다. "같이 가자. 지금."

학교 선생님이 학생과 병원에 가는 일은 흔치 않다. 물론 교사가 보호자로서 역할을 할 수 있긴 하지만, 간혹 학생의 가정적, 경제적 사정이 여의치 않을 때만 이루어졌다. 더군다나 남자 교사인 내가 여자 고등학생과 함께 병원을, 그것도 산부인과를 가는 경우는 더더욱 흔치 않았다. 한 가지 문제는 이처럼 임신과 같은 중대한 경우는 더는 비밀보장이 어렵다는 점이었다. 비밀보장을 강하게 원하는 지율이와의 관계가 걱정됐지만, 병원에서 나오는 결과를 보고 결정하기로 했다. 부디 좋은 결과가 나와서 부모님의 귀에까지 들어가지 않기를 바라고 또 바랐다.

"쌤, 저 떨려요." '산부인과'라고 커다랗게 적힌 간판을 보고 아이가 말했다. "별일 없을 거야. 이거." 나는 가방에서 마스크를 꺼내 지율이에게 건넸다. "아, 여기 병원이지." "그것보다 너 고딩인 걸 알 텐데, 눈치 보일까 봐. 죄책감 갖지 마. 네 잘못 아냐."

지율이는 안내 데스크로 가 환자 등록부를 작성했다. "안녕하세요. 제가 임신 테스트기를 해 봤는데요…" 별일 아닌 것처럼 말하려고 애쓰고 있었지만, 영락없는 어린 학생이었다. "아. 정확한 임신 확인하시려는 거죠? 이쪽으로 오세요." 주사실로 가는 지율이의 뒷모습을 보니, 마치 딸을 수술실로 보내는 아버지가 된 것 같았다.

얼마 후 이름이 불렸다. "정지율 님. 보호자분이랑 같이 들어가실게요." 나는 지율이와 함께 소견을 들으러 갔다. 그 걸어가는 짧은 사이에 혹시 나와 어떤 관계인지 물으면 어떡할지, 나를 배 속 아기와 관련된 사람으로 오인하면 어떨지 여러 생각이 스쳐 지나갔다. 그러고는 제발 우려하는 결과가 나오지 않기를 간절히 기도했다.

"정지율 님. 보호자분. 앉으시죠. 피검사 해 봤는데요." 50대 후반 정도로 보이는 남자 의사였다. "임신 맞습니다. 축하드려요." 마음 깊숙한 곳에서 덜컥 내려앉는 소리가 났다. 지율이가 아무 말 없이 고개를 푹 숙였다. 아기를 갖는 것은 당연히 축하받아야 할 일이 맞지만, 지율이는 사정이 조금 달랐다.

"그런데요. 생리 요새 안 하셨다고 하셨죠?" 의사의 물음에 지율이가 고개를 끄덕였다. "조금 지켜보셔야 할 것 같아요. 임신 4~5주 정도로 되어 보이는데, 사실 크기가 조금 작거든요. 혹시 흡연하시나요?" "네…" "술도?" "네. 조금." "어허. 조심하셔야 해요. 다음 주에 한 번 더 나오세요. 잘못될 수도 있어요. 아직 안심할 단계 아닙니다. 아셨죠?" 의미심장한 말이었다. 자칫 잘못하면 유산이라니. 그것을 기뻐해야 하는지, 슬퍼해야 하는지 도무지 알 수 없었다.

뜻밖의 소식

일주일이 금방 흘렀다. 퇴근하려니 지율이가 상담실에 들어왔다. 굳이 말은 꺼내지 않았지만, 오늘이 병원 가는 날이라는 걸 나 역시 기억하고 있었다. "그래. 가자."

그런데 지율이의 표정이 이전과는 조금 달라 보였다. 가라앉은 것 같기도 하고, 무언가로부터 해방된 느낌이기도 했다. 그간 무슨 일이 있었던 건지, 오늘 긴장돼서 그런 것인지 궁금했지만, 지율이의 결연한 표정을 보고는 아무 말도 할 수 없었다. 그렇게 우린 병원으로 들어갔다. 전처럼 마스크를 건넸더니 지율이가 단호하게 답했다. "이젠 괜찮아요. 쌤." 이제 자신에게 벌어졌던 비극과 앞으로 닥칠 일들을 받아들일 준비가 된 것 같았다.

"흐음…" 의사는 결과가 나온 모니터를 한참 들여다봤다. "왜요? 무슨 일이라도?" 기다리다 못해 내가 침묵을 깼다. "아니. 음… 이 선생!" 의사가 갑작스레 큰 소리로 외치는 바람에, 나와 지율이 모두 깜짝 놀라 의사를 쳐다봤다. "환자분 소변 검사도 진행해 봅시다. 바깥 간호사실로 가세요."

그렇게 지율이는 검사실로 향했다. "조금 이상한 거라도…?" 내가 조심스레 물었다. "이따 같이 말씀드릴게요. 그건 그렇고. 고등학생이던데, 아버지라고 하기엔 나이가 조금 어려 보이고…" 의사가 나를 위아래로 보며 말했다. "학교 선생님입니다. 사정 때문에 제가 보호자로 왔어요." "그렇군요. 실례했습니다. 학생이 어떻게 받아들일지 모르겠네요." "네?" "선생님의 역할이 크십니다." 그때 마침 지율이가 들어왔다.

"자, 봅시다." 의사가 잠시 모니터를 보더니 말했다. "잘 들어요. 마음 아플 수도 있어요. 보이지 않아요. 혈중 농도가 일정 수준 안에 들어가야 하는데, 턱없이 부족해요. 여기 이곳이요." 의사가 모니터를 가리키며 말했다. "생리하셨나요?" 의사의 물음에 지율이가 고개를 끄덕였다. "그럼 어느 정도 예상하셨을 것 같네요. 임신 초기에는 유산이 흔해요. 요즘에는 특히 더 많아요. 자책 마시고, 몸과 마음 잘 추스르시면 좋겠습니다." 나는 무의식적으로 지율이의 표정을 살폈다. 생명을 잃은 슬픔도, 안도의 한숨도 아니었다. 이전과는 다른 굳은 표정이었다. 고요하고도 진지해 보였다.

"괜찮아?" 병원을 나오며 지율이에게 물었다. "네. 쌤. 저 진짜 괜찮아요." 나란히 지율이의 집으로 걸었다. 무슨 말을 해야 할지, 어떠한 위로의 말이 어울릴지 생각하던 참이었다. 그때 지율이가 먼저 말문을 열었다. "쌤. 저 이제 알 것 같아요." "응?" "정신이 번쩍 들었다고 해야 하나요. 이런 일 흔한 건 아니잖아요. 그냥요. 어떻게 이제 살아야 하나 조금은 감이 잡힌달까요?" "그래. 이런 일도 다 겪어 보고. 잘 이겨 냈다, 지율아." "쌤한테 정말 감사하죠. 저 열심히 살아 볼게요. 정말로." 그렇게 지율이를 집으로 들여보냈다. 지난주처럼 현관문을 열고 들어가는 것까지 볼 필요가 없었다.

이후의
삶

　　며칠 후 2학년 7반 담임에게서 연락이 왔다. 지율이가 결국 학교를 그만 다니게 됐다는 이야기였다. 그 소식을 듣고 잠시 멍하니 있었다. 내가 최선을 다한 게 맞았는지, 혹시 잘못한 건 없었는지, 지율이와의 시간을 곱씹었다. 그러고는 지율이에게 톡으로 응원 메시지를 보냈다. 어머니와도 통화를 나누었다. 물론 병원과 관련한 이야기는 하지 않았다. 어머니는 내게 감사했다고 말씀하시며 전화기 너머 눈물을 흘리셨다.

　지율이가 자퇴를 결정했을 때, 내게 따로 연락하지 않은 것에 섭섭하지 않았다면 거짓말일 테다. 마지막 메시지에도 감사하다는 짧은 한마디뿐이었기에 내심 서운함이 느껴졌다. 그럼에도 지율이의 힘겨웠던 날들이 자퇴와 함께 마침표를 찍게 되었다는 사실에 조금 다행스럽기도 했다.

　시간이 또 빠르게 흘러 졸업식이 다가왔다. 교사들은 학교 대강당에서 졸업하는 아이들에게 크게 손을 흔들었다. 그들을 응원하며 더 넓은 세상으로 보냈다. 지율이가 있었다면 그 왁자지껄한 아이들 틈 속에 함께 있었겠지, 상상했다.

　졸업식을 마치고 상담실로 들어왔다. 위클래스는 특히 더 조용한 듯 느껴졌다. 내심 이 공간에서 홀로 고군분투한 나에게 수고했다고 손뼉을 치고 싶었다. 그런데 문 안쪽 틈에 무언가가 떨어져 있는 걸 발견했다. 종이쪽지 같았다. 가까이 보니, 연노란 곰돌이 푸가 그려진 편지지였다. 그곳에 손으로 삐뚤빼뚤 빼곡하게 적은 글이 보였다.

쌤. 저 지율이에요! 저 안 잊으셨죠?

종종 연락드렸어야 했는데, 죄송해요ㅠ 항상 걱정만 끼쳐드려서 무언가 하나 해내고 나서 연락드린다는 게 늦어졌어요.

저 대학교 붙었어요! 음대 아니에요. 심리학과예요!! 뚜둔!

작년 일 겪으면서 저도 쌤처럼 좋은 상담사가 되고 싶어졌어요. 자퇴하고 가만히 제 미래를 그려 보니 누군가를 돕는 게 이렇게 보람찬 일이라는 걸 알게 됐어요. 저 많이 컸죠?^^

다 쌤 덕이에요.

바이올린은 그냥 취미로 하려고요. 방황했던 시간이 떠올라서 도저히 못 하겠더라고요 ㅠㅠ 그래도 쌤이 제가 바이올린 하는 거 궁금해하셨으니까, 나중에 상담실에 가져가서 친히 한 곡 뽑아드릴게요^^ (감동할 준비 하세요!)

이제 쌤처럼 심리학과 갔으니, 쌤 후배예요! 도움 필요할 때 그때처럼 그 번호로 연락해도 되지요?^^ 항상 바쁘신 것 같은데 미소로 답해 주셨던 편지를 가슴에 댄 채로 잠시 서 있었다. 상담실 문이 잠겨 그 틈으로 편지를 넣고 간 지율이를 생각하니 귀엽기도 하고 고마웠다. 나는 편지지를 고이 접어 서랍에 넣었다. 힘들 때마다 내게 위로가 될 것이 분명했다. 상담실에 오는 다른 아이들도, 지율이처럼 포기하지 않고 새로운 희망을 꿈꿀 수 있기를 기대하며 찬찬히 서랍을 닫았다.

정체감 확립의 어려움

The Difficulty of Self-Identity Establishment

✦ 심리학자 에릭슨은 세월이 흐르면서 사람이 당면하는 과업을
순차적으로 달성해야 할 심리·사회적 발달 단계가 있음을 이야
기했습니다.

✦ 그중 유아기, 아동기를 거쳐 5단계에 이르면 청소년기의 발달
단계가 나오는데, 이 시기 성취해야 할 과업은 자아 정체감의 형
성입니다. 자아 정체감은 자기 자신이 세상에서 존재하고 있음
을 인식하는 것이며, 자신의 선천적 기질에 따라 주어진 환경 속
조건들을 선택하며 살아갈 수 있는 의식을 의미합니다.

✦ 글 속에 등장한 지율이 역시 자신의 흥미와 어머님의 기대 사이
에서 갈등하고 있는 자아 정체감의 과업 중에 있음을 알 수 있습
니다.

✦ 심리학자 마샤는 정체감을 위기와 개입이라는 두 가지 기준으로 네 가지 개념을 분류합니다. 위기란 정체감 형성을 위한 기회가 있었는지를 의미하며, 개입은 그 기회를 포착하는 등의 노력을 기울였는지를 의미합니다. 위기와 개입 모두가 있다면 정체감 성취, 위기만 있다면 정체감 유예, 개입만 있다면 정체감 유실, 모두 없다면 정체감 혼미로 나타냅니다.

✦ 지율이는 자신이 좋아하는 것은 무엇이며, 앞으로 어떻게 살아가고 싶은지를 고민하는 위기의 과정이 있지만, 그를 위해 시간과 노력을 기울이진 않았기에 정체감 유예에 해당합니다. 그럼에도 자퇴 후, 마음을 고치고 결국 자신이 원하는 바를 위해 노력하였기에 정체감 성취로 연결된 것을 알 수 있습니다.

✦ 이처럼 누구에게나 정체감 고민의 시기가 오게 됩니다. 다만 이를 이루기 위한 시기는 사람마다 다 다르기에 때로는 기다림과 인내가 필요하다는 것을 명심해야 합니다.

그림자라도 좋아,
네 옆에만 있는다면

운명 같은
친구

　　　　　주예는 고등학교 1학년이 되었다. 새로운 교복, 새 친구들 그리고 새로운 학교를 보니 긴장되면서도 마음 한편 설레어 가슴이 콩콩 뛰었다. '중학생 때와는 얼마나 어떻게 다를까. 선배들은 엄격할까? 공부는 더 열심히 해야겠지?'

　　그때였다. "최주예! 뭐가 그리 심각해?" 같은 반 예성이었다. "이제 와? 빨리 가자, 홍예성! 첫날부터 지각하면 안 돼." "주예 너, 무슨 생각을 그렇게 해. 방금 표정 장난 아니었어!" 예성이는 혼자 키득키득 웃었다. "또 새로운 시작이잖아." "떨려?" "조금.” “야. 자그마치 7년지기 친구다. 7년! 내가 초등학교로 전학 올 때부터잖아.” “홍예성 또 시작했다.” “널 보자마자 딱 알았지. 내 절친이 될 거라는 거. 그래서 우리가 친구들한테…” “주예성 이라고 불렸지?!” “크으, 역시.” “그래서 뭐. 내 이름 끝 글자가 예성이 네 이름 시작이라, 우리가 운명이라 생각했다고?” “외웠네, 외웠어.” “7년 동안 들었는데. 못 외우면 바보지.” “내가 주예 너랑 같은 학교 오게 해 달라고 엄청 빌었던 거 알지? 그러니까 긴장하지 말라고.” 예성이는 주예의 손을 잡았다. 그러고는 항상 그래 왔듯 콧노래를 부르며 학교로 향했다.

“와! 되게 이쁘게 잘 나왔다.” 여자아이들이 삼삼오오 주예와 예성이가 있는 책상으로 모여들었다. “어디서 찍었어?” “시내에 새로 생겼더라고.” “너희 둘 사진 진짜 많이 찍는다. 이번 거까지 다 합하면 도대체 몇 개냐?” “세다가 말았지. 헤헤.” 예성이가 히죽거리며 웃었다. “이건 또 뭐야. 키링이야? 요새 이모티콘으로 잘나가는 캐릭터잖아? 인형으로도 있었는지 몰랐네.” “시내에 제일 큰 보드게임방 있지. 주예랑 같이 커플 게임으로 땄어. 원래 하나만 주는데 아저씨가 두 개 주시더라?” “대박 부럽다.” “귀여워. 나도 볼래.”

어색했던 신학기 교실 분위기가 차츰차츰 녹아내렸다. 모인 아이들은 대부분 같은 중학교 출신 아이들이었다. 교실을 보면

이처럼 여자아이들을 주축으로 몇 명 모여 있었고, 떨어져서 혼자 앉아 있는 아이들도 있었다. 몇몇 남자아이들은 교실 뒤편에서서 게임 이야기를 했다.

주예의 키링을 보던 한 아이가 말했다. "보드게임하니까 생각난다. 중앙 복도 게시판에 붙은 거 봤어? 위클래스에서 뭐 한다던데." "상담실? 뭔 행사하나 보네." "그런가 봐. 시간 제한 있는 보드게임인가? 그런 거 하더라고. 선물도 주고. 너네 주예성 한번 가 봐." 아이들이 입을 모아 말했다.

예성이는 눈을 반짝이고는 주예를 보고 말했다. "한번 가? 우리 실력 한번 보여 줘?" "오오오~!" 아이들이 들썩였다. "가자. 언니가 선물 받아 올게." 주예가 팔을 위로 쭉 뻗으며 스트레칭을 했다. "쟤들 몸 푼다. 얼마나 또 열심히 하시려고." 아이들은 주예와 예성이를 보며 깔깔 웃어 댔다.

상담실에서의 만남

바람이 제법 따뜻해지는 4월이었다. 수행평가 시즌이 지나갔고, 학생들은 한숨을 돌리는 참이었다. 이 시기 아이들은 피로로 쌓인 마음을 풀고자 상담실을 많이 이용한다. 나는 해일처럼 밀려드는 상담 일정을 겸허하게 기다리고 있었다. 그 와중에 문득 한 가지 생각이 떠올랐다. 매년 동일하게 상담하는 것보다 올해는 조금 특별하게 진행하고 싶었다. 더군다나 학기 초이기에 1학년 신입생을 대상으로 위클래스 상담실 홍보도 필요했다.

그래서 상담실에 비치된 보드게임을 이용해 보기로 했다. 개인전 혹은 팀전으로 제한 시간 안에 게임을 끝내면 사은품을 주는 프로그램을 구상했다. 어차피 위클래스를 방문한다면 나도, 아이들도, 스트레스를 풀 수 있는 재미난 시간을 갖고 싶었다.

똑똑똑. "뭐지. 안에서 소리는 나는데." 예성이가 문에 귀를 바짝 붙이고 말했다. "다시 해 봐." 똑똑똑. "아무 반응 없어." "그냥 열어 보자… 앗. 깜짝이야!"

"들어오세요! 오? 주예?" "희윤! 오랜만이다. 여기서 뭐 해?" "나 또래 상담이잖아. 오늘 프로그램 안내 맡았어." "대박. 나이스 타이밍이네. 근데 안에 사람 엄청 많다. 우리 게임 할 수 있어?" "잠깐만." 희윤이는 대기자 명단을 쭉 살폈다. "5분 정도 있어야 할 것 같은데. 기다릴래?" 예성이가 주예를 쳐다봤다. 주예가 어떤 결정을 내릴지 지켜보는 눈치였다. 주예가 좋다고 하니 그제야 예성이 입가에 미소가 번졌다. "저쪽 대기실에 앉아 있어." 희윤의 안내에 따라 둘은 그곳으로 이동했다.

진행이 잘되고 있는지 살피기 위해 나는 상담실 이곳저곳을 두리번댔다. '또래상담 동아리'는 보통 위클래스에서 담당하며 심리나 상담에 흥미를 보이는 아이들로 구성된다. 생명존중 캠페인이나 갈등 해소를 위한 집단상담과 같은 일을 주로 한다.

나는 사전에 동아리원들을 요일별로 나누고 게임 진행자, 대기자, 안내자에 한 명씩 배정했다. 다만 오늘은 대기실에 있어야 하는 친구가 오지 않아 내가 그곳을 지키는 중이었다. 이 두 친구 주예와 예성이를, 그때 만나게 됐다.

"뭐야. 짝꿍이야? 가방에 걸린 인형도 똑같네?" "쌤 이거 아셔요?" "피카츄 모르는 사람도 있어? 나 무시하냐?" "아, 아니에요." 내가 노려보니 주예와 예성이 모두 크게 웃었다. "너넨 같은 반이야? 같은 중학교 나오고?" "네. 초등학교도요." "그래서 엄청 친하겠구나." "저 애랑 결혼할 거예요." 예성이가 말했다. "아 뭐야. 또 시작이다." "얘 원래 이러니?" "네… 좀 많이요." "힘들겠네." "아. 쌤!" 예성이가 큰 소리로 버럭했다. "아냐 아냐. 너네 이름이?" "주예성이요." "그럼 너는?" "아니, 우리요." "뭐야? 왜 이래?" "얘가 최주예, 제가 홍예성. 그래서 주예성이에요." 나는 대화의 갈피를 잡으려고 애써 미소를 지었다.

"얘들아, 오늘 고생했어. 내일 오는 친구들한테도 프로그램 인수인계 잘하고!" 또래상담 동아리원들이 행사를 모두 마치고 돌아갔다. 북적거렸던 상담실이 드디어 평화를 맞이하는 순간이었다.

컴퓨터로 노래를 틀었다. 커피 한 잔을 내린 뒤, 동아리 부장이 작성하고 간 사은품 수령자 리스트를 쭉 살폈다. 낯익은 이름들이 보였다. "어? 이놈들 진짜 해냈구나." 주예와 예성이 이름이 보였다. 그다음 날부터 두 친구는 상담실에 자주 놀러 왔다. 고등학교라는 새로운 환경에서 한층 난이도가 오른 공부를 하느라 애먹고 있다는 것 외에 별다른 이야기는 없는 듯했다.

주예가 꺼내 놓은 속사정

한 해가 흘러 겨울방학이 얼마 남지 않은 시기였다. 어느 날, 익숙한 얼굴이 상담실 문을 두드렸다. "어? 웬일로 오늘은 혼자야?" "쌤 혹시 상담 돼요?" 주예였다. "오늘? 지금?" "시간 되실 때요" "물론 가능하지. 근데 무슨 할 말 있어?" "사실 예전부터 이야기하고 싶었는데, 기회가 안 났어요." "기회는 놓치면 안 되지. 오늘 3교시 괜찮아?"

주예는 휴대폰으로 시간표를 들여다봤다. 그 상태로 한참을 고민하는 듯했다. "어려워?" "이 시간 말고는 안 되나요? 역사 수업인데 필기가 많아서요." "그렇군. 보자… 아무래도 오늘은 어려울 것 같고, 내일도… 다 찼네? 모레 1교시 어때?" "내일도 어려우시면 그냥 이따 3교시 할게요." "괜찮겠어? 빨리 얘기해야 할 게 있나 보다." 주예가 말없이 고개를 끄덕였다. 옅은 미소를 띤 얼굴에는 차마 숨기지 못한 걱정거리가 묻어 있었다.

"뭐 좀 마실래? 물이나 음료수 있는데." "아… 물 주세요." 종이컵에 물을 따르며 주예의 표정을 살폈다. 아까 상담 요청할 때의 느낌이 기우가 아니라 사실로 다가올 것만 같았다.

"주예야." 책상만 내려다보던 주예가 화들짝 놀라 나를 쳐다봤다. "뭐야. 왜 이렇게 놀라." 분위기를 풀어 주려고, 억지스럽게 한번 웃었다. 상담실 어딘가의 허공으로 금방 사라질 웃음기였다. 목을 가다듬고 차분히 다시 말을 이었다. "쉬는 시간부터 와서 기다렸어?" "네." "그래. 하고 싶은 말이 뭘까? 조금이라도 빨리 와서 말하고 싶었던 거야?" "아뇨. 아, 네. 맞아요."

주예는 다시 시선을 아래로 향했다. "준비되면 말해. 혹시라도 다른 친구에게 내용이 유출되지는 않을지 그런 걱정은 하지 말고." 나를 쳐다보는 주예의 눈빛에서 안도감이 묻어났다. "예성이 때문이구나?" 주예가 고개를 끄덕였다. "항상 같이 오다가 혼자 오면 그럴 확률이 높지. 혹시 싸웠어?" "아뇨. 사이 좋아요." "근데?" "겉으로만요. 예성이한테는 미안하지만. 아! 그렇다고 사이가 안 좋진 않아요. 속이야기도 많이 하고 그래요. 그런데 가끔씩 그게 지나치다고 느낄 때가 있어요." 주예가 작게 숨을 고르고 이야기를 이어 갔다.

"2학년부터 사회랑 과학 선택 과목을 골라요. 그거에 따라서 반도 나뉘는 것 같아요. 걔가 계속 저한테 어떤 거 할 거냐고 묻길래 혹시 이것까지 같이 하려나 생각했어요. 끝까지 아직 못 골랐다고 했거든요. 그러다 제출하기 직전에 정했는데 계속 알려 달라고 하는 거예요. '너는 간호학 쪽이고 나는 경영경제학 쪽인데 어떻게 같게 하려고 하냐.'고 제가 말했어요. 그랬더니 예성이가, 사실 간호는 엄마가 원했던 거라고 하더라고요. 아니거든요. 걔 예전부터 간호사가 꿈이었어요. 결국 화이트로 자기가 선택한 과목들을 쭉쭉 다 지우고 제가 선택한 걸로 바꿔서 제출하더라고요. 그때 제 마음속에 한계가 온 것 같아요."

얘기를 듣던 내가 슬쩍 물었다. "그런 일이 있었군. 마음의 한계라면… 어떤 걸까?" "뭔가 답답하달까요." "부담이 된다?" "네! 그게 맞는 것 같아요. 처음에는 그냥 그러려니 했어요. 오히려 재미있었죠. 나를 좋아하고 친해지고 싶은 것 같다고 생각했어요. 근데 너무 많이 따라서 하니까 부담스러움이 팍 올라온 것 같아요." "그래. 쌤 같아도 내가 한 걸 누가 다 따라 하면 좀 질린다고 해야 할까. 그럴 것 같아." "작년이었나. 체육 시간에 옷 갈아입잖아요. 아, 정말… 속옷까지 저랑 같았다니까요." 이내 주예의 얼굴이 붉게 달아올랐다.

"네일이랑 틴트도, 심지어 향수도 같은 향이에요." "아이고, 향수까지." 주예가 어깨를 축 늘어뜨렸다. "이 정도 되면 네가 직접 이야기할 만도 한데? 예성이가 따라 하는 것들 말이야." "몇 번 말했어요. 근데 그때마다 그냥 웃으면서 넘기더라고요. 자기가 정말 뭘 사야 할지 모르는 것도 있고, 저랑 같은 걸 쓰면 더 친해지는 기분이래요." "그때 어떤 생각이 들었어?" "그냥 뭐 할 말이 없어지더라고요. 웃는 얼굴에 침 못 뱉잖아요." "얘 어지간해서는 안 바뀌겠다, 뭐 그런 생각?" 주예는 이내 어이없는 웃음을 지었다. 그런 주예를 보고 나 역시 웃음이 나와 서로 한바탕 크게 웃었다.

"아, 쌤 근데요. 아까 선택 과목요. 그렇게 끝난 건 아니에요." 나는 주예를 다시 바라봤다. "걔가 본인 과목들 다 고쳤다고 했잖아요. 저도 다시 바꿔서 냈어요." "헐. 어떻게? 안 걸리고?" "당연히 안 볼 때 한 거죠. 제 건 이미 담임 쌤이 가지고 계셨는데, 끝나고 교무실 가서 바꿨어요." "최주예 너도 무턱대고 당하지만은 않겠다?" "그렇죠. 근데 걱정돼요. 앞으로 어떻게 될지." "예성이가 엄청 화내면 어떡하냐. 나중에 알게 되면." "그러니까요." "예성이가 네 입장을 이해해야 할 텐데. 그때 어떻게 됐는지 알려 줘, 꼭."

다시 찾아온 주예

학교 안에 있다 보면 1년이 금세 지나갔다. 겨울방학이 끝나자 졸업과 입학 시즌이 이어졌다. 두꺼운 외투를 입고 졸업식에 참석했던 아이들이 졸업 후 모처럼 위클래스에 다시 찾아와 기념사진을 찍고 가기도 했다. 그들과 함께 보냈던 시간을 추억하며, 사회인이 될 앞으로의 삶을 마음속으로 응원했다. 여러모로 새로운 생활이 시작되는 시기였다.

똑똑똑. "네~ 들어오세요! 어?" "선생님, 잘 지내셨어요?" "주예! 너 왜 이렇게 오랜만에 등장했어. 어떻게 사는지 궁금해서 혼났다." "왔어야 했는데, 이것저것 하느라 이제 왔어요." "그래. 지금이라도 잘 왔어. 잘 지냈어?" "그럭저럭요. 일이 많았어요." "그러니까. 너 2학년 반 배정 어떻게 됐어?" "예성이랑은 다른 반 됐어요." "진짜?" "사회랑 과학 계속 고민하다가 나중에 바꿨다고 하니까 아무 말 안 하더라고요." "다행이네." "그쵸. 근데… 저랑 같은 반 된 친구가 있는데, 셋이 다니게 됐단 말이에요. 예성이가 걔를 별로 안 좋아해요." "별로가 아니라 엄청 안 좋아할 것 같은데? 겨울방학 때 무슨 일 있었어?" 주예는 잠시 그때를 회상하는 듯 손을 만지작거렸다.

주예와 예성이 사이에 있었던 일

겨울바람은 세찼다. 내장재 가득한 푹신한 패딩도, 24시간 지속되는 손난로도 날카로운 겨울바람을 이겨 내진 못했다.

하지만 세상엔 이를 이겨 내는, 선택받은 사람들이 존재했다. 대표적으로 10대가 그랬다. 남학생들은 운동장을 누비며 땀을 흘렸고 여학생들은 추위에 아랑곳없이 옹기종기 모여 잡담을 즐겼다. 그 열기는 아무리 차갑고 매서운 바람이라도 녹일 만한 기세였다. 또, 이에 못지않을 학원들의 열띤 홍보 마케팅도 그해 겨울바람을 굳건히 이겨 내고 있었다.

"야, 최주예. 숙제 다 했어?" "해야지 이제. 진짜 하기 싫다." "그러니까. 수학 너무 싫어." "희윤아. 그나저나 너 나랑 어떻게 학교에서까지 같은 반이냐. 되게 신기해." "나도 새 학급 단톡방에 이름 목록 쭉 보다가 너 보고 소리 질렀다니까." "좋아서?" "아니, 싫어서." "뭐야?" "농담이지." 주예와 희윤이는 입을 막고 키득키득 웃었다.

"어이, 거기! 조용히 안 해? 자습실에서 누가 그렇게 떠들어!" "죄송합니다! 이따 쉬는 시간에 매점 고?" "무조건 고!" 둘은 조그만 소리와 수신호를 주고받으며 다시 공부 모드로 돌입했다.

학원 쉬는 시간, 예성이가 주예와 희윤이가 있는 매점으로 걸어왔다. "뭐야. 너희. 같은 반 됐다고 벌써 친해졌냐?" "왔어? 초코 맞지?" 주예는 미리 사 둔 아이스크림을 예성이에게 건넸다. "좋아 좋아. 이런 걸로 내 입을 막아 보겠다 이거지?" 예성이가 장난스러운 눈빛으로 이 둘을 노려봤다. "점점 더 좋은 걸로 골라서 입막음을 하겠다는 거지." 희윤이가 웃으며 말했다.

"그나저나 이따 학원 마치고 뭐 먹을지 아직 안 정했다고. 마라탕이야, 떡볶이야." 주예가 말했다. "넌 뭐가 더 끌리는데?" 예성이가 주예의 눈치를 살폈다. "너는?" "난 상관없어." "또 이런다. 내가 고른 거 먹자고 하려고?" 예성이가 고개를 끄덕였다. "야야. 그러지 말고 마라떡볶이 고?" 희윤이가 말했다. 예성이는 다시 주예를 쳐다봤다. "오? 좋은데?" "오케이! 이따 마치고 여기서 봐." 주예와 희윤은 같은 강의실로 들어갔다. 그 뒷모습을 예성이는 한참을 지켜보다 강의실로 향했다.

"와! 맵다. 안 매워?" 희윤이가 벌써 몇 잔째 물을 벌컥벌컥 마셨다. "물배 채우려고? 먹을 만한데." 예성이가 말했다. "쟤는 꼭 잘 먹고 저러더라. 거의 다 먹었잖아." 주예가 희윤이의 빈 접시를 두드렸다. "그렇긴 해. 배불러. 물인지 떡볶이인지. 야, 근데 문학 쌤 너무 졸립지 않냐?" 희윤이가 말했다. "누구?" 예성이가 물었다. "학교 말고 학원 쌤. 진심 아까 졸다가 꿈나라에서 못 나올 뻔." 희윤이의 말에 주예가 키득거렸다. "너 너무 심했어. 고개가 박자에 맞춰 떨어졌다 올라갔다 하는데, 저걸 깨울 수도 없고." "그 정도였어?" 희윤이와 주예는 꺄르르 웃음을 터뜨렸다. 대화를 따라가지 못하는 예성이는 남겨진 떡볶이를 젓가락으로 휘적거렸다.

"사진 찍고 가자!" 주예가 사진 찍을 때의 폼을 취했다. "좋지. 우리가 또 언제 이렇게 놀아 보냐." 희윤이가 주예의 팔짱을 꼈다. "가자." 예성이도 주예의 남은 팔을 잡고 이동했다.

네컷 사진관에는 학생들이 바글바글했다. "이거 완전 이쁘다." 예성이가 두꺼운 테의 검은 선글라스를 끼고 거울을 보았다. "그것보다 난 이거." 희윤이는 빨갛고 뽀글뽀글한 가발을 썼다. "그거 괜찮다. 나는…" 주예는 그 옆에 걸린 노랗고 긴 생머리 가발을 만지작거렸다. "아, 그럼 나도." 예성이는 곧바로 선글라스를 휙 벗어 던지고는 반짝이가 묻은 보라색 가발을 썼다. "에이. 그것보다 넌 선글라스가 잘 어울리는데? 그거 너무 튀어." 희윤이가 말했다. 희윤이는 예성이가 던진 선글라스를 주워 예성이의 얼굴에 씌워 주었다.

"주예야. 한번 예성이 좀 봐 줘. 어때?" 한창 어떻게 찍을지 자세를 잡고 있던 주예가 거울에 비친 예성이를 쳐다보았다.

"오호. 그것도 괜찮긴 한데, 우리 셋 다 가발 쓰고 찍는 것도 예쁘겠는데?" "오케이!" 예성이는 곧장 선글라스를 벗고 다시 가발을 썼다. 그러고는 거울을 보며 만족스러운 표정을 지었다.

"하암, 졸려 죽을 것 같다." 다음 날, 학원 수업 중 희윤이가 조용한 목소리로 주예에게 속삭였다. "히터 꺼 달라고 해." "그게 문제가 아니야. 저! 저!" 그는 판서 중인 문학 선생님에게 고개 숙인 채로 삿대질을 마구 해 댔다. 희윤이의 싫은 표정과 모습이 우스꽝스러워 주예는 하마터면 크게 웃을 뻔했다.

"근데 주예 넌 예성이랑은 언제부터 친했어? 처음부터 그랬어?" "예성이? 오래됐지. 초등학교 때부터니까." "근데 너도 많이 좋아하지?" 그 말에, 주예는 필기하다 말고 희윤이를 쳐다봤다. "아니. 예성이가 주예 너를 엄청 다 따라 하는 것 같아서." "좀 그렇긴 해." "크게 신경 안 쓰는구나?" "잘 모르겠어. 익숙해진 것 같다가도 어떨 땐 좀…"

주예는 다시 책으로 눈길을 돌렸다. 글을 읽는데 머릿속에 들어오지 않았다. 부담스럽고 답답한 것은 사실이었다. 반면 희윤이는 가볍고 재미있었다. 어쩌면 전에 없던 관계의 변화가 생길지도 모른다는 생각이 들었다.

주예 옆에 있는
예성이

"홀수잖아. 세 명은 불안해." 주예의 이야기를 듣고 나서 내가 말했다. "새롭게 시작된 이번 학기, 정말 한 치 앞을 모르네. 너희 셋." "일단 2학년은 예성이랑 다른 반이 됐으니까 조금 낫기는 한데. 또 모르죠. 어떻게 될지." 주예가 턱을 괴고 말했다.

"희윤이랑 예성이 관계는 어때?" "음… 둘이 얘기는 하는데 그렇게 친하진 않아 보여요." "주예 네가 빠지면 둘은 그냥 흩어지는?" "아마도요. 저는 희윤이를 중학생 때 학원에서 알았어요. 진로가 같아서 더 친해졌는데, 그러다가 학원이랑 학교에서까지 같은 반이 된 거예요." "네가 한 명씩 데리고 와서 친하게 만든 거네. 너 없으면 안 되겠다." 주예는 어색한 미소를 지었다.

그때 수업 종료를 알리는 종이 울렸다. 똑똑똑. 종소리가 끝나기도 전에 누군가 상담실 문을 두드리는 소리가 났다. 문을 조금 여니 익숙한 얼굴이 보였다. 예성이었다.

"예성이 오랜만이다?" "쌤! 저 기억하시네요?" "그럼. 근데 무슨 상담할 거라도 있어? 안에 아직 학생 있는데." "주예잖아요." 예성이가 당연하다는 듯 말했다. "어떻게 알았어?" "연락했죠." 문틈 사이로 예성이가 팔을 크게 흔들며 안쪽에 있는 주예에게 인사했다.

"최주예! 뭐야 진짜. 아침에 같이 오자니까." "늦는다고 했잖아." "와, 진짜 의리 없어." 예성이는 주예 옆에 앉아 의자를 바짝 붙였다. "쌤, 저희 보드게임 또 해도 돼요?" 예성이가 나를 향해 물었다. "점심시간은 항상 가능하지. 친구들 없다면." "오케이! 이따가 올 거지?" 예성이가 주예를 뚫어져라 쳐다봤다. "밥 먹고 게임 한 판 하자. 어차피 밥도 같이 먹잖아."

그 모습을 지켜보던 내가 장난삼아 말했다 "야, 너네 무슨 사귀는 사이 같다." 그러자 예성이는 주예의 팔을 끌어당겨 자기 품에 꼬옥 안았다. "맞아요!" "아. 진짜 쫌. 제발." "왜 최주예~" "말했잖아. 담임 쌤이 우리 반끼리 먹으라고 했다고." "나도 끼워 줘." "니가 모르는 애들인데도?" "나 너 없으면 밥 안 먹는 거 알잖아." "새로운 애들도 좀 만나!" "싫은데?" "아, 진짜. 쌤, 얘 어떻게 좀 해 주세요." 주예가 고개를 내저으며 예성이를 떼어 내려고 했다.

"그건 그렇다 쳐도! 밥 다 먹고 상담실에서 보드게임 한 판은 하자. 양심적으로 그건 해야 해. 인정?" "알겠어. 알겠어." "오케이, 콜!" 예성이 입이 귀에 걸렸다.

너무나 위태로운
진실 게임

"빨리 와. 왜 이렇게 밥을 오래 먹냐?" "나 진짜 바로 왔거든." 상담실 문밖에서부터 구시렁거리며 주예와 예성이가 들어왔다. "쌤, 요새 무슨 게임이 제일 많이 나가요?" 예성이가 물었다. "여기가 무슨 보드카페냐." "아, 조금 그랬나." 예성이가 머쓱한 표정을 지었다. "하긴 뭐. 거의 그런 수준이긴 해. 보자… 순발력 게임으로는 이거. 전략 게임으로는 이거. 대화하는 걸로는 이거."

"너 뭐 할래?" 예성이가 주예를 쳐다봤다. "이번엔 진짜로 예성이 니가 골라." "골라 줘." "니가 하고 싶은 거 하라고." 예성이가 눈치를 보다가 말했다. "음… 이거?" "그래도 되고." "이거는?" 주예가 한숨을 내쉬었다. "그럼…" 예성이가 보드게임으로 차곡차곡 쌓인 서재 위로 손을 뻗었다. "잠깐. 잠깐. 쌤이 꺼내 줄게."

주예와 예성이가 지목한 것은 '열려라 참깨'라는 게임이었다. 상대 플레이어에게 그럴 것 같다고 생각한 무언가를 말하고 이것이 진실이라면 "진실입니다!"라고 외치며 상대가 세운 벽돌 탑에서 벽돌을 하나씩 빼서 무너뜨리는 게임이었다.

"해 본 적 있어?" 주예와 예성이가 고개를 끄덕였다. "괜찮겠어? 이거 하면 좀 진지해지더라."

그때 문밖에서 노크 소리가 들렸다. "누구지?" 점심시간이라 여러 학생이 올 수 있었기에 스스럼없이 문을 열었다. "아… 선생님, 혹시 안에 주예 있어요?" "뭐야. 오늘 무슨 날이야?" "어? 희윤이다. 우리 반 애들도 있네!" 주예가 문밖에 있는 아이들을 보고 손을 흔들었다. 자연스레 밖에 있던 세 명의 학생이 모두 들어왔다. 그들은 주예와 예성이 옆에 나란히 앉았다. 조용했던 상담실이 순식간에 북적였다.

"최주예, 왜 이렇게 빨리 갔어. 애들이랑 같이 매점 가자 했잖아." 희윤이가 툴툴거리듯 말하자 주예는 아무 말 없이 예성이를 쳐다봤다. "뭐. 내가 불렀다. 보드게임 하자고. 왜." "아, 그렇구나. 근데 지금 무슨 게임 해? 이거 '열려라 참깨' 아니야?" 희윤의 말에 예성이는 별다른 대꾸 없이 자신의 탑을 쌓고만 있었다. 뭔가 불편한 기색이 느껴졌다. "희윤이 너도 할래?" 주예가 말했다. "하려면 같이 하고." 예성이가 주예를 쳐다봤다. "아. 하지 뭐." 희윤이가 다급하게 탑을 쌓았다. 그렇게 게임이 시작됐고, 즐거운 분위기가 이어졌다.

"나는 초등학생 때 바지에 똥을 지린 적 있다!" 주예가 웃으며 희윤이의 탑을 쳐다봤다. "어후… 똥은 좀 선 넘었다." 희윤이가 말했다. 옆의 아이들도 키득키득 웃었다. "알겠어. 오줌으로 바꿔 줄게." "사실 똥 맞아. 틀렸으니까 너 벽돌 하나 빼." "대박. 독하다." 주변 친구들은 웃으며 깔깔거렸다. 어느새 탑은 그 이름이 무색하게 기둥 몇 개와 지붕만이 앙상하고 위태롭게 남았다.

"자. 내 차례다. 지금부터가 본 게임인 거 알지?" 희윤이가 의미심장한 표정을 지으며 예성이를 쳐다봤다. 희윤이는 헛기침을 하고 조금 뜸을 들였다. 주예도 희윤이의 입만을 바라보고 있었다. "나는 누군가에게 지나칠 정도로 의존하고 있다." 그 순간 주변 아이들의 웃음소리가 싹 멎었다. 나 역시 일하다 말고 그쪽을 향해 눈과 귀를 기울였다.

"맞아? 아니야?" 희윤이의 시선이 계속 예성이를 향했다. 예성이는 아무 말 없이 자신의 탑만을 바라봤다. "시간 간다. 진실의 문아, 열려라!" 그때였다. 예성이는 자신의 탑에서 벽돌 하나를 뺐다. 진지해진 분위기가 더욱 무거워졌다. "맞혔으니까 하나 또 말해, 빨리." 예성이는 얼굴이 붉으스름해졌다. 희윤이가 당황한 기색을 감추고 다시 말했다. "그… 그럼 한다? 그 대상이 지금 여기에 있다."

그 질문을 듣자 마치 내가 재판관에게 심문이라도 받는 듯 간담이 서늘해졌다. 예성이는 한숨을 푹 쉬고, 벽돌을 하나 더 뺐다. 더 이상 게임이 가능할까 싶을 정도로 분위기가 얼어붙었다.

"하하하!" 모두가 놀라 희윤이를 일제히 바라봤다. 희윤이는 큰 웃음을 치며 비장한 표정을 지었다. "마지막 질문 하나 남았네. 이제 끝을 내야지.” 예성이는 얼굴이 붉어진 채로 땅바닥만 바라보고 있었다. 주예는 그런 예성이를 한 번 기웃거리고, 바깥 창을 보다가 나와 눈이 마주쳤다. 아무 말 하지 않았지만, 주예가 나를 향해 이렇게 말하는 것 같았다. ‘쌤. 진짜인 것 같아요. 우리 셋의 사이가 이렇게 틀어지나 봐요. 어떡해요, 저 이제?’

“자. 간다.” 희윤이는 숨을 길게 내쉬었다. 모두가 긴장한 순간이었다. “그 사람이 없으면 안 될 것 같고, 이게 무슨 감정인지 혼란스럽다.” 다시 정적이 흘렀다. 희윤이를 제외하고 모두가 얼음이 됐다. 희윤이는 마치 이 게임의 끝을 알고 있다는 듯 마지막 벽돌을 바라봤다.

예성이는 마른침을 꿀꺽 삼켰다. 그러고는 천천히 손가락을 움직였다. 예성이의 탑은 흔적도 없이 와르르 무너져 버렸다. 희윤이는 함께 온 아이들과 속닥거리며 자리를 떴고, 당황한 주예가 상담실 밖으로 뛰어나갔다. 남겨진 예성이의 표정은 쓸쓸하고도 슬퍼 보였다. 잠시 뒤, 예성이가 눈물이 그렁그렁한 채로 천천히 속내를 털어놓기 시작했다.

나도 모르게 시작된 마음

“엄마. 나 배고파.” “차려 놨잖아. 꺼내 먹어.”

"같이 안 먹어?" "언제까지 징징거릴래? 네가 무슨 갓난쟁이 아기야? 벌써 초등학생 2학년이잖아!" 어린 예성이는 오늘도 혼자 냉장고에서 반찬을 꺼낸다. 어제와 그제, 엊그제 먹었던 김치와 김, 무생채가 전부다.

'조금만 더…!' 예성이는 냉장고 서랍장 맨 위에 있는 밥통에 까치발을 하고 손을 쭉 뻗었다. 앗! 닿을 듯 말 듯 한 밥통이 결국 떨어져 바닥이 온통 밥풀로 뒤덮였다. "야! 홍예성! 너 이리 와!" 엄마는 아이의 볼기짝을 손바닥으로 사정없이 때렸다. "앙앙. 죄송해요." "뭘 잘했다고 울어? 저 밥들 어떻게 할 거야? 어!" 손바닥이 얼얼해질 즈음 엄마는 매질을 멈추고는 말했다. "아까운 거 네가 다 주워 먹어라. 떨어뜨린 거 하나도 남기지 말고!" 예성이는 차가운 밥에 눅눅한 김을 싸서 씹고 또 씹었다. 손에 묻은 밥풀 때문에 숟가락과 젓가락이 엉겨 붙었다. 족히 성인이 먹을 양은 넘어 보였다. 안 먹으면 더 맞을 것을 알고 있던 어린 예성이는 목구멍으로 그것들을 꾸역꾸역 밀어 넣었다. 배가 더 부룩해질수록 눈물이 가득 고여 식탁으로 떨어졌다.

"이사 갈 거야. 엄마 직장 근처로. 또 전학 가느니 어쩌니 그런 말 하지 마. 엄마가 일해서 돈을 벌어야 너도 살 수 있어. 그리고 아저씨한테 잘해. 엄마가 아빠라고 부르라고까지는 안 하잖아. 아저씨 없었으면 너도 아빠한테 가야 했어. 알아? 널 그냥 보내고 왔어야 했는데. 엄마가 하루에도 몇 번을 후회해. 네가 지금처럼 엄마 말 안 들을 때면 특히나. 그러니까 잘하라고. 알겠어?” 예성이는 고개를 끄덕였다. “대답!” “네.” “크게 안 해?” “네에에!”

예성이는 아빠를 떠올렸다. 유일하게 자신을 보고 따스하게 웃어 주는 사람이었다. 이제 예성이의 주변엔 믿을 수 있는 사람이 하나도 없었다. 세상은 온통 외롭고, 차가웠다.

새로 전학 간 초등학교는 생각보다 좋았다. 신식 건물에 천명 이상을 수용할 대규모 학급으로 구성되어 있었다. 예성이는 반 배정을 받고 떨리는 마음으로 자리에 앉았다. 자기 앞에 양 갈래로 머리를 땋고 온 아이가 있었다. 뒷모습이 어찌나 이쁜지, 땋은 머리를 마지막에 묶는 끈에는 분홍색 키티 인형이 그려져 있었다. 예성이는 그 인형을 뚫어져라 봤다. 언젠가 엄마와 동네 마트를 돌아다닐 때 화장 가방 놀이 세트에 그려진 인형이었기 때문이다. 갖고 싶었지만, 말을 꺼낼 수 없었다. 엄마가 어떤 말을 할지 알았으므로.

“왜? 내 머리 이상해?” 앞에 있던 여자아이가 별안간 획 돌아보며 말했다. “아니… 아니야.” “너, 이름이 뭐야?” “홍예성. 너는?” “신기하다. 내 이름이랑 이어지네. 난 최주예인데.” “최주예?” “응. 주예성이잖아. 합쳐지는데?” 이목구비가 올망졸망하고 하얀 피부의 아이, 주예를 만난 것은 그때부터였다. 예성이는 직관적으로 주예가 자신의 절친이자 안식처가 될 수 있을 거라 확신했다.

한참 시간이 지나고서야

"언제 연락 주나 했다. 드디어 만났네." 예성이는 주예를 바라봤다. 잔잔한 팝송이 흘러나오는 작은 카페였다. 둘은 커피를 홀짝이며 서로를 문득문득 쳐다보았다. "잘 지냈어?" "나야 뭐." "예성이 너, 바뀐 스타일도 잘 어울린다." "칭찬이냐? 고맙다."

예성이를 지그시 보던 주예가 물었다. "우리 몇 년 만이지?" "글쎄. 한 6년 정도? 내가 그해 2학기 때 전학 갔으니까." "그래. 벌써 스물네 살이야." "주예 넌 어떻게 지냈어?" "학교 다니느라 정신없지." "결국 좋아하는 경제학 전공한 거야?" "응. 예성이 너는 뭐 하고 지내?" "난 대학 안 갔어. 그냥 다 재미없더라고." 예성이는 커피를 한 모금 마시고는 밖을 쳐다봤다. "사실 그때 전학 가고 잘 못 지냈어. 낯선 지역에 촌스러운 교복, 새 친구들. 그냥 다 적응 안 되더라고." 주예는 예성이의 눈을 들여다봤다. 계속해서 예성이는 창밖만 응시하고 있었다. 이제야 주예는 알 것 같았다. 예성이는 온몸에서 빠져나오는 깊은 설움이나 슬픔을 들키지 않으려 몸부림치고 있었다.

주예가 별안간 울음을 터뜨렸다. "미안해." 굵고 진한 눈물이 주예의 볼을 타고 흘러내렸다. 당황한 듯 예성이가 손을 내저었다. "아니야. 왜 미안해 니가. 미안할 거 하나도 없어." "내가… 연락도 하고 그랬어야 했는데. 그날… 그냥 무서웠어." 예성이도 어느새 눈가가 그렁그렁해지고 말았다. 흐르는 눈물을 연신 소매로 닦으며 예성이가 말했다. "나도 근데, 주예야, 나도 무서웠다. 너가 애들이랑 쪽지 교환하고 뒷담화했던 거, 어디 갔다 오면 갑자기 등 돌린 거, 없는 사람 취급한 거, 다 기억나."

주예가 떨리는 목소리로 말했다. "널 지켜 줬어야 했는데, 내가…" 예성이는 눈물을 닦으며 입 안쪽 볼을 꽉 물었다. 그러고는 가방을 뒤적거리다 무언가를 꺼냈다. "이거. 나중에 열어 봐. 내 마음이야." "뭐야, 이거? 예성이 너 어디 가?" "나도 몰라. 그냥 발 닿는 곳으로 갈 거야."

예성이는 크게 숨을 내쉬고 자리에서 일어났다. "마지막으로 한번 안아 봐도 돼?" 예성이의 말에 주예는 두 팔을 벌렸다. 둘은 예전 고등학생 때 그랬던 것처럼 따스하게 포옥 안았다.

예성이가 카페를 떠난 뒤에도 주예는 한참을 그 자리에 있었다. 빈자리를 멍하니 바라보다 예성이가 주고 간 것을 보았다.

편지였다. 편지를 읽고 좀 더 울고 나서야 주예는 자리를 뜰 수 있었다. 그간의 아픔이, 소중했던 친구의 상처가 눈물로 씻겨 내려가길 바라는 듯 하염없이 울었다.

주예야. 내 소중한 친구 최주예.

벌써 몇 번째 쓰는 건지 모르겠다. 원망도 해 보고, 욕도 써 보고, 미워도 해 봤어. 다 아니더라. 진짜 남는 건 너와 보낸 그 오랜 시간들, 우정이었던 것 같아. 고등학교 입학 때 증명사진 필요해서 함께 사진관 갔던 일, 체육복 없어서 땀 냄새 풀풀 나는 체육복 빌려줬던 일, 한여름 시험 마치고 자주 가는 카페에 가서 제일 큰 빙수 시키고 5분 만에 해치운 일들.

주예 넌 단순히 친구가 아니었어. 힘들 때 응원을, 길을 잃었을 때 조언을, 의지가 필요할 때 어깨를 빌려준 존재야. 참 고마웠다는 말을 하고 싶었어. 한참 어렸던, 마음 둘 곳 없던 나와 함께해 줘서 고마워. 그리고 내가 지나치게 널 따라다녀서 미안했고. 나도 누군가에게 너 같은 사람이 되고 싶어. 그럴 때 주예성을 가끔 추억해도 되지?

20xx년 x월 x일 예성이가

의존성 성격장애 Dependent Personality Disorder

✦ 의존성 성격장애란 주체성 없이 의지하는 대상에게 자신을 전적
으로 맡기는 것을 의미합니다. 작게는 물건과 취미생활을, 크게
는 진로나 가치관까지 타인이 결정해주기를 바랍니다.

✦ 글 중 예성이는 주예에게 지나치게 의존하고 있으며 자존감과
자신감이 결여된 모습을 보이고 있습니다. 이는 제삼자인 희윤
이에게 노출되며 대인관계에 깊은 영향력을 행사하였습니다.

✦ 타인에게 자신의 결정권을 맡기는 근원적 이유는 보살핌이나
관심을 받고자 하는 욕구 때문입니다. 유년 시절 주 양육자에 의
한 과도한 보호나 방임과 같은 불안정한 애착 관계로 의존성 성
격장애가 나타날 수 있습니다. 타인에게 버려질지도 모른다는
막연한 불안을 직면해야 이 성격장애에서 조금씩 벗어날 수 있
습니다.

✦ 증상이 너무 심하여 사회생활과 같은 기본적 생활에 지장이 되
는 경우, 항불안제나 항우울제를 비롯한 약물치료가 도움이 됩
니다. 또한, 세상은 너무나 외로워 혼자서는 아무것도 할 수 없
다는 왜곡된 인식을 치료할 수 있는 인지행동치료도 효과적입
니다.

✦ 이때, 한 번에 독립적인 삶을 살도록 하는 것보다 서서히 주체
성을 갖출 수 있도록 일관된 태도로 도움을 주는 방법이 중요합
니다.

Chapter 5

상상하는 대로
세상을 믿고 싶어요

모두가 나를 주목하고 좋아해요

밴드가 필요할 때
찾아가는 곳

대부분의 상담 교사는 고개를 끄덕일 수 있겠다. 보건 교사와 상담 교사가 긴밀하고도 협력적인 관계를 맺고 있다는 사실 말이다. 앞서 몇 번 이야기했듯, 학교 안에서 고민 많은 아이들이 자주 가는 곳은 정해져 있다. 보건실, 상담실, 도서관이다. 어쩌면 이는 괜찮은 경우일지도 모른다. 적어도 그곳으로 발걸음을 옮길 힘이 있고, 누군가와 대화하려는 용기가 있다는 것을 말해 주기 때문이다.

때때로 화장실 칸에 웅크려 숨어 있거나 학교에 아예 오지 않는 아이들도 있다. 운이 좋아 담임이나 친구들의 신고로 수면 위로 올라오지 않는다면, 이들의 고통을 아무도 쉽게 알아차릴 수 없다.

연달아 있는 세 타임의 상담을 마친 날이었다. 잠시 쉬려고 안경을 벗으니 알에 묻은 지문과 먼지가 보였다. 안경닦이를 찾으려 서랍을 열어 보았다. 그때 서랍 안쪽 깊숙한 곳에 약들이 보였다. 진통제와 밴드였다. 지난달 보건실에서 얻어 온 것들이었다. 학생들을 위한 약이었다. 생리통이나 두통으로 아파하는 아이들을 위한 진통제와 자해 자국을 숨기거나 흐른 피를 닦을 용도의 밴드였다. 마침 밴드를 찾는 아이가 있었다.

"쌤, 혹시 밴드 있어요?" "응? 어디 다쳤어?" 아이가 고개를 떨군 채 말을 잇지 못했다. "혹시…?" 아이는 고개만 연신 끄덕였다. "아이고, 왜 또. 근데 그걸 상담실에서 찾으면 안 되지. 보건실 간 적 있어?" "아뇨." "한번 가 봐. 같이 갈래?" 아이는 조금 망설이는 것 같았다. "가자. 같이. 나도 인사도 드릴 겸."

보건실에서 나눈 대화

"선생님. 잠시 시간 되세요?" 간식 몇 개를 양

손 가득 들고 보건실 문을 두드렸다. "오, 선생님! 상담 없으세요? 웬일로요." 보건실 특유의 알코올 냄새는 예나 지금이나 여전했다. 그 냄새는 상처나 피를 연상시키는 긴장감을 주는 동시에 다친 곳을 치료받거나 편하게 쉬다 갈 수 있다는 안정감을 주었다.

"너는 누구니? 어떻게 왔어." "아…" 아이가 쭈뼛쭈뼛 나를 쳐다봤다. "말씀드려. 괜찮아." "저…" 아이는 말 대신 옷소매를 들어 올렸다. "아이고. 많이도 했다." 하얀 팔목에 여러 상처가 가득했다. 그렇게 보건 선생님이 아이를 치료하고 교실로 보냈다.

"상담 쌤도 참… 일복 많다. 이거 아니어도 애들 많잖아요." "그러게 말입니다." "요새는 새 고객님들 없어요?" "왜 없겠어요. 어제는 자살 시도한 학생이 와서 교육청에 사안 보고 했어요." "아, 그때 말씀하신… 차도로 뛰어들었다던 그 학생인가요?" "네. 이번에는 옥상에서 투신하려고 했어요." "어떻게 정말… 아 참. 맞다. 쌤, 그 아이 왔었어요."

누구, 하는 궁금한 표정을 지으며 내가 보건 선생님을 쳐다봤다. "완전히 잊고 있었네. 소원이요." "이소원요? 오랜만이네요. 요새 상담실은 안 왔는데." "직접 온 건 아니고, 소원이 친구 민희가 왔어요." "무슨 일 있대요?" "소원이가 자기한테 두 줄 나왔다고 하더래요." "두 줄?" "네. 임테기요." 나는 좀 더 눈을 크게 뜨고 상담 선생님을 바라봤다. "아, 임신 테스트기요." "그게 두 줄이면…?" "네. 임신이에요."

상담 선생님과 나는 한동안 말을 잇지 못했다. 고개를 흔들며 상담 선생님이 나지막이 다시 말했다. "연애하다가 그렇게 된 거면 우리가 개입할 건 없죠. 문제는 죽고 싶다고 했다네요. 강제로 임신이 됐다고." "네? 누구한테요?" "전 남친이래요. 헤어졌는데 강제로 몇 번 잠자리만 요구했나 봐요." "하아. 이젠 어처구니가 없다. 그놈 우리 학교예요?" "그건 모르겠다고 하더라고요." "아이고, 뭘 몰라. 민희 얘 가끔 상담실 오던데 제가 한번 물어볼게요. 진짜 자살 사인인지." "네. 그래 주세요."

보건실에서 상담실로 돌아오는 동안 그 아이, 소원이 얼굴이 스쳐 지나갔다. 소원이는 허옇고 두꺼운 화장에 눈 주변을 검은 아이라이너로 아주 짙게 칠하고 다녔다. 세련되고 예쁘장하다는 인상보다 거칠고 어색하며 서툴게까지 느껴졌다. 상담실에서의 첫만남은 어땠더라….

소원이의
세계

"잠깐 들어가자니까?" "아, 싫어." "잠깐 가자. 쌤이 음료수 주셔." 상담실 밖에서 여자아이 둘이 실랑이는 소리였다. "뭐야. 거기서 그러지 말고." 안에 있던 내가 크게 소리 쳤다. "어? 쌤! 얘가 안 들어갈라 해요." "민희구나. 같이 들어와. 마실 거 줄게." 쭈뼛쭈뼛 소원이가 민희와 함께 상담실로 들어 왔다. 두 달 전, 소원이가 처음 찾아온 날이었다.

"여기 오는 게 그렇게 힘들었어?" 상담실 냉장고에서 시원한 음료수 두 개를 꺼내며 내가 물었다. "그러니까요. 소원이 얘가 좀 낯을 가려요." "낯가려? 뭐야, 진짜 그런가 보네." "그러면서 남자 엄청 바꿔 가면서 만나요." "아, 진짜." 비밀을 들킨 것처럼 소원이의 얼굴이 순식간에 발그레해졌다. 그래도 싫지만은 않 아 보였다.

"저 말 진짜야?" 내가 웃으며 물었다. "아뇨. 그런 건 아니고 요." "그런 게 아니면?" "야. 너 그거 말씀드려." "뭐, 또." "공개 고 백 받은 거." "공개 고백?" "네. 3층 자습실 앞에서요." "거기 완전 사람들 많은 곳인데? 뭐야. 진짜 인기 많은가 보네." "아녜요."

소원이와 내 대화를 듣던 민희가 "근데 그거 진짜긴 하지?" 하고 소원이에게 냉큼 물었다. "거기에서 고백받은 거 맞냐고." "얘 또 이러네." "아니. 그런 일 있을 때마다 내가 없어지는 건지, 애들도 들은 적 없다 그러고." 그러자 소원이가 휴대폰을 꺼내 민희에게 뭔가를 보여 줬다. 꽃다발과 목걸이 선물을 찍은 사진 이었다. "그때 받은 거야?" 소원이가 고개를 끄덕였다. "이 사진은 뭐야?" "전 남친. 이제 됐냐?"

"오~ 진짜 매달 바뀌나 보네." 내가 말하자 소원이는 수줍은 듯 배시시 웃어 보였다. 두 달 전의 기억은 이 정도였다. 평범하다면 평범했고, 조금 독특하다면 독특할 수도 있는… 그런 아이였다.

예상치 못한 사건

남의 말 하기 좋아하는 민희가 최근 보건실에 들렀다면, 곧 상담실에도 올 게 분명했다. 하지만 예상과 달리 엉뚱한 곳에서 일이 발생했다. "그걸로는 신고가 어렵다니까? 증거가 있어야 해요. 증거가." "그래도요, 선생님…" "어허. 떼써서 될 문제가 아니야!"

덜컹. 위클래스 문이 순식간에 확 열렸다. "아, 상담 중이신가? 선생님, 이 학생 좀." 학생부장이었다. "무슨 일 있으세요?" "이 학생 알지? 상담받아 봤다던데." "아, 네. 소원이요." 훌쩍이던 소원이는 금방이라도 울음이 터질 것 같은 표정을 지었다. "아니, 몇 번을 이야기해도 계속 같은 말만 반복하잖아. 뭐 하고 싶은 말이 있는 것 같아서 데려왔어. 나 수업이라." 학생부장은 휙 하고 상담실을 빠져나갔다.

"어… 일단 앉아. 근데 무슨 일 있어? 깜짝 놀랐다." "아니, 애들이 자꾸 저한테 뭐라고 하잖아요." "뭐라고?" "제가 누굴 만나든 지네들이 뭔 상관인지 모르겠어요. 지랄이야, 자꾸…" 소원이가 울먹였다. "남자?" "네. 남친 있었는데, 자꾸 저랑 만났던 게 아니래요." "그러면?" "사귄 게 아니고 그냥 잠깐 만났던 거래요." "그걸 왜 친구들이 규정해?" "모르겠어요. 전 남친한테 물어봤대요." "전 남친이 너랑 사귄 게 아니라고 친구들한테 말했다고? 뭐야. 진지하게 만난 게 아니었어?" "아뇨. 진지했죠. 많이 사랑했고요." 소원이는 과거를 회상하는 듯했다.

"그래서 애들을 신고한 거고, 학폭으로?" "네." "뭘 어떻게?" "제 뒷담 깐 걸로요." "증거 없어서 안 된다고 하시지?" 소원이가 고개를 끄덕였다. "좀 서럽게 들릴 수는 있는데, 사실이 그래. 걸어 봤자, 어려워." "안 된다면 사과라도 받고 싶어요. 그놈들 진짜 꼴도 보기 싫어요."

순간적으로 아이는 정말 혐오스럽다는 얼굴을 했다. "제 맘 같아서는 똑같이 뒷담화 먹이고 왕따라도 시키고 싶어요." 순간 소원이의 한쪽 입꼬리가 쓱 하고 올라갔다. "진짜 싫은가 보네. 만남 주선해 줘?" "네." "일단 그 친구들도 만나고 싶다고 해야 성사되는 건 알지?" 소원이가 고개를 주억거렸다. 이런 상황에서 임신 여부를 묻기엔 쉽지 않았다. 일단은, 이 사건부터 마무리해야 할 듯싶었다.

다음 날 소원이가 지목한 두 여자아이가 상담실로 왔다. 지희와 수정이였다. "여기가 위클래스구나…" "신기해?" "처음이에요." "초등학생 때부터 졸업할 때까지 아예 한 번도 안 오는 애들도 많을걸?" "그래도 한번은 왔네요. 쌤, 근데 저희 왜요?" "아, 몰라?" "담임선생님이 가 보라고 해서요." 아이들은 눈을 휘둥그레 떴다. "소원이." "이소원 말이에요?" "소원이랑 뭐 없었어?" 그 둘은 정말 궁금한 얼굴로 서로 마주 볼 뿐이었다.

"걔가 뭐라고 했어요? 저희 뭐 없는데." "소원이랑 뭐 없었어? 뒤에서 욕한다든지, 시비가 붙었다든지." "네? 전혀요." 둘은 입을 모아 말했다. "소원이 전 남친 관련해서 뭐라고 얘기한 거 없어?" "걔가 그래요?" "묻는 말에 먼저." "완전 어이없다. 그냥 우리끼리 한 말이에요. 제가 그 남자애랑 친하거든요. 자기는 사귀었다고 생각한 적 없대요. 그냥 몇 번 이야기하고 카톡 주고받았을 뿐이래요." "거짓말일 수도 있잖아." "그럴 수도 있죠. 근데 굳이 거짓말을 왜 해요. 걔가 저한테 잘 보이려는 것도 아니고요." 지희와 수정이가 단호하게 말했다. "몇 번 이야기했다고 다 썸은 아니죠."

둘의 이야기를 들으며 상황을 정리해 봤다. "그러니까, 너희들은 그거 가지고 소원이한테 뭐라고 한 적 없다는 거지?" "네. 저희가 왜 그래요. 그건 근데 다른 애들도 다 하는 말이에요. 걔

인스타 보면 막 누구 만난다고 하는데, 잘 모르겠거든요." "그건 또 무슨 말이야?" "오늘은 누구랑 한강에 갔다, 언제는 시내 카페 갔다. 이런 이야기를 자주 올리는데, 그냥 장소만 찍어서 올려요. 본인이 혼자 가서 찍고 온 것 같다니까요." 그들을 잡아둘 명목이 더는 없어 보였다. 지희와 수정이를 보내고, 나는 책상에 앉아 한참을 생각했다.

수업을 다 마치고, 소원이가 다시 상담실로 왔다. "걔들이 뭐래요? 저 되게 부러워하죠?" 앞뒤 없이 시작된 소원이의 말에 나는 귀를 기울였다. "부러우면 부럽다고 하면 될 것이지. 뭘 뒤에서 말을 해." 지난날의 어두운 표정은 온데간데없었다. "아니, 남자애들이 다 저를 좋아하는데 제가 어쩔 수 있겠어요?" "아. 애들이 널 다 좋아해?" 나의 물음에 소원이는 당연하다는 듯 답했다. "제가 어딜 지나가면요, 다들 엄청 뚫어지게 저를 쳐다봐요. 그러다 연락이 오다가 잘되거나 해요." 소원이의 태도에서는 이게 결코 농담이 아니라 자신감에서 나오는 진심이라는 느낌이 묻어났다. "오, 그럼 말 나온 김에 물어보자. 지금은 남친 있어?" 임신 여부를 어떻게든 알아내야 했다. "있죠." "그렇구나. 서로 많이 사랑해서 만난 거지?" "당연하죠." "스킨십도 서로 합의하에 이루어지는 거고?" "스킨십요?"

순간 소원이가 당황한 눈빛을 보였다. "아. 쌤이 최근에 TV

에서 고딩엄빠를 봐서." "그거 완전 어이없던데요." "어떤 점이?"
"아니, 책임지지도 못할 짓을 왜 해요. 서로 조심해야죠." "맞아.
쌤도 혹시나 해서 소원이한테 물어봤어. 책임감 있게 지낸다니
다행이다." 소원이는 단호한 표정으로 고개를 끄덕였다.

"그래. 연애도 괜찮고. 아, 학폭 건은 어떻게 할래?" "그냥 없
었던 일로 할게요. 제가 부러워서 그랬을 텐데, 그걸로 신고하
기도 좀 뭐하고요." "그래. 그럼 잘 지내다가 나중에 또 볼 수 있
으면 보자. 학생부장님한테는 쌤이 이야기할게."

이상했다. 겉으로는 전혀 문제가 없어 보였다. 다만 지난번
과 확연히 바뀐 소원이의 모습과 모든 남자가 자신을 좋아한다
고 말한 점이 강한 의구심을 자아내긴 했다.

믿을 수 없는 VS
믿어서는 안 되는

똑똑똑. "선생님…" 꼬리에 꼬리를 물고 궁금증
이 늘어나던 찰나 누군가 상담실을 찾아왔다. 민희였다. "좀 전
에 소원이 나갔죠?" "응. 오면서 봤어?" "네. 혹시 학폭 말고 다른
말 안 해요?" "어떤 말? 전혀 안 하던데?" "와. 이소원. 진짜 말 안
할 작정이네. 쌤, 이것 보세요."

민희가 휴대폰에 담긴 사진 한 장을 보여 주었다. 두 줄이 그

어진 임신 테스트기였다. "이게 소원이 거라고 어떻게 믿어."
"그렇긴 해요. 근데 얘가 울면서 저한테 전화를 했어요. 아마 이 날 같은데, 자기 낙태하고 싶다면서 엉엉 울었어요. 그때 통화 했던 파일 들어 보실래요?" 그 당시 소원이의 목소리는 가늘게 떨림이 느껴졌지만 분명한 메시지를 전하고 있었다. 원치 않는 성관계를 했고, 수치심에 죽고 싶다는 것이었다.

"소원이가 이런 말 안 했죠?" "그렇긴 하구나. 근데…" 민희가 기다렸다는 듯 내 말을 가로챘다. "강제로 당했다는 말도요." 나 는 고개를 천천히 끄덕였다. "쌤이랑 만난 지 얼마 안 돼서 그래 요. 걔가 처음에는 이 사람을 믿고 말할 수 있는지를 봐요. 테스 트! 진짜예요. 저랑 초등학생 때부터 알던 사이거든요. 중학생 때까지 진지한 말 안 하다가 이제 하는 거예요."

아이들의 말이 너무 달라 혼란스러웠다. 이 어려움을 극복하 기 위해 다시 보건실을 찾아가야만 했다.

"휴… 어렵네요. 누구 말이 맞는 건지." 나는 보건실 의자에 걸터앉아 두 손으로 머리를 감싸쥐었다. "기다려 보조. 사실 학 생이 신고한 것도 아니고, 개인적으로 발생한 일이니까 책임은 당사자한테 있잖아요." 보건 선생님이 단호한 어투로 말했다.

"네. 그게 맞죠. 진짜 자살 사인일 수 있으니 위기관리위원회 내부 결재는 할게요." "아, 민희가 상담실에서 생리 이야기는 안

하던가요? 소원이 생리 안 한 지 좀 됐대요. 그래서 더 불안하다고 하더라고요." "그것도 같이 기록해야겠네요." "그런데 워낙 주기가 왔다 갔다 하는 친구래요. 임신이 아닐 수 있다는 거죠."

상담실로 돌아와 서류 작성을 시작했다. 사안 분류를 자살 시도로 했지만, 그 원인을 데이트 폭력으로 해야 할지 고민됐다. "교감 선생님 안녕하세요. 상담 교사입니다. 이소원 학생 관련해서 사안 보고 하나 결재 올리려고요." "안 그래도 선생님한테 말씀드리려 했습니다. 방금 이소원이라고 했지요? 그 학생 지금 교무실에 있어요." 나는 꼴깍, 마른침을 삼키고 수화기 너머 이야기를 잠자코 들었다. "청소하시는 여사님이 화장실에서 자꾸 이상한 게 나와서 그 칸만 계속 주시하고 계셨대요." "어떤 거죠?" "음… 주사기 같은데요." "주사기요?" "네. 피 뽑는 그거. 어떤 학생이 화장실 칸에서 울면서 나왔는데 거기 휴지통에서 주사기가 무더기로 나왔더래요. 붙잡아서 무슨 일이냐 물어보니까 그냥 울기만 하고 아무 말 없었고요. 결국 아이 데리고 교무실로 오셨더라고요."

나는 어안이 벙벙하여 아무 말도 할 수 없었다. "혹시 선생님, 지금 아이를 상담실로 보내도 괜찮을까요?" "교감 선생님, 제가 지금 그리로 가겠습니다."

교무실로 가는 도중 지난달 교육청 연수가 떠올랐다.

"자자. 선생님들. 상담하시느라 고생이 많으십니다. 요새도 여전히 자해하는 학생들이 있어서 더 애쓰시는 것 같아요. 제일 흔한 자해는 다들 아시지요? 커터칼 커팅. 쉽게 말해 손목을 긋는 겁니다. 보통 오른손잡이가 많으니, 칼을 잡고 왼쪽 팔목에 상처를 많이 내죠. 그러다 이젠 어떻게 할까요? 팔목에서 다른 신체 부위로 바뀝니다. 팔 안쪽, 허벅지 그리고 은밀한 부위까지도요. 자극은 상승하면 했지, 줄어들지 않거든요. 이제 그것마저도 흥미를 잃으면 어떻게 할까요? 다음으로 하는 게 주사기입니다. 주사기랑 바늘은 인터넷에서 쉽게 구할 수 있습니다. 신체 아무 곳에다 꽂고 피를 뽑아요. 그럼 멍든 것처럼 붉게 부어오릅니다."

그 당시 수업을 듣는 교사들의 표정과 분위기가 생생하게 되살아났다. 속이 메슥거려 강의 중간에 밖을 나가는 선생님도 있을 정도였다. 상담 교사들은 워낙 이런 것에 노출이 많이 되어 있다 보니 커터칼만 봐도 흠칫 놀라기 일쑤였다.

"소원아, 가자. 상담실에서 좀 쉬다 가." 울고 있는 소원이에게 휴지를 건넸다. "많이 힘들어?" "…네." "어떤 게 제일?" "그냥… 사는 거요. 지쳤어요." "어떤 부분이?" "모르겠어요. 그냥 다."

상담실에 들어온 뒤, 별안간 소원이는 아기처럼 꺼이꺼이 울기 시작했다. 진한 화장이 눈물 때문에 눈두덩이 아래로 마구 번졌다. "선생님이 봤을 때, 소원이는 조금 불안정한 느낌이 들거든? 어느 날은 굉장히 기운 차 보이다가, 어떨 때는 위축돼 보이고. 그렇지 않아?" "그런 것 같아요." "그래서 더 힘들지? 에너지가 갑자기 상승했다가 훅 떨어지고 이러면, 누구라도 힘들지. 주사기는 그래서 구한 거야? 몸 상하게 하려고?" 소원이가 고개를 끄덕였다. "언제부터 했니?" "모르겠어요. 좀 됐어요." "커터 칼로도?" 다시 한번 소원이가 고개를 주억였다. 이내 팔 한쪽을 걷어 올렸다. 온갖 상처와 멍 자국들이 가득했다. 나도 모르게 순간적으로 온몸에 소름이 쫙 돋았다. 이 장면이 머릿속에 꽤 오랫동안 남아 날 괴롭힐 거라는 생각이 들었다. 다만 티 내지 않으려 속으로 노력했다.

"혹시 병원 가거나 상담받아 본 적 있어?" 소원이는 고개를 흔들었다. "이렇게 힘들었는데 그냥 혼자서 견뎠어? 안 갔던 이유라도 있어?" "그런 생각을 못 했어요." "그랬구나. 지금은 가고 싶은 생각이 좀 들어?" "저는 괜찮은데…" "부모님이 반대하셔?" "네. 특히 병원은 조금." "소원아, 너만 괜찮으면 여기 상담실에 오면 좋겠는데. 어떠니?" 소원이는 작게 알겠다고 답했다. "그래. 꼭 오자. 선생님이 항상 이렇게 강조하진 않아. 알겠지? 눈물 좀 닦고. 조금 쉬다가 괜찮아지면 가도 돼."

소원이가 상담실에서 나가고 나서, 나는 다시 서류 작업을 시작했다. 자살 시도에 자해까지 더해졌기에 양이 불어났다. 사안이 중한만큼 상위 기관인 교육청에 보고해야 했다. 잠시 후 전화가 울렸다.

"상담 선생님이시죠? 안녕하세요. 교육청 위기관리 담당 장학사입니다. 결재 올리신 거 확인했는데, 조금 심각해 보여서요. 현재 어떤 상황인 건가요?" "제출한 것처럼 계속 지켜보고 있습니다. 지금은 특이한 점은 없고요." "고생 많으시네요. 요즘 청소년 자살률이 너무 높아서 걱정입니다. 혹시 필요한 지원 있으면 말씀해 주세요."

지금까지 많은 사안을 교육청에 보고했지만, 장학사의 전화는 처음이었다. 그만큼 교육청에서도 중요한 사안으로 여기고 있음을 짐작했다. 이번 소원이 사안으로 나를 포함해서 보건 교사와 교감, 담임 모두가 촉각을 곤두세우고 있었다.

지난 방문 때 아이가 위클래스에 올 것이라 약속했기에 대화의 창구는 생겼다고 보았다. 하지만 소원이는 좀처럼 상담실에 얼굴을 드러내지 않았다. 하루이틀이 지나고 1주, 2주가 흘러도 무소식이었다. 복도에서도, 교실에서도 아이가 보이지 않았다. 결국 나는 담임에게 소원이의 상황을 물었고 뜻밖의 대답을 듣게 되었다. 무슨 이유인지 정확히는 모르지만, 소원이는 학교에 거의 나오지 않고 있었다. 머릿속의 여러 생각들이 얽혔고, 걱정과 불안이 스멀스멀 새어 나왔다.

갈피를 잡을 수 없는 나날

"쌤. 잠깐 들어가도 돼요?" 지난번에 왔던 지희가 모처럼 상담실에 왔다. "오랜만이다? 무슨 일 있어?" "저, 이거 한번 보여드리려고요."

지희의 휴대폰을 보니 어떤 여자가 반 정도 나체를 한 채로 새빨간 입술 화장을 하고 있었다. "뭐야 이거?" "누군지 모르시겠어요?" "누군데?" "내려보세요. 다른 사진들도 많아요." 투박한 화장법과 두꺼운 눈 화장, 다름 아닌 소원이었다. "어? 이소원? 근데 사진이 왜 이래? 다 홀랑 벗고 찍고." "쌤, 글도 봐 보세요." 지희의 말에 사진 아래 적힌 글을 보니 휴대폰 번호가 적혀 있었다. 심심하거나 외로우면 같이 놀자는 말과 함께.

갑자기 머리가 아파 왔다. 나는 휘둥그레진 눈으로 지희를 쳐다봤다. "얘 이런 거 하나 봐요. 임신도 한 것 같던데요?" 지희가 고개를 내저으며 검지로 쭉 화면을 스크롤하더니 다시 휴대폰을 내게 보여 줬다. 선명하게 두 줄이 찍힌 임신 테스트기였다. "이걸 올린 거야?" "심지어 공개 계정이에요." "이것 참…"

이제 머릿속에는 단 한 가지 생각만 남았다. 소원이를 만나야 한다. 진짜 임신을 한 건지, 이런 사진은 왜 올린 건지, 지금 마음 상태는 어떤지 물을 게 너무 많았다. 하지만 그럴수록 소원이는 더욱 꽁꽁 정체를 숨으려는 것처럼, 그림자 하나 보이지 않았다.

"선생님 안녕하세요. 상담 교사입니다. 혹시 오늘도…" "네. 소원이 안 왔어요. 사실 출결일수 때문에 오늘 집에 전화했어요. 학교 안 간다고 실랑이하다가 커터칼로 자해를 크게 했다네요." "네?" "피가 멈추지 않아서 119 불렀고 지금 입원 상태라고 해요." 담임의 말을 듣는 내내 정신이 아득했다.

소원이가 학교 오기 싫은 이유가 무엇인지, 어떤 마음으로 자해를 한 건지 궁금했다. 한편으로는 차라리 다행이라는 생각까지 들었다. 일단 안전한 곳으로 갔고, 치료를 할 수 있는 병원이었기 때문이다.

방학이 아니었기에 입원한다면 출석의 어려움이 예상됐다. 다행히 교육청에서는 몇 군데의 병원을 거점으로 지정하여 입원하면 학교에 출석한 것으로 인정해 주고 있었다. 다만 제출 서류가 복잡하고 까다로웠다. 소원이의 증상과 어려움을 적는 것은 그렇다고 해도 학부모 소견란을 채우는 건 여간 부담스러운 일이 아니었다. 어쨌거나 위클래스에 온 학생인 이상 그들의 보호자와 연락하는 것은 필수적이었다. 나는 일부러 앞뒤로 한 시간을 비워 두고 보호자 번호로 전화를 걸었다.

"소원이 어머님, 안녕하세요. 상담 교사입니다. 지금 잠시 통화 가능하실까요?" "네. 가능해요." "소원이 때문에 많이 힘드시죠. 걱정도 많이 되시겠어요." "아뇨. 뭐, 그 나이 때 그럴 수 있죠." "그때 놀라지 않으셨어요? 119 부르셨을 때요." "칼로 그거 한 거요? 저도 예전에 했었는데요." 당당한 어머니의 말투에 잠시 말문이 막혔다. "이제 고등학생인데요. 지 인생 지가 알아서 하는 거죠. 저희는 그래요."

그 이후에는 일이 바빠 아이와는 많은 시간을 보내지 못한다는 이야기였다. 어머니는 소원이가 학교에서 어떤 어려움을 겪고 있었는지 짐작도 못하고 있었다. 그저 아이의 일은 아이가 알아서 해야 한다는, 방관하는 듯한 발언뿐이었다. 어머니가 많이 했던 말은 '아이가 알아서 해야죠. 제 일이 아닌데요.'였다.

다행히 서류 제출 이후 병원 관계자에게서 늦지 않게 연락이 왔다. "자해 상처는 치료 잘했어요. 조금 깊게 해서 열 바늘 꿰맸습니다. 입원 신청하더라도 보통은 한 달 정도 기다려요. 근데 대기하던 학생 둘이 연달아 갑자기 입원을 안 하게 돼서, 일주일 뒤쯤 소원 학생 입원이 가능할 것 같네요."

소원이가 입원하게 되었다는 소식을 들은 그날부터 마음이 많이 놓였다. 다만 한 가지가 아직 남아 있었다. 정말 임신한 게 맞는지에 대한 것이었다. 소원이가 병원으로 간 후 한 달 정도 지났을 때 낯선 번호로 전화가 왔다. "여보세요?" "아, 소원이 학교 상담 선생님이시죠. 저 소원이 입원 담당자입니다." 반가운 연락이었지만, 동시에 소원이에게 또 일이 생긴 건 아닌지 걱정부터 앞섰다.

"다른 게 아니라, 아이가 어떻게 지내는지 말씀을 좀 드려야 할 것 같아서요." "혹시 무슨 일이라도 있나요?" "그런 건 아니에요. 두 번 정도 밤중에 병원을 나가려다가 붙잡히긴 했어요. 그냥 좀 답답했다고 하더라고요. 자해도 조금 있었어요. 여기 칼같이 뾰족한 건 없긴 한데, 이마를 벽에 막 찧더라고요. 갑자기 남편이 기다린다면서 내보내 달라고 하기도 했고요." "남편요?" "네. 배 속에 아기도 있다고 하면서." 올 게 왔다는 생각이 들었다.

"저희도 혹시나 해서 바로 산부인과로 연결했었어요. 피도 뽑고 임신 테스트기도 해 봤는데, 아무것도 없었습니다." "아… 사실 임테기 두 줄 나온 사진을 SNS에 공개적으로 올려서 진짜인지 궁금했거든요." "역시. 아마 소원이가 망상이 있는 듯합니다.

더 정확한 검사를 해 봐야겠지만 망상장애일 가능성이 있어요.”

실제로는 그렇지 않지만 그렇다고 믿는 게 망상이었다. 임신을 비롯해, 남자들에게 인기가 많다고 했던 것과 친구들이 자신을 부러워한다고 느낀 것 모두가 소원이의 망상장애 때문일 수 있겠다는 생각이 들었다.

오늘을 살고,
내일을 또 살고

보건 선생님이 내 이야기를 들으며 이미 다 식은 커피를 홀짝였다. “정말 다행이에요, 그래도. 학교에서 관리하는 건 한계가 있잖아요.” “맞아요. 계속 아이들 옆에 있을 수는 없으니. 아, 저번에 공황으로 자주 쓰러지는 아이 있죠.” “기억나요. 2학년 여자아이.” “그 아이도 계속 이렇게는 못 있어요. 학교 곳곳이 사실 위험 요소가 많잖아요. 계단도 창문도 딱딱한 바닥도. 소원이처럼 집중적으로 치료를 받아야죠.” 보건 선생님과 나는 잠시 동안 창밖을 멀리 내다보았다.

망상은 조현병을 진단하는 하위 요인 중 하나다. 만약 소원이가 조현병이라면 치료가 쉽지 않을 수 있다. 언제 끝날지 모르는 약물치료와 정신과 내원, 상담을 오랜 시간 동안 꾸준히 이어 가야 한다. 더군다나 조금 무관심한 부모님의 양육 스타일 때문에 길고 외로운 싸움이 될지도 모른다.

한 가지 희망은 지금이라도 치료가 시작됐다는 점이다. 오늘을 살면 내일이 보이는 법이다. 소원이의 힘겨운 오늘이 밝은 내일로 나아가길 소망해 본다.

망상장애 Delusional Disorder

✦ 망상장애란 현실에서 실제로 존재하지 않는 것을 존재한다고 믿고 집착하는 병입니다.

✦ 보통 정신분열증이라 불렸던 조현병과 망상장애를 많이 헷갈리는데, 조현병은 망상을 비롯하여 환각, 비조직적 언어와 행동이 동반되는 더 큰 개념입니다.

✦ 망상장애의 유형으로 과대망상, 색정망상, 피해망상, 신체망상 등이 있으며, 글 중 소원이는 다른 사람들이 모두 자신을 좋아한다고 믿는 색정망상, 다른 친구들이 모두 자신을 의심하고 있다는 피해망상에 해당합니다. 또한 그러한 그릇된 믿음이 자신의 감정에까지 영향을 끼치기에 기분의 극단적인 변화를 경험할 수 있습니다. 그로 인한 자해와 자살 시도도 이루어질 수 있습니다.

✦ 이들은 실제로 자신이 그렇다고 믿기 때문에 어떠한 정신증을

앓고 있다고 생각하지 않는 경우가 많습니다. 그렇기에 자발적으로 정신과나 상담센터에 가는 경우는 드물며, 간다고 하더라도 망상 그 자체가 아닌 망상으로 인해 피해를 호소하는 형태로 찾을 수 있습니다.

✦ 상담사는 이러한 내담자를 자기 세계에서 빠져나오도록 하려면 그를 어느 정도 믿어야 합니다. 신뢰하지 않는다면 라포가 형성되기 어렵기에 치료가 생각보다 쉽지 않습니다. 또한 상담사를 자기 세계로 끌어들일 가능성이 있기에 상담사는 곤욕을 겪을 수 있습니다.

✦ 따라서 균형 잡힌 상담으로 오랜 시간 라포가 형성되고, 약물치료와 상담이 함께 꾸준히 이루어져야 합니다. 내담자의 오랜 믿음과 신념을 수정할 수 있는 접근 방법, 이를테면 인지행동치료 등이 효과적일 수 있습니다.

아무도 알지 못하는
내 친구

어떤
하루

　　어느 기분 좋은 오후였다. 2학기가 시작되고 9월이 되니 선선한 바람이 불어왔다. 귀에 이어폰을 푹 꽂고 플레이리스트의 재생 버튼을 눌렀다. 의뢰된 상담을 하고 조금 늦은 식사를 하러 나온 참이었다. 때마침 급식실은 한산했다. 수행 평가나 과제 때문에 늦게 급식을 먹는 몇몇 학생만이 보일 뿐이었다.

　　좀 전의 상담은 진로 고민이 있는 학생의 방문이었다. 처음 보는 얼굴이었지만, 내 말에 적극적으로 눈을 마주치며 고개를 끄덕였다. 정성스러운 피드백이 새삼 고마웠다. 상담이 끝나 갈 시점에는 덕분에 고민이 모두 해결됐다며 내게 정중히 인사를 했다. 특별히 한 게 없이 이야기를 들어 줬을 뿐이었는데, 학생은 스스로 생각 정리가 됐다고 했다. 어쩌면 감사하다는 인사는 내담자의 단순한 반응에 불과할지 모른다. 하지만 내 마음 깊은 곳에서는 그런 반응을 간절히 바랐던 모양이다. 모처럼 깊은 전율을 느꼈으니 말이다. 사실 아주 가끔 마주하는 귀한 경험이긴 하다.

돈을 많이 벌거나 높은 지위나 권력을 얻기 위해 이 일을 하진 않는다. 상담은 그저 한 사람이라도 예전보다 나아진다면 다행이라는 마음으로 한다. 그리고 그들로부터 감사 표현을 들을 때 이 일을 잘 선택했다는 생각이 든다.

체감상 열 명, 아니, 스무 명을 상담했을 때 한 명 정도 나아진다는 것이 보인다. 상담의 효과라는 건 언제 나타날지 모를뿐더러, 큰 기대를 갖는다면 극심한 좌절을 경험할 수도 있다. 때로 눈물도 훔칠 정도로 마음이 갔던 내담자로부터 노쇼를 당하거나 민망할 정도로 무심했던 내담자로부터 무한 감사를 받을지도 모를 일이다. 어찌 되었든 이번 상담을 통해 나는 그토록 바라던 상담자의 보람을 느꼈다. 배고팠던 늦은 점심도 전혀 아쉽지 않은, 마음 가득 꽉 찬 기분으로 만들어 줬다.

갑작스러운
비명이 들려오고

밥을 다 먹고 급식실에서 나왔다. 남학생들은 운동장에서 공을 뻥뻥 차고 있었고 여학생들은 복도에서 삼삼오오 모여 깔깔거렸다. 흐뭇한 기분으로 중앙 화단을 지나 교내로 들어갈 무렵이었다.

꺄아아악! 별안간 아이들의 비명이 들렸다. 소리가 들린 쪽으로 달려가니 무리 사이로 한 학생의 다리가 보였다. 쓰러진 것 같았다. "잠깐만! 잠깐 비켜 줘." 한 남학생이 부르르 떨고 있었고 입에는 거품이 가득했다. "친구야, 보건 선생님 좀 모시고 와." 바로 옆에 있는 아이에게 급히 말했다.

쓰러진 아이의 코와 입에 손을 가져다 댔다. 호흡이 느껴졌다. 그때 한 선생님이 자동제세동기를 가져왔다. "쌤! 이거! 빨리!" 심폐소생술을 말하는 것 같았다. 웅성거리고 소리 지르는 아이들, 찰칵 소리가 나며 사진을 찍는 아이들, 땀을 뻘뻘 흘리며 나에게 소생술을 하라는 선생님이 보였다.

잠시 조용히 집중하고는 대답했다. "아녜요. 숨 쉬어요. 할 필요 없어요." 그때 보건 선생님이 뛰어왔다. "잠깐만요! 기도 확보해야 해요." 보건 선생님은 노련한 솜씨로 누워 있는 학생을 옆으로 눕혔다. "뇌전증이에요. 숨은 쉬죠?" "네. 쉬어요." "심폐

소생술 필요 없어요. 기다려야 해요. 얘들아! 다 들어가. 그만 들어가자." 보건 선생님이 손을 휘휘 내저으며 크게 소리쳤다. 나 역시 주변 학생들을 반으로 돌려보내고 아이의 의식이 돌아오기까지 차분히 기다렸다.

자꾸 쓰러지는 아이

　　　　　"진욱이에요. 2학년 9반 한진욱." 보건 선생님이 말했다. "알고 계셨던 아이예요?" 나는 그가 손수 내려 준 커피를 한 모금 마셨다. 보건실의 소독 냄새가 커피 향과 뒤섞여 독특한 분위기를 자아냈다. "벌써 세 번 정도 됐을 거예요. 이런 적이." "세 번째요? 저는 전혀 몰랐네요." "방금 어머니 오셔서 아이 데려간 거잖아요. 이전에도 그러셨어요." "그랬구나. 뇌전증이라면… 간질이죠?" "네. 진욱이는 계속 지켜봐야 하는 케이스예요. 대발작이라고 의식도, 호흡도 모두 불안정해지죠. 침흘리기도 하고 거품을 물기도 하는데, 간혹 혀 깨물 수도 있어요." "아, 아까도 딱 그런…" 보건 선생님이 고개를 끄덕였다.

"괜찮을까요? 이대로 계속 두고 봐도?" 내가 물었다. "불안하죠. 뭐라도 해야 하긴 해요." "쓰러질 때 2차 피해로 이어질 수 있잖아요. 뾰족한 책상 모퉁이라든지, 계단처럼 자칫 떨어질 수 있는 곳이라면, 어우." 나는 고개를 절레절레 저었다. "그렇지 않아도 교감 선생님이 한번 말씀하시긴 했어요. 위기관리위원회 여는 게 어떻겠냐고." "좋아요. 제가 위원님들 시간 파악해서 회의 진행 하면 돼요." "그게 문제가 아니고…"

보건 선생님이 허공을 바라보며 깊은 숨을 내쉬었다. "사건이 사건인지라 부모님을 모시고 진행하고자 하세요. 아마 어머님이 오실 것 같은데, 영 반응이 떨떠름하시더라고요." "학교에 오고 싶지 않으신 건가요?" "그것도 그런데, 아이를 병원에 보내지도 않으세요." 나는 놀란 나머지 마시던 컵을 책상에 소리 나게 탁, 하고 내렸다.

"제가 듣기로 중학생 때부터 시작한 것 같아요. 1년에 한두 번 발작이 있었는데, 그때마다 부모님이 밤에 푹 잘 자면 된다면서 그냥 넘어가셨대요." "아이고. 그건 아닌데." "맞아요. 바로 MRI 찍고 약물치료 들어가야죠. 지금까지 그대로 둬서 더 안 좋아진 것 같아요." "설득 자체가 안 되는 거죠?" "네. 지난번에도 연락드리니까 본인들이 알아서 하겠다면서 조금 짜증을 내시더라고요. 그래도 아까 어머님 만났을 때, 이런 일 또 생기면 그때는 꼭 학교 한번 와 달라고 말씀드렸어요. 알겠다고도 하셨고요." "약속하신 거면 다행이네요. 중간에서 아이만 더 안 좋아지니 참…"

보건실을 나오면서, 마치 체한 것처럼 마음이 답답해졌다.

그간 상담을 하며 자식이 아플 때 적극적으로 도움을 요청하지 않거나, 정신과에 대한 편견으로 외면하는 부모들의 모습이 스쳐 갔다. 휴… 터벅터벅 상담실에 다다르니 예약한 학생들이 기다리고 있었다. 상념에 빠질 여유조차 허락하지 않는 것일까. 그렇게 정신없이 하루가 흘렀고 시간은 쏜살같이 지나갔다.

상담실에
찾아온 진욱이

똑똑똑. "네. 들어오세요." "들어가도…" 남학생이었다. 평균 정도 키에 평범한 외모, 덥수룩한 머리를 하고 있었다. 눈을 마주치지 않았고 목소리도 아주 작았다. "어떻게 왔어? 상담 신청?" "네." "그래. 잘 왔어. 어떤 것 때문에?" "아… 제가… 엄마랑 좀 싸웠어요." "저런. 이유가 뭐였을까?" 아이는 조금 머뭇거리다 말했다. "병원에 가야 할 것 같은데, 안 보내 주세요." "병원을? 어디 안 좋아?" "종종 쓰러져요." 아이는 대답 대신 손으로 앞머리를 살짝 들췄다. 이마에 하얀 밴드가 붙여져 있었다.

"아이고! 뭐야?" "어저께요. 쓰러져서 이마가 깨졌어요. 여섯 바늘 꿰맸어요." "저런… 근데 어디가 아파?" "저 뇌전증 있어요." 순간 머리를 한 대 얻어맞은 듯 눈앞이 환해졌다. "이름이?" "한

진욱이에요. 2학년 9반." 나는 서둘러 진욱이와 상담 날짜를 잡은 후 학급으로 보냈다. 그리고 보건 선생님에게 바로 연락했다.

"진욱이가 위클래스로 갔군요. 역시나 어머니는 아이를 병원에 안 보내려고 하시고요." 보건 선생님과 나는 서로 수화기를 든 채 아무런 말을 할 수 없었다. 한숨 소리만 오갈 뿐이었다. 고민하다 내가 먼저 말을 꺼냈다. "제가 한번 연락해 볼까요? 그때 선생님이랑 약속했다면서요. 이런 일 또 있으면 학교 나오시기로." "맞아요. 그럼 부탁 좀 할게요. 연락처는 쪽지로 보내 드릴게요."

학부모에게 전화하는 일은 항상 긴장된다. 마치 많은 사람 앞에서 발표하기 전과 비슷하다고나 할까. 무언가를 전달하고 설득해야 한다. 보호자 분들에게, 지금 아이 상황이 위급하니 함께 대안을 만들어야 한다고 설득해야 한다. 이보다 더 중요한 것은 기분 나쁘지 않게 최대한 조심스럽게 전달해야 하는 점이다. 그래야 그들의 심기를 거스르지 않고 대화를 진행할 수 있다.

'당신은 사랑받기 위해 태어난 사람~ 당신의 삶 속에서~ 그 사랑 받고 있지요~' 통화 연결음이 길어졌다. "여보세요." "혹시 진욱이 어머님이시죠? 안녕하세요. 진욱이 학교 상담 교사입니다. 잠시 통화 가능하실까요?" "…네."

어머니의 대답에 머뭇거림이 느껴졌다. "아까 사실 진욱이가 상담실 왔다 갔거든요. 어제 쓰러져서 병원까지 다녀왔다고 했는데, 많이 놀라셨죠." "네. 그랬어요. 진욱이가 말하던가요?" "방금 와서 이야기하더라고요. 자기도 모르게 자꾸 쓰러지고 해서 굉장히 힘들어하는 것 같아요." "그래서 많이 쉬게 하고 있어요. 애가 하는 게 많거든요. 학원도 세 군데 다니고 과외도 해요." "그래서 조금 괜찮아졌나요?" "음… 그러다가도 또 쓰러지고 그래서…" 어머니가 말꼬리를 흐렸다. 순간의 기회를 놓치지 말아야 했다.

"계속 아파해서 걱정스러우시죠, 어머님. 저도 진욱이가 건강해야 하는데 참 고민이 많이 돼요. 이번이 네 번째인가요? 갑자기 쓰러진 게. 선생님들이 모여서 대책 회의도 하고 했는데 저희끼리는 한계가 있어요." "하…" 진욱이 어머니가 짧게 탄식했다. 비로소 이 전화의 목적을 이해한 것 같았다.

"혹시 시간 되시면 학교 한번 방문 가능하실까요? 잠깐이면 되거든요." 전화기 너머에서 잠시 아무 반응이 없었다. "그러면 언제 가면 좋을까요?" "어머님 편한 시간에 맞추면 됩니다. 혹시 오전이 편하신가요?" "오래는 못 있어요. 일이 있어서." "네. 한 시간 이내로 금방 마칠 겁니다. 고맙습니다." 나는 수화기를 내려놓으면서 손을 불끈 쥐었다. 안도의 긴 한숨이 절로 내쉬어졌다.

진심을 다한 설득의 시간

　　　　　"정신과 진료, 그거 부끄러워 안 해도 됩니다, 어머님." 내가 말했다. 회의에 참석한 선생님들의 시선이 느껴졌다. 교감이 주머니에서 손수건을 꺼내 땀을 닦았다. 다른 선생님들은 진욱이 어머니의 일방적인 흐름을 끊어 내려는 나의 시도가 불안하다는 듯 쳐다보면서도 한편으로는 응원하는 것 같았다.

　"에이, 애아빠가 그러더라고요. 입시나 나중에 취업할 때 불리하다고." "혹시라도 기록에 남아서 꼬리표처럼 괴롭힘당할까 봐 그러시죠?" "아무래도요. 좀 찜찜하잖아요." "그건 30년도 더 된 일입니다. 개인정보 보안이라는 개념이 없을 때예요. 요새 그렇게 하면 불법으로 처벌받습니다. 걱정 안 하셔도 돼요." 선생님들은 고개를 끄덕였다. 분위기가 완전히 넘어온 듯했다. 마지막 한 방이 필요했다.

　"감기에 걸리면 내과나 이비인후과에 가고, 인대가 다치면 정형외과나 마취통증의학과에 갑니다. 마찬가지로 마음의 병이 있다면 정신과에 가지요. 다만 진욱이는 뇌전증이니 먼저는 신경과를 가 보시고 혹 정신과에 가게 되면 그때 걱정하셔도 될 것 같은데요?" 어머니는 달리 할 말이 없는지 두어 번 헛기침을 해 댔다. "부탁드리겠습니다. 여기 계신 선생님들 모두 진욱이가 건강하길 간절히 원하고 있습니다. 약 처방 받고 꾸준히 복용하면 반드시 나아질 거예요."

진욱이 어머니가 다녀가고 나서, 교감이 한숨 돌렸다는 듯 넥타이를 고치며 말했다. "선생님 오늘 정말 고생 많았어요. 학생이 자꾸 쓰러져서 걱정이 이만저만이 아니었는데." "아닙니다. 아이 불러서 상담도 한번 진행하려고 하는데, 어떠세요?" 나는 그렇게 말하며 진욱이 담임을 바라보았다. "네. 학생한테 이야기하고 보낼게요. 오늘 감사했습니다." 뿌듯했다. 다만 나도 모르게 소진된 에너지가 눈꺼풀을 무겁게 만들었다. 그날 저녁은 침상에 머리를 대자마자 바로 꿈나라로 떨어지기에 충분했다.

똑똑똑. "네. 들어오세요!" "선생님. 안녕하세요." "어! 진욱이구나. 오랜만이다." 한 달여 만에 봐서 그런 것도 있었지만 진욱이의 인상이 바뀌어 있었다. 짧게 스포츠 컷을 하고, 얼굴에 생기가 돌았다. 산뜻하고 풋풋했다. "이마 상처도 많이 좋아졌다?" "네. 이젠 작은 패치 정도만 붙여요." "어떻게 지냈어, 그간?" "아주 잘 지냈어요. 엄마랑 같이 병원도 다녀왔고요." "좀 괜찮아? 약도 먹고?" "많이 괜찮아졌어요. 쌤, 저 여친도 생겼어요." "여친? 대박. 그래서 이렇게 좋아 보였구나?"

진욱이가 부끄러운 듯 발그레 웃었다. "되게 예뻐요. 성격도 되게 좋아요." "뭐야. 한진욱. 이거, 이거, 학생이 말이야. 하라는 공부는 안 하고 말이지." 진욱이가 연신 깔깔거렸다. "우리 반이에요. 나중에 같이 놀러 올게요." "오~ 너 한 달 전이랑 엄청 달라졌어. 되게 밝아지고 좋다. 너도 그렇게 생각하지?" "예전에 정말 어떻게 살았는지 모르겠어요." "뭐가 달라졌는데?" "그냥 예전에는 죽은 사람 같았어요. 하루하루가 지겹고 재미도 없고. 주변도 너무 조용하고. 근데 지금은 에너지가 생겼다고 해야 할까. 재미있어요. 사람들이랑 교류도 많아지고요."

진욱이는 마치 어린아이가 잔뜩 부풀어 자신의 꿈을 이야기하는 것처럼 환희에 차 있었다. "곧 체육대회잖아. 반 대항 축구 자신 있어?" "축구는 자신 없는데, 맛있는 거 많이 사 먹을 자신은 있어요." 진욱이가 활짝 웃어 보였다. 누가 봐도 안도감이 드는 모습이었다.

진욱이에게 다가온 그 아이

가을 하늘은 따사로웠다. 선선한 바람이 진욱이의 뺨을 지나 옷소매 끝을 스치고 지나갔다. 바람 중 일부는 아이의 옷 안으로 들어와 살가죽을 몸속으로 들어가는 것같이 느껴졌다. 가을을 타나 싶었다. 진욱이는 휴대폰을 꺼내 시간을 확인했다. 하늘을 우두커니 쳐다보다 더는 학원 문밖에서 서성일 수 없음을 깨달았다. 긴 한숨을 몰아쉬고서, 진욱이는 꾸역꾸역 학원 안으로 들어갔다.

복도에는 몇 명의 행정 직원이 있을 뿐 아무도 없었다. 강의실 안에서 선생님들의 강의 소리만 희미하게 들렸다. 따닥따닥 붙어 있는 강의실은 하얀 페인트로 도배되어 있었다. 출입문만 반투명 유리로 되어 있었고, 나머지는 온통 흰색이었다. 그것들은 마치 감옥 내지는 폐쇄병동 같았다.

진욱이는 가는 손가락 끝으로 벽을 만지며 강의실로 향했다. 문을 열고 들어가니 모든 학생의 이목이 쏠렸다. "또야? 어휴. 빨리 앉아." 선생님은 작은 말로 푸념을 하고 다시 수업을 이어 갔다.

내내 지루했다. 선생님의 말소리는 밀가루 반죽을 양손으로 잡고 주욱 늘인 듯 0.5배속으로 들렸다. 강사의 턱에 있는 동그랗고 부푼 무언가가 사마귀 점인지 이어마이크인지 분간할 수 없었다. 장장 네 시간의 수업이 드디어 끝나고 학원 밖으로 나갔다. 홀가분했다. 어느덧 차가워진 바람이 폐 속 깊은 곳까지 훅하고 들어왔다.

그때였다. "왔어? 늦게 끝났네?" 진욱이는 깜짝 놀라 뒤를 돌아보았다. 어떤 여학생이었다. 깜깜한 밤이라 그런지 새하얀 피부가 돋보였다. "배고프지? 우리 떡볶이 먹자." 그 아이는 팔짱을 낀 채 진욱이를 가까운 분식집으로 이끌었다. 영문을 알 수 없는 진욱이는 그 아이를 쳐다봤다. "왜 그렇게 봐? 예뻐? 배고파 나." 오뚝한 콧날에 긴 생머리. 중학생 무렵의 누군가가 떠올라서, 신기하게 더 반가웠다.

직업군인이었던 아버지로 인해 어릴 적부터 자주 전학을 다니던 진욱이었다. 이번엔 오래 머물 거라는 아버지의 말에 잘 적응해 보려고 했지만 중학교 생활이 쉽지만은 않았다. 친구들이 주변에 있어도 앙다문 입술은 서로 떨어지려 하지 않았고 두 눈은 어찌할 바를 몰라 책과 볼펜 끝만 향하고 있었다.

"야! 전학생! 니가 내 마니또지?" 진욱이에게 한 아이가 말을 걸었다. "맞잖아. 아닌 척하긴." 그때도 진욱이는 아무 말도 하지 못했다. "묵비권이냐? 에효. 모르겠다. 야! 같이 가~" 그 아이의 이름은 김예인이었다. 진욱이는 주먹 안에 있는 다른 아이 이름이 적힌 마니또 쪽지를 꾸깃꾸깃 접어 버렸다. 그리고 무리 속으로 섞여 들어가는 예인이의 뒷모습을 오랫동안 바라봤다. 아이들 틈에 가려 더 이상 보이지 않을 때까지.

진욱이는 다음 날 아침 일찍 등교했다. 교실로 들어가 허리를 숙여 사물함의 이름들을 유심히 살폈다. 한참을 찾다 김예인이라 적힌 사물함을 발견하곤 그 안에 무언가를 툭 집어넣었다.

전날 시내까지 가서 산 키티 열쇠고리였다.

언젠간 여자아이들이 서로 이야기했던 적이 있었다. 뭐가 이쁘고, 색이 어떻고, 비싼지 싼지 했던 말이었다. 잘은 모르겠지만 그중 진욱이가 유일하게 기억했던 단어가 '키티'였다.

딸랑딸랑. "뭐야? 완전 귀여워. 이번 마니또 대박인데? 좋겠다. 김예인." 예인이는 환한 미소를 지으며 마니또에게 받은 키티를 흔들거렸다. 인형 머리에 달린 작은 은방울 소리가 주변에 싱그럽게 울렸다.

하굣길은 북적였다. 터덜터덜 무거운 발걸음의 진욱이는 오늘 하루가 이미 다 지나간 것처럼 녹초가 되어 있었다. 그때 귀에 어떤 소리가 스쳤다. 딸랑딸랑. 진욱이는 고개를 바짝 들었다. 다른 사람은 몰라도 자신은 알고 있었다. 비록 주변엔 학생들의 온갖 소음들로 가득했지만, 오직 그 은방울 소리만이 진욱이 귀에 맴돌았다.

까치발을 들고 앞에 있는 한 무더기 속 어디에서 소리가 나는지 유심히 살폈다. 마침내 보였다. 예인이 가방에 걸린 키티 열쇠고리는 발걸음 박자에 맞추어 신나게 방울 소리를 내고 있었다. 바람에 흩날리는 예인이의 머릿결 사이로 햇빛이 반사되어 진욱이 얼굴로 들어왔다. 진욱이는 눈을 감은 채로 하늘을 올려다보았다. 딸랑딸랑. 딸랑딸랑. 어느덧 진욱이의 입가엔 지친 기색이 사라지고 미소만이 가득했다.

"야! 한진욱! 야!" 예인이는 진욱이를 부르고 있었다. "뭐야. 너 어디 아파? 이상해." 진욱이 이마에 예인이가 자기 손을 가져다 댔다. "뭐야, 너무 정상이잖아. 하나도 안 뜨거워." 예인이가 키득키득 웃자, 진욱이 역시 정신이 돌아온 듯 웃었다. "추워지면 우리 언제 롯데월드 가자. 거기 실내잖아." "어?" "왜, 싫어?" "가자. 좋아."

딸랑딸랑. 기억의 조각이 맞춰진 것처럼, 진욱이는 지금 떡볶이집에서 예인이와 마주 앉아 있는 게 신기했다. 중학교 때 선물한 키티가 예인이의 가방에 여전히 걸려 있었다. "아, 이거?" 예인이가 가방을 뒤적이더니 무언가를 꺼냈다. "나도 선물." 열쇠고리였다. "내 것도 키티야?" "파란색이잖아. 괜찮아. 돌아봐." 예인이는 진욱이의 가방에 달아 줬다.

"예쁘기만 하고만." 예인이의 말에 진욱이의 얼굴은 어느덧 낙엽처럼 붉어졌다. 그리고 쌀쌀한 가을바람이 유달리 따뜻하게만 느껴졌다. 딸랑딸랑. 딸랑딸랑. 분홍색과 파란색으로 이루어진 은방울 소리가 공간을 가득 메웠다.

왠지 묘하게
느껴지는 변화

하늘은 드높았다. 만국기가 단풍과 섞여 온갖 알록달록한 색을 자아내니 90년대의 운동회를 연상시켰다. 각 반에서 원하는 디자인으로 만든 반티를 입고 학급 응원가를 부르는 아이들이 새삼 귀여웠다.

나는 체육대회 하이라이트인 이어달리기 경기를 보고 있었다. 상담 단골 고객들의 활약이 보이면 마음속으로 크게 응원했다. 그렇게 운동장을 거닐다 교내로 향할 무렵이었다. 2학년부 교무실이 보였다. 진욱이 담임 쌤이 계시면 인사라도 드려야겠다 싶어 교무실로 들어가니 마침 그가 있었다.

"선생님. 안녕하셨어요? 요새 진욱이 별일 없지요?" "오! 선생님. 진욱이 요즘 많이 밝아졌어요. 선생님 덕분이에요." 담임이 환하게 웃었다. "아니에요. 아이가 금방 좋아져서 저도 놀랐어요. 아, 지난번에 상담실 한번 왔었어요. 정말 예전이랑은 완전히 다른 사람이 됐더라고요." "그쵸. 요새는 아침에 늦지도 않고 일찍 잘 다녀요. 저도 여러 번 칭찬해 줬어요." "또 여자친구도 생겼다고 하더라고요. 같은 반이라고 하던데…?"

내 말에 담임이 조금 놀란 눈치였다. "어? 그건 처음 듣는 이야기네요. 한번 지켜봐야겠다." "엄청 빠져 있는 것 같더라고요." 괜스레 내가 머쓱하게 웃어 보였다. 담임은 시계를 확인했다. "어머, 대회 곧 끝날 시간이네요. 아이들 지도하러 가 봐야 할 것 같아요." "네네. 진욱이 잘 부탁드립니다." "제가 드릴 말씀인데. 감사해요, 상담 선생님."

담임은 운동장을 가로질러 갔다. 멀찌감치 자기 반의 아이들이 보였다. "자자! 모이자, 얘들아! 나와서 쭉 줄 서세요!" 담임이 아이들을 향해 소리쳤다.

"반장아. 잠깐만." 담임은 아이들을 저만치 보내 놓고 반장을 따로 불렀다. "오늘 아이들 신경 쓰느라 고생 많았어. 너도 놀고 싶었을 텐데." "아녜요." 반장이 배시시 미소 지었다. "아, 혹시 진욱이 있지." "한진욱요?" "걔 여자친구가 우리 반이라는데 뭐 아는 거 있어?" "한진욱 여친요?" "목소리 조금만 낮춰." 담임이 주변을 두리번거렸다. "걔 친구 없는데. 여친은커녕 그냥 친구들도요. 오늘 운동회도 볼 때마다 계속 혼자였어요." 담임은 눈을 휘둥그레 뜬 채로 멀리 진욱이를 바라보았다.

"정말이라니까요, 선생님. 주변에 아무도 진욱이랑 말하는 사람이 없었대요." 담임이 헐레벌떡 위클래스로 와서 내게 말했다. "흠… 이상하네요. 그럼 그때 진욱이가 대화했던 건 혼잣

말이라는 말씀인가요?" "모르겠어요, 그건." 이런저런 생각을 하던 나는 담임선생님께 청했다. "진욱이 한번 불러주시겠어요?" "네. 마침 상담실 와야 하는 일이 있어요. 인터넷 휴대폰 중독 검사에서 진욱이가 위험군으로 나왔거든요." "아… 제가 한번 상담해 볼게요."

무엇이
진짜일까

"쌤, 오랜만이에요." "진욱이구나. 잘 왔어. 어떻게 지냈어?" "저야 잘 지냈죠." "이제는 정말 많이 괜찮아 보인다. 연애도 잘돼 가고?" "네." 진욱이가 천진난만한 미소를 지었다. "같은 반이라고 했지. 이름이 뭐였더라?" 그거야말로 가장 궁금한 것이었다.

"이름요?" 진욱이는 당황스러운지 얼굴이 붉어졌다. "너무 사생활이야? 알려 주면 조금 그런가?" 포기하려던 찰나에 진욱이가 더듬거리며 말을 이었다. "음, 이름이… 뭐였더라… 이름이… 김… 아, 뭐였더라." 진욱이는 고개를 갸우뚱거렸다.

"알려 주기 싫으면 그냥 싫다고 해." 나는 웃으며 진욱이를 짓궂게 바라봤다. 그러나 머지않아 더 이상 웃을 수 없다는 걸 알게 됐다. 진욱이의 표정이 너무 심각해져서 어떤 반응도 할 수 없었다. "왜 그래, 갑자기?" 혹여나 진욱이가 다시 발작을 하진 않을까 걱정되기 시작했다. "아뇨. 기억이 안 나요. 이름도, 어떻게 생겼는지도. 아까까지만 해도 곁에 있었는데."

진욱이는 자기 가방 겉과 속을 샅샅이 살폈다. "없어. 없어! 내 키티가…" 아무 말도 하지 않은 채, 그저 진욱이를 지켜봤다. 이내 진욱이가 격앙된 목소리로 말했다. "이상해요, 쌤. 이상해요. 이건 아니야." "알겠어, 진욱아. 일단 진정하자." "제가 이상한 걸 봤을까요? 지금 기억이 잠깐 안 나는 건지! 너무 무서워요. 어떻게 된 거지?" 두려움을 감추지 못하고 진욱이가 흐느꼈다.

"진욱아. 선생님 봐. 한진욱!" 아이는 고개를 숙인 채로 머리를 마구 뜯었다. "일단 지금 아무 일 안 일어났잖아. 선생님 봐봐." 눈물을 닦고 진욱이가 나를 쳐다봤다. "담임 쌤이 상담실 가 보라고 해서 지금 잘 왔잖아. 그렇지?" "네." "그러다 내가 여자친구 질문했을 때 기억 안 난다고 한 거고. 맞지?" "네." "그래. 그 기억만 날아간 거지, 예전이랑 지금은 아무 문제 없어. 모든 게 잘되고 있어." 그제야 조금 진정을 했는지 진욱이가 눈물을 닦았다.

일단 급한 불은 껐지만, 이것이 환각인지 기억상실증이나 단순한 인지 오류인지 확인이 필요했다. 그때 누군가가 떠올랐다.

상담이 필요한
또 다른 사람

상담하면서 많이 듣는 질문 중 하나는 '상담사들도 상담을 받는지'에 대한 것이다.

정답은 '그렇다'이다. 상담사는 자신이 현재 맡은 상담 사례를 이상 없이 잘 진행하고 있는지 상담 전문가에게 수련을 받는다. 상담이라는 것이 수학 공식처럼 정해진 것이 없을뿐더러 내담자와 자유로운 대화 속에서 진행되는 것이기 때문에 점검이 필요하다. 심리상담 전문가는 '수퍼바이저'라고 불리고, 나의 수퍼바이저는 2년 전부터 인연을 맺은 선생님이었다.

"음. 뇌전증 있는 학생이 맞죠? 초등학생 때부터 아팠고. 약은 지금 먹고 있고요." 수퍼바이저는 한약처럼 매우 진해 보이는 커피 한 잔을 마시며 말했다. 그는 내가 준 성격 검사 해석표를 유심히 살폈다.

"거기에다가 실제로 없는 학생을 있다고 말했나요?" "네. 환시처럼요." "환시나 환청이 있다고 해서 바로 조현병이라고 하기엔 일러요. 그 학생이 제대로 여자친구 묘사를 못 했을 때 선생님 꽤나 놀라셨겠는데?" 그는 콧대에 안경을 걸친 채로 눈을 치켜떴다. "많이 놀랐죠. 이거 하나 더 있습니다. 인터넷 휴대폰 중독에서도 가장 점수가 높았더라고요." 나는 그에게 중독 검사 결과지를 건넸다.

결과지를 살피던 슈퍼바이저가 별안간 무릎을 탁 쳤다. "환각일 확률이 아주 높네요. 오늘 선생님이 가져온 자료로 추측이 가능해요." 그는 다시 커피를 한 모금 깊게 들이마셨다. "우리는 모두 뇌에 IPSP 기능이 있어요. 신호전달 억제 기능이죠. 다만 오랜 시간 인터넷이나 휴대폰처럼 각양각색이 뿜어져 나오는 빛에 노출되면 IPSP 기능 저하가 되고 뇌가 전류를 비정상적으로 흘려보냅니다. 그럼 어떻게 되겠어요? 갑자기 많은 전류가 들어오면 소화를 못 시키죠. 그리고 다른 전류와 충돌할 수도 있고요. 결국 발작을 일으킵니다. 그게 간질 발작이고요. 어감이 좋지 않아 요즘엔 뇌전증이라고들 해요."

나는 내내 그의 설명에 집중했다. "다시 말하자면, 아이의 인터넷·휴대폰 중독이 뇌전증을 심화시켰고, 약물 부작용으로 환시가 보인다고 볼 수 있겠네요. 아마 환청도 있었을 겁니다. 더 심해지기 전에 아이나 학부모와 이야기하고 병원에 약을 바꾸거나 조절해야겠어요. 선생님 일이 많겠어." 그가 검사지를 책상에 내려놓으며 내 어깨를 툭 쳤다. "너무 급해서 오늘 갑자기 연락드렸는데 시간 내주셔서 감사해요, 선생님." "아닙니다. 제가 할 일인데요. 아무쪼록 잘 해결하시고, 또 연락 주세요."

현실을 마주하는 과정

　　다음 날 출근길에서부터 진욱이를 떠올렸다. 서로 마음이 통했는지 진욱이가 상담실 앞에 서 있었다. 멀리서부터 날 보자마자 달려와 환희에 찬 채로 말했다. "선생님! 저 기억났어요! 제 여자친구 이름요. 이제 얼굴도 다 기억나요."

　잔뜩 희망에 부푼 진욱이에게 어떻게 말해야 하나 고민이 됐다. "진욱아. 그건…" "예인이예요. 김예인! 제 마음을, 아니, 제 모든 걸 너무 잘 이해해 주는 친구예요." "그래. 예인이. 같은 반이고?" "네. 맞아요." "예인이랑 찍은 사진이라든지 그런 게 있어?" 진욱이는 자신의 휴대폰을 꺼내 한참을 살폈다. "한 장이라도 있으면 선생님 보여 줄래?" 한참 휴대폰을 매만지던 진욱이가 말했다. "사진 안 찍어요. 별로 안 좋아했던 것 같아요." 더 이상 방법이 없었다. 결국 진실을 알려야 하는 수밖에는.

　나는 진욱이에게 2학년 9반 아이들의 명단을 보여 줬다. "아니에요, 이거. 이거 아닌 것 같아요." 진욱이는 출석부를 살피고 또 살폈다. "진욱아. 일단 진정하고 들어봐. 예인이는 실재하는 사람이 아니야." 고개를 숙인 채 진욱이는 절레절레 머리를 흔들었다.

"선생님, 장난하지 마세요. 저 지금 심각해요." "선생님도 처음에 믿었어. 네가 너무 좋아하고 행복해 보여서 그냥 둘까도 고민했어. 근데 우리가 원하는 건 상상 속에서 사는 게 아니잖아. 그거… 약물 부작용인 것 같아. 뇌전증 치료 부작용으로 환각이 있을 수 있어. 진짜가 아니야." 난 한 글자 한 글자를 매우 신중하게 선택하여 아주 천천히 이야기했다. "아니야! 아니에요. 이건!" 진욱이는 문을 쾅 닫으며 상담실을 빠져나갔다.

당황스러웠지만 진욱이가 겪은 충격에 비할 바는 아닐 것이었다. 진욱이의 목소리가 상담실을 가득 채워 내 머릿속에서도 빙빙 맴돌았다. 더는 지체할 수 없다는 생각이 앞섰다. 진욱이가 매우 불안정해 보였기에 무언가 해야만 했다.

서둘러 담임에게 전화를 걸었다. 담임은 진욱이가 교무실에 들르지 않았고 반에도 없다고 했다. 나는 이 모든 사실을 학부모에게 알려야 한다고 말했다. 환각을 경험하고 있는 것까지 모두 말이다.

다만 진욱이 어머니만이 홀로 태연했다. 자기 아들이 그럴 리가 없다며 조금 더 지켜보겠다고 했다. 화가 머리끝까지 났다. 더는 어머니를 설득할 힘도 여유도 없었다. 하루빨리 결정을 내려야 했다. 나는 짧게 교감과 통화를 한 뒤 112에 실종신고를 했다. 또한 이 모든 사실을 위기관리위원들에게 실시간으로 보고 했다. 오늘 약속된 상담을 모두 미룬 채 경과를 지켜봤다.

　오전 내내 휴대폰을 보고 있던 찰나, 휴대폰 벨 소리가 들렸다. 오전 9시쯤 신고했으니 세 시간 만이었다. "신고자분 맞으시죠? 경찰서입니다." "아이를 찾았나요?" "네. GPS 위치추적으로 찾았습니다. 학생이 차도에 있었어요." "차도요?" "지방으로 빠지는 고속도로에 있더라고요. 인도도 없는 곳이라 위험했습니다." "지금은 안전하게 잘 있죠?" "네. 그런데 특이한 점이 하나 있었습니다." 형사의 말을 듣고, 나는 한참을 멈춰 있을 수밖에 없었다.

　"뭔가 혼이 나간 것 같았어요. 계속 혼잣말로 중얼거리더라고요. 누군가를 찾아야 한다면서요. 예인이었던가. 그리고 무슨 방울 소리가 들리지 않는다는 말도 하더군요. 인형인데, 그 뭐더라, 키티를 말하는 것 같았어요."

다시, 봄을 기다리며

　　　　　똑똑똑. "선생님. 잠시 시간 되세요?" "오? 진욱이구나. 들어와. 잘 지냈어?" "저야 잘 지냈죠." "병원도 잘 다니고? 약도 꼬박꼬박 잘 먹지?" "아, 그럼요." "다행이다. 앉아. 좀 쉬다 가.”

진욱이는 자리에 앉으며 내게 말했다. “쌤, 저 요새 폰 거의 안 봐요. 특히 어두운 곳에서는 더 안 봐요. 안 좋대요.” “그치. 폰에서 나오는 전파랑 색들이 뇌에 큰 자극을 주잖아. 오호, 근데 가만. 너 폰 없이 못 살았는데?” 농담 삼아 내가 한 말에 진욱이가 헤죽 웃었다. “이제는 많이 괜찮은 거지?” “그런 것 같아요. 안 보여요. 뭐가 들리지도 않고요.” “그래. 정말 다행이다. 약 꾸준히 먹어서 그래, 쉽지 않겠지만 계속 조금씩 이겨 내자.” “당연하죠. 어떻게 찾은 일상인데요.” 진욱이가 말을 이으며 바깥 창을 내다보았다.

나도 진욱이를 따라 바깥으로 시선을 돌렸다. 학교 건물과 운동장이 온통 흰색이었다. 하얀 눈이 소복이 쌓여 온 세상을 흰 솜사탕으로 만들었다. 그러고 보니 진욱이의 눈빛이 조금 쓸쓸한 듯 보였다. 다니던 학원을 모두 그만두고 진욱이는 치료에 전념하고 있었다. 늦은 감이 있지만 지금이라도 부모님이 도와주어 다행이라 생각했다.

“선생님, 저한테도 봄이 오겠죠?” “오고말고. 지금도 잘하고 있잖아. 상태 나아지려 노력하는 거 아무나 못해. 알지?” “그럼요.” 진욱이는 이내 가방을 뒤지며 부스럭거리더니 무언가를 꺼냈다. 빨간색과 흰색의 줄무늬 포장지로 된 네모난 박스였다. “선물이에요. 작은 선물.” “대박. 나 주는 거야?” “저 때문에 고생하셨잖아요. 내일모레 크리스마스잖아요. 장갑이에요.” “아이고, 고마워 진욱아. 잘 쓸게.”

“저도 누군가한테 장갑이 되고 싶어요. 선생님이 저한테 그러셨던 것처럼요.” 그 말에, 하마터면 아이 앞에서 눈물을 보일 뻔했다.

진욱이가 나아질 수 있을까. 뇌전증과 환각, 중독은 어느 하나 손쉽게 해결될 질환이 절대 아니다. 지금도 진욱이는 가끔 예인이가 보인다는 이야기를 한다. 그럴 때, 조심스럽게 진욱이의 표정을 살핀다. 허상 속에서 여자친구를 봤다며 매우 기쁜 미소를 지으면서도, 아직 병이 모두 낫지 않았다는 절망스러움이 동시에 얼굴에 묻어난다. 진욱이는 천천히 겨울을 지나는 중이다. 조금 늦더라도 따스한 봄이 펼쳐지기를.

뇌전증, 환각 Epilepsy, Hallucination

✦ 뇌전증이란 뇌세포의 이상으로 급작스러운 흥분을 일으켜 경련과 발작, 의식 장애를 동반하는 뇌 질환입니다. 대뇌에서 정보를 주고받는 일부 신경세포가 화학적 교란이 발생하며 증세가 나타납니다.

✦ 오랫동안 '간질'이라고 불렸으며, 지나친 차별과 소외를 불러오는 사회적 편견을 이유로 보건당국에서는 2010년부터 공식 명칭을 뇌전증으로 고쳤습니다.

✦ 손과 다리, 발 등 일부 신체에서만 발작이 있는 부분발작, 온몸의 모든 근육에서 발작 증세가 따르는 전신발작이 있습니다. 발작 시에는 호흡에 방해되지 않도록 고개를 옆으로 돌려 기도를 확보해야 합니다. 숨을 쉬니 심폐소생술이 필요 없습니다.

✦ 뇌신경 이상으로 발생하는 병이기에, 뇌파검사를 통해 원인을

파악하고 약물치료나 심각할 시 수술치료를 할 수 있습니다. 다만 글 속에서 진욱이의 경우처럼 약물치료는 그 부작용으로 환청, 환시와 같은 환각을 동반하기도 합니다.

✦ 따라서 일반적으로 뇌전증은 신경과에서 치료받아야 하지만 부작용으로 환각을 경험한다면 정신과 진료를 해야 할 수 있습니다.

✦ 환각은 오감 모두에서 발생할 수 있습니다. 존재하지 않는 것을 보는 환시, 존재하지 않는 소리를 듣는 환청, 존재하지 않는 감각을 느끼는 환촉, 존재하지 않는 냄새를 맡는 환후, 존재하지 않는 맛을 느끼는 환미가 있습니다. 조현병이나 알코올 중독 환자들은 환각을 경험할 수 있으나, 조현병으로 진단 내리려면 환각뿐 아니라 망상, 둔화된 감정, 욕구 상실 등을 동반해야 합니다.

꿈이 없다면 작은 시작조차 못 했던 때가 있었다. 때로 현실의 각박함으로 꿈을 외면했던 적도, 잡히지 않는 무지개처럼 허영과 허황을 좇았던 적도 있었다. 세월이 흐르며 현실과 꿈의 적절한 균형을 나름대로 찾았다고 생각했지만, 늘 다른 사람보다 꿈 쪽으로 삶의 무게 중심이 한참 쏠려 있음을 부인하지 못했다.

어렸을 때부터 글쓰기를 좋아했다. 생각이 많고 독특하여 창의력이 좋다는 이야기도 들었다. 그렇다고 해도 무언가 한 작품을 집대성하기에는 식견과 경험이 짧았다.

지금의 나를 만든 것은 무엇이었을까. 고등학교를 졸업하는 순간부터 석사 졸업논문을 썼던 서른 살까지 내 곁에는 언제나 심리학이 있었다. 결국 심리상담을 하며 접하게 된 세상 이야기를 글로 녹여 내는 것이, 현재의 나를 드러내는 가장 좋은 방법임을 알게 되었다. 바쁘고 각박하게만 느꼈던 현실도 꿈을 꾸기 위한 준비 과정이었는지도 모르겠다.

다양한 어려움을 가진 아이들이 상담실을 방문했다. 십년지기 친구로부터 배신을 당해 우울증을 경험하는 이야기, 잦은 구타를 당하면서도 그런 어머니를 끔찍이 사랑하는 이야기, 동성애자이지만 자신의 이미지로 인해 오랫동안 이성애를 하는 이야기 등 수많은 사례가 나를 찾아왔다.

그들의 아픔을 보면 나의 아픔이 보이지만, 그들의 행복을 보면 나의 행복도 보인다. 또한 대화 속에서 이어지는 연결감과 연대감은 홀로 인생을 살아가는 우리에게 든든한 의지가 된다. 삶을 살며 경험한 슬픔, 즐거움, 행복한 나날을 그리는 아이들과 이야기를 나누다 보면, 내가 해 줘야 할 것이 생각보단 많지 않음을 깨달았다. 그저 아이들의 말을 찬찬히 들어 주고 마음에 귀 기울인다면, 아이들은 스스로 방향을 찾아갔다. 그래서 오늘도 나는 같은 자리에서 아이들을 기다리고 있다. 입 밖으로 꺼내기 힘든 고민이 있는 아이들을. 맘에 너무 많이 쌓아 둬서 무엇부터 꺼내야 할지 엄두조차 못 내는 아이들을.

거센 비가 오면 우산이, 쨍쨍한 태양이 비추면 그늘이, 무거운 짐 들고 있으면 잠시 내려놓고 쉬어가는 상담실이 되기 위해 오늘도 힘쓰고 있다.

끝으로 다시 꿈을 꾸게 해 준 책폴의 이혜재 대표님, 소중한 인연의 다리를 놓아 준 전국교사작가협회 책쓰샘 식구들, 어수룩한 사랑을 항상 소중하고 고맙다고 여기는 아내와 무럭무럭 자라는 싱그러운 딸아이에게 감사를 전한다.

2025년 여름,

우글

우글 쌤의 위클래스 상담 일지-

제 마음이 보이나요?

1판 1쇄 발행 2025년 8월 30일

지은이 　 우글

편집 　 이혜재
디자인 　 MALLYBOOK
제작 　 세걸음

펴낸이 　 이혜재
펴낸곳 　 책폴
출판등록 　 제2021-000034호
전화 　 02-911-9390
팩스 　 0303-3447-9390
전자우편 　 jumping_books@naver.com

© 우글, 2025

ISBN 979-11-93162-50-7 43180

너와 나, 작고 큰 꿈을 안고 책으로 폴짝 빠져드는 순간
책폴

블로그 　 blog.naver.com/jumping_books
인스타그램 　 @jumping_books